中国企业
ESG信息披露的
影响因素及经济后果研究

徐筱彧 ◎ 著

企业管理出版社
EMPH ENTERPRISE MANAGEMENT PUBLISHING HOUSE

图书在版编目（CIP）数据

中国企业 ESG 信息披露的影响因素及经济后果研究 / 徐筱彧著. — 北京：企业管理出版社，2025.3.
ISBN 978-7-5164-3250-1

Ⅰ. F279.246

中国国家版本馆 CIP 数据核字第 2025B3A065 号

书　　名：	中国企业 ESG 信息披露的影响因素及经济后果研究
书　　号：	ISBN 978-7-5164-3250-1
作　　者：	徐筱彧
策划编辑：	赵喜勤
责任编辑：	赵喜勤
出版发行：	企业管理出版社
经　　销：	新华书店
地　　址：	北京市海淀区紫竹院南路 17 号　邮　编：100048
网　　址：	http：//www.emph.cn　电子信箱：zhaoxq13@163.com
电　　话：	编辑部（010）68456991　发行部（010）68414644
印　　刷：	北京厚诚则铭印刷科技有限公司
版　　次：	2025 年 5 月第 1 版
印　　次：	2025 年 5 月第 1 次印刷
开　　本：	710 毫米×1000 毫米　1/16
印　　张：	15.25
字　　数：	226 千字
定　　价：	75.00 元

版权所有　翻印必究·印装有误　负责调换

前　言

随着全球气候变暖、自然灾害频发、能源紧缺等问题日益突出，再加上新冠疫情对全球经济的冲击，国际社会对环境、社会和治理（Environmental, Social and Governance, ESG）问题也愈加关注。全球可持续投资联盟（Global Sustainable Investment Alliance, GSIA）公布的数据显示，基于ESG理念投资的资产规模快速增长，2016年仅为22.89万亿美元，2020年已增长至40.5万亿美元。这也促使越来越多的中国企业关注ESG信息披露，并加入联合国责任投资原则组织（UN PRI）等践行可持续投资的国际组织。为应对气候变化的挑战，我国在政策引导、监管措施和企业履责等方面不断努力，提出了力争2030年实现碳排放达到峰值、2060年实现碳中和的目标。我国ESG信息披露发展相对滞后，根据《中国ESG发展报告2021》，A股上市公司发布独立ESG报告的数量逐年增加，但占比仅为26.9%，且披露质量参差不齐。因此，研究ESG信息披露的影响因素和经济后果，有助于提升各利益相关方对企业环境保护、社会责任和公司治理等问题的认识，帮助企业在日益严峻的全球环境挑战下实现经济、环境和社会目标的协同发展，促进经济社会的可持续发展。

本书对ESG信息披露的影响因素及其经济后果进行了深入的理论分析和实证研究。选取了2009—2021年我国沪深两市A股上市公司作为研究样本，基于可持续发展视角，研究聚焦于具有较高影响力、合理性和紧急性的投资者、政府和新闻媒体三个关键利益相关者对上市企业ESG信息披露的影响，以及ESG信息披露对企业在经济、环境和社会三大维度的可持续发展的影响，包括融资成本、绿色创新和企业价值。首先，进行ESG

信息披露的利益相关者优先度分析和博弈分析，以及可持续发展视角下的经济后果分析，为实证检验 ESG 信息披露影响因素和经济后果提供理论依据；其次，通过理论分析提出研究假设，并运用固定效应模型和双重差分模型等实证方法，从企业因素、政府规制和媒体监督的视角，分析 ESG 信息披露的影响因素；再次，从融资成本、绿色创新和企业价值的视角，研究 ESG 信息披露的经济后果；最后，得出本书的研究结论和加强上市公司 ESG 信息披露的政策建议。

本书将利益相关者优先度分析和博弈分析引入 ESG 信息披露的研究，进一步揭示了各利益相关方的影响及其行为动机和策略选择。在此基础上，梳理了研究 ESG 信息披露的研究框架，有助于系统、全面地理解 ESG 信息披露的内在机制，进一步丰富了 ESG 信息披露的研究方法，拓展了研究视角。本书结合我国上市公司 ESG 信息披露发展相对滞后的现状，在利益相关者优先度分析和博弈分析的基础上，从企业因素、政府政策及媒体监督等方面进一步探讨了影响企业 ESG 信息披露的因素，系统地分析了内部和外部的影响因素。ESG 信息披露作为责任投资的重要信息基础，对推动企业实现可持续发展具有重要作用。本书以可持续发展为研究核心，紧扣我国上市公司 ESG 信息披露的实际情况，从经济、环境和社会三大可持续发展的核心维度出发，选择融资成本、绿色创新和企业价值为研究视角，进一步研究了 ESG 信息披露的经济效果，在理论和实证层面深化了对 ESG 信息披露与企业可持续发展之间关系的认识，为引导企业实现可持续发展提供了理论指导。

徐筱彧
2025 年 2 月

目 录

1 绪论 /1

  1.1 现实背景与理论背景 ··· (1)

    1.1.1 现实背景 ·· (1)

    1.1.2 理论背景 ·· (4)

  1.2 问题提出与研究目的 ··· (8)

    1.2.1 问题提出 ·· (8)

    1.2.2 研究目的 ·· (9)

  1.3 研究思路与研究内容 ··· (10)

    1.3.1 研究思路 ··· (10)

    1.3.2 研究内容 ··· (12)

  1.4 研究方法与技术路线 ··· (13)

    1.4.1 研究方法 ··· (13)

    1.4.2 技术路线 ··· (14)

  1.5 研究创新 ··· (14)

2 概念界定与文献综述 /17

  2.1 概念界定 ··· (17)

    2.1.1 ESG 的起源与发展 ··· (17)

    2.1.2 ESG 的定义与内涵 ··· (19)

  2.2 文献综述 ··· (22)

    2.2.1 关于 ESG 信息披露影响因素的文献综述 ············· (22)

    2.2.2 关于 ESG 信息披露经济后果的文献综述 ············· (26)

3 ESG 信息披露的制度背景与理论基础 /32

3.1 ESG 信息披露的制度背景 ……………………………………… (32)
3.1.1 ESG 信息披露的标准与框架 ……………………………… (32)
3.1.2 ESG 信息披露的相关制度 ………………………………… (35)

3.2 ESG 信息披露的相关理论 ……………………………………… (39)
3.2.1 委托代理理论 ……………………………………………… (39)
3.2.2 信息不对称理论 …………………………………………… (41)
3.2.3 信号传递理论 ……………………………………………… (43)
3.2.4 利益相关者理论 …………………………………………… (46)
3.2.5 组织合法性理论 …………………………………………… (48)
3.2.6 可持续发展理论 …………………………………………… (49)

4 ESG 信息披露影响因素与经济后果的逻辑分析与梳理 /52

4.1 ESG 信息披露影响因素的逻辑分析与梳理 …………………… (53)
4.1.1 ESG 信息披露与利益相关者 ……………………………… (53)
4.1.2 ESG 信息披露利益相关方的博弈 ………………………… (56)
4.1.3 进一步研究 ………………………………………………… (74)

4.2 ESG 信息披露经济后果的逻辑分析与梳理 …………………… (77)
4.2.1 ESG 信息披露与融资成本 ………………………………… (77)
4.2.2 ESG 信息披露与绿色创新 ………………………………… (78)
4.2.3 ESG 信息披露与企业价值 ………………………………… (80)

4.3 ESG 信息披露影响因素与经济后果的逻辑分析与梳理 ……………………………………………………………… (82)

5 ESG 信息披露的影响因素研究 /85

5.1 企业因素视角 …………………………………………………… (86)
5.1.1 假设提出 …………………………………………………… (87)
5.1.2 研究设计 …………………………………………………… (90)
5.1.3 实证结果与分析 …………………………………………… (93)

　　　　　　　　　　　　　　　　　　　　　　　　　　　　　　　目　录

　　5.1.4 稳健性检验 …………………………………………（95）
　　5.1.5 进一步研究 …………………………………………（102）
　　5.1.6 研究结论 ……………………………………………（106）
5.2 政府规制视角 ……………………………………………（107）
　　5.2.1 假设提出 ……………………………………………（108）
　　5.2.2 研究设计 ……………………………………………（109）
　　5.2.3 实证结果与分析 ……………………………………（111）
　　5.2.4 稳健性检验 …………………………………………（113）
　　5.2.5 进一步研究 …………………………………………（116）
　　5.2.6 研究结论 ……………………………………………（122）
5.3 媒体监督视角 ……………………………………………（123）
　　5.3.1 假设提出 ……………………………………………（124）
　　5.3.2 研究设计 ……………………………………………（126）
　　5.3.3 实证结果与分析 ……………………………………（127）
　　5.3.4 稳健性检验 …………………………………………（129）
　　5.3.5 进一步研究 …………………………………………（134）
　　5.3.6 研究结论 ……………………………………………（139）

6　ESG 信息披露的经济后果研究 /141

6.1 融资成本视角 ……………………………………………（142）
　　6.1.1 假设提出 ……………………………………………（143）
　　6.1.2 研究设计 ……………………………………………（145）
　　6.1.3 实证结果与分析 ……………………………………（147）
　　6.1.4 稳健性检验 …………………………………………（151）
　　6.1.5 进一步研究 …………………………………………（158）
　　6.1.6 研究结论 ……………………………………………（162）
6.2 绿色创新视角 ……………………………………………（163）
　　6.2.1 假设提出 ……………………………………………（164）
　　6.2.2 研究设计 ……………………………………………（165）

  6.2.3 实证结果与分析 …………………………………（167）
  6.2.4 稳健性检验 ……………………………………（170）
  6.2.5 进一步研究 ……………………………………（179）
  6.2.6 研究结论 ………………………………………（183）
 6.3 企业价值视角 …………………………………………（184）
  6.3.1 假设提出 ………………………………………（185）
  6.3.2 研究设计 ………………………………………（186）
  6.3.3 实证结果与分析 …………………………………（188）
  6.3.4 稳健性检验 ……………………………………（189）
  6.3.5 进一步研究 ……………………………………（196）
  6.3.6 研究结论 ………………………………………（200）

7 结论与展望 /202

 7.1 主要研究结论 …………………………………………（202）
 7.2 启示与政策建议 ………………………………………（204）
 7.3 研究局限与未来展望 …………………………………（207）

参考文献 /209

1 绪　　论

1.1 现实背景与理论背景

1.1.1 现实背景

近年来,社会各界对自然灾害、全球气候变化及能源短缺等问题的关注已达到前所未有的高度。世界经济论坛发布的2021年度《全球风险报告》指出,大流行病是全世界短期内的最大威胁,会对人类及经济造成严重冲击,而环境、社会及公司治理相关的风险也是全球最具影响力和最有可能发生的风险,其中极端天气已连续五年名列最有可能发生的风险首位。企业面临的环境、社会与公司治理风险随之加剧,利益相关者已经意识到相关问题的紧迫性。由此,ESG(Environmental,Social and Governance)理念因强调企业在环境、社会和治理方面的表现被广泛用作评估企业可持续发展的关键指标之一。联合国环境规划署于1992年敦促金融机构在决策过程中充分考虑企业在环境保护、社会责任和公司治理方面的表现。自此,环境(E)、社会(S)及治理(G)这三个关键维度共同构成了评估可持续发展的基本框架,被国际社会广泛接纳和采用。

随着国际形势与营商环境的变化,全球市场对ESG理念的认同度不断提高。全球可持续投资联盟(GSIA)公布的数据显示,全球范围内基于ESG理念的资产规模2020年已达到40.5万亿美元,较2016年增长了77%(如图1-1所示)。联合国责任投资原则组织(UN PRI)的签署成员已有超过4500家企业或组织,致力于将ESG因素纳入投资实践。中国越来越多的机构也加入了该组织,以表达对坚守可持续投资和ESG标准的承诺。越来越多的机构和公司开始关注和采用ESG理念,ESG理念进入了一个飞速发展期。

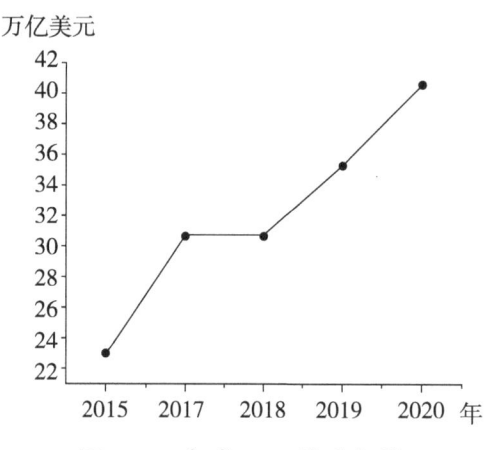

图 1-1　全球 ESG 资产规模

数据来源：全球可持续投资同盟（GSIA）的官方网站。

作为世界第二大经济体和最具活力的经济实体之一，中国在世界经济中占据重要地位。"双碳"的生态环境治理目标反映了中国对气候变化问题的积极应对，并为未来实现经济可持续增长、产业变革和升级提供了强有力的支撑。党的十九大报告指出，要"建立健全绿色低碳循环发展的经济体系""加快生态文明体制改革，建设美丽中国""发展绿色金融"。党的二十大报告提出"加快发展方式绿色转型"和"深入推进环境污染防治"的目标，这与 ESG 理念高度一致。在此过程中，中国企业应向低碳商业模式转型，上市公司更要起到表率作用，布局绿色低碳产业，契合企业转型升级需求。伴随着中国资本市场开放程度的持续提升，A 股市场逐步融入全球主要指数体系，表明中国市场在国际金融领域的地位日益凸显。全球最大指数公司明晟的 MSCI 指数在 2018 年 6 月纳入 234 支中国 A 股股票；富时罗素在 2019 年 5 月正式宣布将中国 A 股纳入富时全球股票指数；标普道琼斯指数公司在 2019 年 9 月也正式在指数体系中纳入中国 A 股。至此，全球三大指数供应商都在其指数体系中加入了中国 A 股，且权重不断增加，入围的上市公司将接受相应指数商和机构的 ESG 打分和评级。随着可持续发展议题受到广泛关注，国内外投资者对中国企业的可持续性发展表现越发关注，同时对 ESG 投资的重视程度和对 ESG 信息的需求也迅速提高。毋庸置疑，我国企业 ESG 信息披露受到了越来越多的关注。

在此背景下,我国ESG披露制度不断完善。政府出台了一系列政策措施鼓励企业贯彻ESG理念并进行相关信息的披露。深圳证券交易所与上海证券交易所分别在2006年和2008年就自愿式ESG报告发表指导意见。2021年2月,中国证券监督管理委员会(以下简称证监会)发布了《上市公司投资者关系管理指引(征求意见稿)》,对上市公司投资者关系管理工作提出了明确、具体、可行的要求,其中将ESG信息加入上市公司和投资者之间的交流内容。这标志着我国证券市场上首次出现"主动披露"概念,自愿式ESG报告出现了积极的发展势头。第三方评级机构北京商道融绿咨询有限公司对2020年A股上市公司ESG评级状况的分析报告显示,我国A股上市公司的ESG报告数量呈现稳定上升趋势。2009年,仅10%(371家)的A股企业发布了年度ESG报告;2020年,25%以上(1021家)的A股企业公布了年度ESG报告。其中,有部分企业同时在中国香港地区上市,ESG信息披露要遵循香港联合交易所(以下简称香港联交所)"不遵循就解释"的原则。值得注意的是,规模大的企业更有可能发布ESG报告,沪深300指数中超过86%的企业发布了ESG报告。中国ESG研究院理论研究中心发布的《中国ESG发展报告2021》显示,虽然发布独立ESG相关报告的A股上市公司数量在逐年增加,2021年达到了1130家,但仅占所有A股上市公司的26.9%。相对而言,我国ESG信息披露起步较晚。在美国,所有上市公司必须披露环境问题对其财务状况的影响;欧盟强制要求污染严重的企业披露相关信息,其他企业可自愿披露;中国香港地区要求上市公司进行ESG信息披露,并对部分指标实行"不遵循就解释"的原则。中国证监会在2018年发布的《上市公司治理准则》(〔2018〕29号)首次确定了ESG披露框架。国务院国有资产监督管理委员会(以下简称国资委)2022年发布《提高央企控股上市公司质量工作方案》,要求央企控股公司力争到2023年做到ESG专项报告披露"全覆盖"。

由此可见,整体而言,随着利益相关者对ESG信息越来越关注,我国上市公司的ESG信息披露数量和质量持续提高,具有中长期性,基于环境、社会和治理判断的ESG投资正迅速发展。当然,ESG信息披露当前仍处于发展的初级阶段，发展水平相对滞后。为满足利益相关者对 ESG 信息的需求，我国 ESG 信息披露仍要经历长期的努力和不断改进的过程。

1.1.2 理论背景

梳理 ESG 信息披露的相关研究，可为确定研究框架、明确研究问题、体现研究价值提供重要的理论依据。本节将从 ESG 信息披露的影响因素和经济后果两个方面来阐述本书的理论背景。

1.1.2.1 ESG 信息披露影响因素的理论背景

ESG 信息披露影响因素研究主要围绕微观因素展开，也不乏涉及宏观因素的研究。

微观层面，现有研究主要聚焦于 ESG 信息披露的动机、公司治理及公司特征对企业 ESG 信息披露的影响。在披露动机方面，主要包括合法性动机、资源性动机、利益相关者关系管理动机以及企业战略管理动机。第一，合法性动机导致企业被动披露社会责任信息，企业行为主要是出于树立合规经营形象和免受处罚的目的（Schaltegger and Hörisch，2017）；第二，企业获取外部融资时会更加积极地披露社会责任信息，以达到降低融资成本的目的，此为资源性动机（瞿华云，2010；Clarkson et al.，2008；Mahoney et al.，2013）；第三，由于非财务信息具有更严重的信息不对称问题，披露此类信息可以向利益相关者传递积极信号，降低其风险感知，从而降低企业的融资成本，获取利益相关者的资源，提高可持续发展的能力（Hyytinen and Pajarinen，2005；Clarkson et al.，2011；Cheng et al.，2014）；第四，企业战略管理动机是通过告知利益相关者有关业绩的改善信息来转移其注意力或改变其期望（张正勇等，2012、2014）。在公司治理方面，众多研究结果显示，企业性质（Ghazali，2007；Kuo et al.，2012；Zeng et al.，2012）、董事会结构和规模（Fama and Jenson，1983；Brammer et al.，2006；Htay et al.，2012；Peng et al.，2014；Gangi et al.，2021；Cucari et al.，2018；Lavin and Montecinos，2021）等因素会对 ESG 信息披露产生重要影响。在企业特征方面，企业规模（Drempetic et al.，2019）、所处行业（Garcia et al.，2017）、财务状况、市场绩效（Sharma et al.，2020；孙冬等，2019）、所处地区的社会和经济发展状况（Crespi and Migliavacca，2020）等因素会影响 ESG 信息披露水平。此外，分析师报告、交叉上市等因素也会显著影响 ESG 信息披露（Baldini et al.，2018）。

已有文献还研究了宏观因素对 ESG 信息披露的影响。基于制度理论和合法性理论，政治制度、劳动制度和文化制度等因素会对 ESG 信息披露产生重要影响（Baldini et al.，2018）。还有学者还关注制度环境（Coluccia et al.，2018）、政府监管（沈洪涛和冯杰，2012）、经济政策不确定性（于连超等，2020）、宗教（Terzani and Turzo，2021）、强制性、模仿性同形制度压力（张慧和黄群慧，2022）等因素对企业 ESG 信息披露的影响。

通过文献梳理可知，国内外有关 ESG 信息披露影响因素的研究聚焦于披露动机、公司治理和公司特征方面。然而，我们的视角不能仅限于此，还需要从更全面、更深入的角度考察，以便更好地理解和把握 ESG 信息披露的影响因素。具体而言，由于信息披露是利益相关各方博弈的结果，企业通过信息披露可以与利益相关者建立积极的关系，从而促进可持续发展。基于 Mitchell 等（1997）的研究，管理与利益相关者的关系时，对利益相关者的优先度进行分析至关重要，分析的依据则是理解和评估各利益相关者的影响力、合理性和紧急性。在研究 ESG 信息披露的影响因素时，通常基于对 ESG 信息披露的潜在影响以及其在组织决策中的权重选择利益相关者。投资者通常被视为高影响力、合理性和紧急性的利益相关者，能对公司的 ESG 信息披露产生直接影响，其决策和行为对公司的可持续性表现有深远影响。越来越多的投资者关注公司的 ESG 表现，因为 ESG 表现通常反映了公司的长期风险和机会。投资者可能会通过股东提案和投票来影响公司的 ESG 策略和信息披露。政府也是高影响力、合理性和紧急性的利益相关者，通过法规和政策来影响公司的行为。许多国家和地区的政府对公司 ESG 信息披露的要求越来越严格，以提高企业透明度和可持续性。新闻媒体可以传播信息和塑造公众观点，也可以通过报道和批评影响公司的 ESG 表现和信息披露。新闻媒体的报道可能会对公司的声誉和品牌产生重大影响，从而影响其商业结果。还有许多其他的利益相关者，如员工、客户、供应商、社区，但这些利益相关者可能不如投资者、政府和新闻媒体那样具有显著的、正式的、直接的影响力。因此，本书选择分析投资者、政府和新闻媒体对企业 ESG 信息披露的影响，并结合内部因素（激励机制与监督机制）和外部因素（正式合法性和非正式合法性），确定了 ESG 信息披露的影响因素，这不仅对理论研究具有重要价值，而且对实践中提高 ESG 信息披露的质量和完整性，构建更有效的公司治理和社会监督机制，也具有重要的现实指导意义。

1.1.2.2 ESG 信息披露经济后果的理论背景

已有关于 ESG 信息披露经济后果的研究，主要围绕企业价值（Aouadi and Marsat，2018）、财务绩效（Tunio et al.，2021）、融资成本（Hamrouni et al.，2020）和市场反应（Aureli et al.，2020）等方面展开。

企业价值方面，已有研究的结论存在较大分歧。一种观点认为，企业的 ESG 战略与可持续发展密切相关，旨在获取长期利润并与各利益相关者建立积极关系，进而实现可持续发展，提升企业绩效和价值（Yoon et al.，2018；Fatemi et al.，2018；Li et al.，2018；Aboud and Diab，2018；Yu et al.，2018；Zhang et al.，2020；Oikonomou et al.，2012；McWilliams and Siegel，2001；Broadstock et al.，2021）。另一种观点则认为，ESG 信息披露会产生支出，挤占资源，从而降低企业绩效和企业价值（Brooks and Oikonomou，2018）。此外，还有学者认为企业的 ESG 政策与企业价值之间存在非线性关系，这与 Broadstock 等（2020）提出的"间接价值创造"过程的假设相符。财务绩效方面，研究结论也存在争议（Brammer et al.，2006；Friede et al.，2015；Lee et al.，2016）。一些学者认为 ESG 信息披露会提高企业的财务绩效（Cahan et al.，2015；Eccles et al.，2014；Fatemi et al.，2015；Zhao et al.，2018；Xie et al.，2019；Albitar et al.，2020）；另一些学者则发现环境和社会责任信息的披露与总资产收益率和净资产收益率之间存在显著负相关关系（Alareeni and Hamdan，2020）；还有学者认为 ESG 信息披露与公司财务绩效没有关系（Galema et al.，2008；Meir，2006；Horváthová，2010；Landi and Sciarelli，2018）。可见，关于 ESG 信息披露的价值效应并没有定论，这为研究 ESG 信息披露对企业价值的影响提供了空间。

融资成本方面，学界普遍认为ESG信息披露可以显著降低企业的融资成本（Gerwanski，2020；Raimo et al.，2020；Ng and Rezaee，2015；王翌秋和谢萌，2022）。然而，也有学者指出环境信息披露会显著提高融资成本（Gjergji et al.，2021）。因此，我们有必要深入分析和研究ESG信息披露对融资成本的影响。

通过梳理国内相关文献发现，虽然我国已经初步搭建了ESG信息披露的框架，但国内针对ESG信息披露的研究却十分有限，针对我国上市公司ESG信息披露的理论和实证研究明显不足，独立、系统的研究工作尚未开展。从可持续发展的视角来看，ESG信息披露与企业长期发展和履行社会责任密切相关。本书从可持续发展的经济、环境和社会三个维度分别选择了融资成本、绿色创新和企业价值来考察ESG信息披露的经济后果，它们也代表了可持续发展的三大核心元素（王红帅和董战峰，2020；鲜祖德等，2021）。

首先，从经济维度来看，融资成本是企业获取资金的核心影响因素，直接关系到企业的盈利能力和竞争力，对企业的经济可持续发展具有重要影响。ESG信息披露可以为投资者提供关于企业社会和环境责任的相关信息，有助于投资者更好地评估企业的风险和机会，降低投资风险。同时，ESG信息披露还可以促进企业改进在社会和环境方面的表现，提高企业的声誉和品牌价值，从而降低企业的融资成本。因此，对于企业而言，注重ESG信息披露对于降低融资成本、提升盈利能力和竞争力，推动企业在经济层面的可持续发展具有重要意义。

其次，从环境维度来看，绿色创新是企业可持续发展的重要措施，对企业的长远发展具有深远影响。创新作为发展的第一动力，是企业长期高质量发展的关键因素之一，ESG理念能够促进企业创新（Zhang et al.，2020）。然而，在责任投资和绿色金融迅速发展的背景下，仅关注企业整体创新能力，而忽视绿色创新，不利于我们更精确地刻画和评价企业进行环境治理、履行社会责任和优化公司治理的经济后果。绿色创新不仅有助于企业降低环境污染、实现资源节约，还可以提升企业在市场竞争中的竞争力。随着全球环境保护意识的不断提高，消费者对环保产品的需求日渐增加，企业通过绿色创新可以满足消费者的需求,提高产品附加值,从而获得更好的经济效益和社会声誉,提升核心竞争力和市场地位,实现企业的可持续发展。

最后,从社会维度来看,企业价值反映了企业的市场地位、盈利能力和发展潜力。较高的企业价值通常意味着更大的市场份额和更高的品牌知名度,这有助于企业更有效地抵御市场波动和风险,从而维护并提升企业的市场地位。企业盈利能力直接关联着现金流和盈利水平,具有较高企业价值的公司往往表现出更强的盈利能力,抵抗经济周期波动和市场风险的能力也更强。具有较高企业价值的公司往往拥有更多的发展机遇和更强的投资潜力,能够更有效地吸引投资者的关注与资金支持。企业通过 ESG 信息披露传递自身承担 ESG 责任的重要信号,能缓解管理层和投资人之间的信息不对称问题,减少企业 ESG 风险,降低违规成本,也能减少企业和利益相关者的交易成本,提升利益相关者参与企业价值创造的效率(Freeman,2010)。因此,企业可获得更多的发展机会和资源,从而实现较好的经济增长和可持续发展。

综上所述,为了更清晰地厘清 ESG 信息披露的经济后果,本书从可持续发展的视角出发,从可持续发展的经济、环境和社会层面,研究 ESG 信息披露与融资成本、绿色创新和企业价值之间的关系,在理论和实践层面均具有重要意义。

1.2 问题提出与研究目的

1.2.1 问题提出

在气候问题日益突出的背景下,在"双碳"目标的引领下,企业如何全面贯彻新发展理念,寻求可持续发展路径以规避潜在风险,成了学术界和实务界的重要议题。企业履行 ESG 责任是实现可持续发展的关键要素,ESG 信息披露也成为利益相关者关注的焦点问题。

综合上述现实背景和理论背景可知,我国企业 ESG 信息披露尚处于初级阶段,仍存在诸多不足,亟待提高。同时,针对我国上市公司 ESG 信息披露的理论和实证研究明显不足,独立、系统的研究工作尚未开展,且已有研究也存在结论有冲突的情况。因此,一个有趣的研究问题是:ESG 信息披露如何受各利益相关方的影响,以及 ESG 信息披露能为企业的可持续发展带来什么?

就影响因素而言,信息披露是利益相关各方博弈的结果(邬娟,2012),企业关注利益相关者的信息需求,有利于与利益相关者建立积极关系,促进企业的可持续发展。由 Mitchell 等(1997)的研究可知,管理与利益相关者之间的关系时,对利益相关者的优先度进行分析至关重要,分析的依据则是理解和评估各利益相关者的影响力、合理性和紧急性。基于利益相关者的优先度分析,我们确定影响企业 ESG 信息披露的关键利益相关者包括投资者、政府和新闻媒体,这些利益相关者在 ESG 信息披露中扮演着重要角色。首先,从投资者的视角,结合激励机制和监督机制,分析企业因素会对 ESG 信息披露产生何种影响。具体而言,从激励机制的角度出发,检验管理层持股对 ESG 信息披露的影响;从监督机制的角度出发,检验股权集中制度和审计机构对 ESG 信息披露的影响。其次,分析政府相关政策的出台是否引导和促使企业充分披露 ESG 信息。最后,从利益相关者理论、信息不对称理论和信号传递理论出发,分析新闻媒体作为信息传递者和外部监督者,其关注度是否会对 ESG 信息披露产生影响。

就经济后果而言,从可持续发展的视角来看,融资成本、绿色创新和企业价值与企业的长期发展和社会责任密切相关,它们分别代表了经济、环境和社会三个维度,这也是可持续发展的三大核心元素(UN. ESCAP,2015)。首先,融资问题是制约企业可持续发展的重要因素,ESG 信息披露是否会降低融资成本?其次,在新发展理念的引导下,ESG 信息披露是否能促进企业进行绿色创新?最后,ESG 信息披露的价值效应是怎样的?是挤占企业资源导致企业价值降低,还是能够提高企业价值?

1.2.2 研究目的

在总结前人研究的基础上,本书通过对 ESG 信息披露问题进行文献回顾,结合新发展格局和绿色发展理念,立足于中国市场,找到需要进一步研究的方向。然后从 ESG 信息披露相关概念阐释出发,延伸至制度背景和理论分析,接着基于可持续发展视角分析 ESG 信息披露的利益相关者及其优先度,并进行博弈分析，阐述 ESG 信息披露与可持续发展的关系，随后通过实证分析进一步检验企业 ESG 信息披露的影响因素和经济后果。最后，根据研究结论，本书将提出相关的政策建议，以期提高企业 ESG 信息披露水平，从而促进可持续发展。

具体而言，本书的研究目的包括三个方面。

第一，本书基于利益相关者优先度分析，从影响力、合理性和紧急性三个维度出发，选取投资者、政府及新闻媒体三个关键利益相关者进行研究。通过分析企业与投资者、企业与政府、企业与媒体之间在 ESG 信息披露方面的博弈关系，厘清了各利益相关者对企业履行 ESG 责任的影响，并为制定更具针对性的政策提供了理论依据。

第二，本书分别从企业因素、政府规制和媒体监督的视角来分析企业 ESG 信息披露的影响因素，并结合地区、行业等中观因素，更加全面地探究企业 ESG 信息披露的影响因素，以便为利益相关者从多视角、多维度促进和鼓励企业披露 ESG 信息提供借鉴和参考。

第三，本书从融资成本、绿色创新和企业价值三个视角，来探究 ESG 信息披露对企业经济、环境和社会层面的可持续发展的影响，结合产权性质、分析师关注、高管背景等因素更加全面地分析企业 ESG 信息披露的异质性表现，以便既为上市公司获取资源、提高企业价值提供 ESG 履责的视角，又为激励企业转型升级，满足企业可持续发展需求提供理论参考和经验借鉴，并为利益相关各方提供决策依据。

1.3 研究思路与研究内容

1.3.1 研究思路

总体而言，本书的主要研究思路如下。首先，通过梳理相关文献和政策法规，在界定 ESG 内涵的基础上，对比国内外的 ESG 信息披露制度，以初步了解国内上市企业 ESG 信息披露的状况。其次，通过搜集和整理国内外有关 ESG 信息披露的影响因素和经济后果等的研究，找到需要完善、深化或填补空缺的地方，并据此确定研究目的和研究问题。最后，结合 ESG 信息披露的制度背景，以委托代理理论、信息不对称理论、信号传递理论、利益相关者理论、组织合法性理论和可持续发展理论为基础，对研究问题的逻辑进行详细分析与阐述，而后将研究问题拆解成既相互关联又可自成一体的四个部分：ESG信息披露制度背景与理论基础、ESG信息披露影响因素与经济后果的逻辑分析与梳理、ESG信息披露的影响因素研究、ESG信息披露的经济后果研究。

第一部分主要通过对国内外ESG信息披露制度的分析和比较以及对ESG相关理论的分析，进一步加深对ESG信息披露实践和理论的理解，为后续的研究打下坚实基础。

第二部分主要对ESG信息披露影响因素、经济后果及两者之间的关联性进行逻辑分析和梳理。其一，根据利益相关者优先度分析，选择聚焦投资者、政府和新闻媒体三个关键利益相关者的影响并进行博弈分析。其二，从可持续发展的三大维度出发，聚焦融资成本、绿色创新和企业价值三个视角研究ESG信息披露的经济后果。其三，分析ESG信息披露影响因素和经济后果的关联框架，并构建ESG信息披露的研究框架。

第三部分从企业因素、政府规制和新闻媒体的视角出发，分析ESG信息披露的影响因素，并结合地区、行业等中观影响因素，多维度回答影响企业ESG信息披露的因素有哪些的问题，以期补充和拓展已有关于ESG信息披露影响因素的研究，为从企业因素、政府规制和媒体监督视角，结合微观、中观、宏观多层次促进和引导企业提高ESG信息披露水平，缓解信息不对称问题，满足利益相关者的信息需求提供理论参考和经验借鉴。

第四部分从可持续发展的视角出发，考虑经济、环境及社会层面的可持续发展，选择融资成本、绿色创新和企业价值三个视角探讨ESG信息披露的经济后果，并结合高管背景、产权性质、信息不对称程度等因素进行异质性分析，以期丰富有关ESG信息披露经济后果的文献，延伸融资成本、绿色创新和企业价值的影响因素研究，不仅为上市公司获取资源、推进绿色转型、提高企业价值提供ESG履责的视角，也为激励企业转型升级，满足企业可持续发展需求提供理论参考和经验借鉴，并为利益相关各方提供决策依据。

1.3.2 研究内容

本书主要围绕企业 ESG 责任表现来研究 ESG 信息披露的影响因素和经济后果。研究问题可拆解为相互关联且可独立存在的四大问题：ESG 信息披露的制度背景和理论基础、ESG 信息披露的影响因素与经济后果的逻辑分析与梳理、ESG 信息披露的影响因素研究、ESG 信息披露的经济后果研究。这四大问题对应的研究内容主要如下。

1.3.2.1 第一个问题，ESG 信息披露的制度背景和理论基础

首先，对影响 ESG 信息披露的利益相关者进行分析，从影响力、合理性和紧急性三方面确定利益相关者的优先度，在此基础上，选择聚焦关键利益相关者的影响，并进行博弈分析，为研究第三个问题和提出政策建议提供参考和依据。其次，从可持续发展的经济、环境和社会三个维度出发，聚焦 ESG 信息披露的经济后果，为研究第四个问题和提出政策建议提供参考和依据。最后，分析 ESG 信息披露影响因素和经济后果的关联框架，并构建 ESG 信息披露的研究框架。

1.3.2.2 第二个问题，ESG 信息披露的影响因素与经济后果的逻辑分析与梳理

首先，对影响 ESG 信息披露的利益相关者进行分析，从影响力、合理性和紧急性三方面确定利益相关者的优先度，在此基础上，选择聚焦投资者、政府和新闻媒体三个关键利益相关者的影响，并进行博弈分析，为研究第三个问题和提出政策建议提供参考和依据。其次，从可持续发展的三大维度出发，聚焦融资成本、绿色创新和企业价值三个视角研究 ESG 信息披露的经济后果，为研究第四个问题和提出政策建议提供参考和依据。最后，分析 ESG 信息披露影响因素和经济后果的关联框架，并构建 ESG 信息披露的研究框架。

1.3.2.3 第三个问题，ESG 信息披露的影响因素研究

在第二个问题的基础上，首先，研究企业因素对企业 ESG 信息披露的影响，分别从激励和监督的视角、内部治理和外部治理的视角选取了管理层持股、股权集中度和审计机构作为公司治理的代理变量，在此基础上研究区域、产权和行业的异质性影响。其次，研究相关政策出台对企业 ESG 信息披露的影响，在此基础上研究产权性质、审计意见和地区的异质性影响。最后，研究媒体监督对企业 ESG 信息披露的影响，在此基础上研究媒体报道类型、信息不对称程度和高管背景的异质性影响。此外，还采用了多种计量方法缓解内生性问题。

1.3.2.4 第四个问题，ESG 信息披露的经济后果研究

首先，研究企业 ESG 信息披露对融资成本的影响，在此基础上研究信息不对称程度、高管海外经历和学术背景的异质性影响。其次，研究企业 ESG 信息披露是否会对企业绿色创新产生显著的影响，在此基础上研究产权性质、信息不对称程度和董事会多样性的异质性影响。最后，研究企业 ESG 信息披露对企业价值的影响，在此基础上研究审计意见、行业和产权性质的异质性影响。此外，还通过一系列计量方法进行稳健性检验。

1.4 研究方法与技术路线

1.4.1 研究方法

本书在文献回顾和评述的基础上，结合定性分析和定量分析，通过理论分析法和实证分析法对 ESG 信息披露的影响因素与经济后果进行规范、系统的研究。

1.4.1.1 理论分析法

首先，对本书涉及的核心变量，如 ESG 信息披露、企业因素、政府规制、媒体监督、融资成本、绿色创新和企业价值等进行界定，以免概念模糊给后续研究带来不便。其次，对 ESG 信息披露的制度背景和相关理论进行系统分析，并对影响因素、经济后果和两者的关联性进行逻辑分析与梳理。最后，对 ESG 信息披露的影响因素及其经济后果等相关文献进行细致的梳理，并评述现有研究的不足。基于前述的理论基础和国内外相关文献，结合企业 ESG 信息披露的现实情况，推导出研究问题的主要假设。

1.4.1.2 实证分析法

首先，借鉴国内外相关文献，选择增加控制变量、替换解释变量、替换被解释变量、双重倾向得分匹配法、两阶段残差介入法及更换计量模型等方法缓解研究问题中可能存在的内生性问题。其次，基于对国内外相关文献的梳理和对我国ESG信息披露状况的理解，并结合主要研究假设的核心推导逻辑，采用固定效应模型、双重差分模型等实证方法分析ESG信息披露的影响因素和经济后果。最后，本书还对地区、行业、产权性质、信息不对称程度、审计意见、高管背景等因素对ESG信息披露的影响进行了异质性分析。

1.4.2 技术路线

本书的技术路线大体遵循如下步骤：一是问题提出与研究贡献部分；二是概念界定与文献综述部分；三是制度背景与理论基础部分；四是逻辑分析与梳理及研究框架提出；五是影响因素和经济后果的研究假设推导和实证分析；六是研究结论与未来展望。问题提出与研究贡献部分，包括现实和理论背景分析、问题提出和研究目的、研究思路和研究内容、研究方法与技术路线、研究创新与研究贡献等内容。概念界定和文献综述部分，包括概念界定和文献回顾。制度背景与理论基础部分主要包括我国ESG信息披露的制度背景分析与理论基础。逻辑分析与梳理部分主要是影响因素（基于利益相关者的优先度分析和博弈分析）、经济后果（基于可持续发展三大维度分析）、影响因素和经济后果的逻辑分析和梳理，并构建了ESG信息披露的研究框架。影响因素与经济后果的研究假设推导和实证分析部分主要包括企业因素、政府规制和媒体监督三方面影响因素的研究，以及融资成本、绿色创新和企业价值三方面经济后果的研究。研究结论与未来展望部分主要包括研究结论、政策建议和研究局限等内容。本书的技术路线如图1-2所示。

1.5 研究创新

本书的研究创新主要有三方面。

第一，虽然企业ESG信息披露的研究迅速增多，但大多集中于实证研究，本书将利益相关者优先度分析和博弈论引入ESG信息披露的研究，进一步揭示了各利益相关方的影响及其行为动机和策略选择。在此基础上，本书梳理了研究ESG信息披露的研究框架，有助于系统、全面地理解ESG信息披露的内在机制。鉴于此，本书丰富了ESG信息披露研究的研究方法，拓展了研究视角。

1 绪 论

问题提出 研究贡献
- 问题提出与研究目的 → 研究思路与研究内容 → 研究创新与技术路线

概念界定 文献综述
- 概念界定
  · ESG的起源与发展
  · ESG的定义与内涵
- 文献综述
  · ESG信息披露影响因素的文献综述
  · ESG信息披露经济后果的文献综述

制度背景 理论基础
- 制度背景
  · ESG信息披露的标准与框架
  · ESG信息披露的制度背景
- 理论基础
  · 委托代理理论
  · 信息不对称理论
  · 信号传递理论
  · 利益相关者理论
  · 组织合法性理论
  · 可持续发展理论

逻辑分析 研究框架
- · 影响因素逻辑分析与梳理
- · 经济后果逻辑分析与梳理
- · 影响因素与经济后果逻辑分析与梳理
- → 研究框架

影响因素 经济后果
- 影响因素
  - 企业因素
  - 政府规制
  - 媒体监督
- 经济后果
  - 融资成本
  - 绿色创新
  - 企业价值

研究结论与未来展望

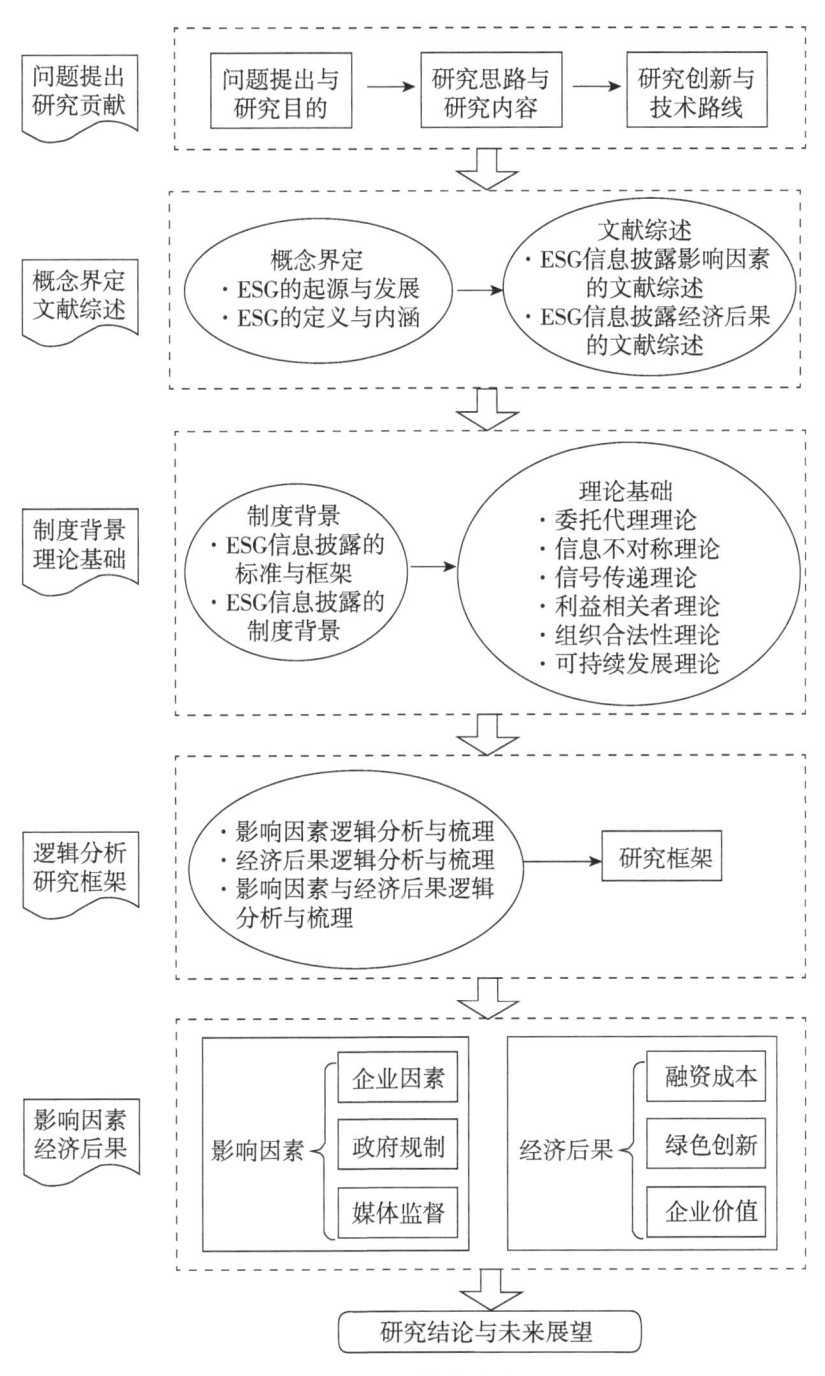

图 1-2 技术路线

第二，已有关于ESG信息披露影响因素的研究主要从披露动机、公司特征、"董监高"等公司治理因素以及环境规制强度等方面展开分析，然而，在ESG信息披露中，利益相关者的需求和影响却不容忽视，相关研究还不够充分。本书结合我国上市公司ESG信息披露发展相对滞后的状况，在利益相关者优先度分析和博弈分析的基础上，从企业因素、政府政策及媒体监督等方面进一步探讨影响企业ESG信息披露的因素，系统地分析了内部和外部的影响因素。具体而言，一是对于企业因素，本研究结合监督机制与激励机制、内部治理与外部治理视角，从管理层持股、股权集中度和审计机构三个方面检验了企业因素对ESG信息披露的影响，丰富了相关文献。二是在政府规制方面，聚焦政府政策和ESG信息披露制度在"双碳"（碳达峰和碳中和）目标下的关系。本研究基于政府政策的具体效应，为在"双碳"新格局下完善和改进ESG信息披露制度提供了理论和经验依据，在对相关领域的研究进行补充的同时，为政府及监管部门后续出台相关政策提供了理论参考。三是在媒体监督方面，本研究分析了媒体监督（包括媒体关注度和不同类型报道的影响）在ESG信息披露中的作用，发现媒体的关注度以及不同类型的报道（特别是积极和正面的报道）都能有效促进企业披露ESG信息，拓宽了此领域的研究视野，丰富了相关领域的研究内容。

第三，ESG信息披露作为责任投资的重要信息基础，对推动企业实现可持续发展具有重要作用。虽然已有研究涉及企业价值、市场反应和财务绩效等领域，但结论存在分歧，且对于ESG信息披露如何影响企业可持续发展的研究仍显不足。本书以可持续发展为研究核心，紧扣我国上市公司ESG信息披露的实际情况，从经济、环境和社会三大可持续发展核心维度出发，选择融资成本、绿色创新和企业价值为研究视角，进一步研究ESG信息披露的经济效果。本书在理论和实证层面深入分析了ESG信息披露与企业可持续发展之间的关系，对引导企业实现可持续发展提供了理论指导。

2 概念界定与文献综述

2.1 概念界定

2.1.1 ESG 的起源与发展

由于意识到商业行为可能会对工人等群体造成伤害或其他负面影响，约翰·卫斯理早在 18 世纪就提出，应该避免对特定行业的投资，例如制革和化工行业。可见，最早的社会责任投资理念带有明显的宗教驱动性（王昶和陈昕，Sparkes and Cowton，2004），拒绝投资那些"有罪"的企业，此观点长期以来得到了宗教界的认可。最早以这种理念和方式系统地选择投资对象的是 1929 年在波士顿成立的先驱基金（the Pioneer Fund）。伦理投资（Ethical Investment）是 ESG 类似概念的前身（Michelon et al.，2015），指出投资者的决策受到宗教信仰或个人价值观的影响。从伦理投资的视角来看，"道德"是决定投资对象的关键因素。受该理论影响的投资者将对环境有严重影响的石油化工企业、制造业，不利于和平的军火企业，危害大众健康的烟草企业等视为"不道德"的投资对象，并在其投资决策中将这些企业筛掉。伦理投资是社会责任投资的最初形式，不再单一考虑企业的盈利情况等经济效益，还会考虑环境污染、工人健康和大众利益，并追求经济效益和社会效益的高度统一，实现资源配置的广泛的社会性和长期性。这一阶段，开启了最初的社会责任投资。

20 世纪六七十年代，由于日益严重的环境污染，一场大规模的民众环境保护运动在美国兴起，民众抵制和抗议企业在追求利润最大化的过程中导致的环境污染和资源过度消耗。此次环保行动的规模和影响力均达到了前所未有的程度，国际组织也逐渐将注意力转向环境保护问题。环境问题成为社会责任关注者关注的首要话题。这意味着伦理投资突破了宗教范畴。

随着社会责任投资产品的发展，越来越多的投资者开始使用社会责任投资（Socially Responsible Investment，SRI）的概念。经济高速发展带来了越来越多的环境、社会问题，社会责任投资也受到了越来越多的关注。社会责任投资体现了广义的"伦理"理念，具有更广泛的含义，吸纳了全新元素，得到了投资者的广泛运用（Louche and Lydenberg，2006）。20世纪80年代，伦理投资被社会责任投资取代，这推动了社会责任投资的发展。社会责任指数的出现使得社会责任投资实现了由仅"排除不道德的投资"向"积极投资社会责任表现优秀的企业"的转变。21世纪初，以美国为代表的发达国家发生了一系列财务造假的公司丑闻，严重损害了投资人的利益，"公司治理"作为一个新维度被引入投资决策中（徐雪高和王志斌，2022）。

在此背景下，美国KLD公司发布了首个以环境、社会与治理因素指数（ESG）作为筛选准则的多米尼400指数。多米尼400指数也是全球第一个责任投资指数，其推出为责任型投资者提供了一个比较基准。2004年，由联合国全球契约组织（UNGC）首次提出关注企业环境（Environment）、社会（Social）及治理（Governance）绩效的投资理念和企业评价标准。社会责任投资促进了道德、社会及环境多维价值在投资过程中的实现（田祖海，2007）。联合国责任投资原则组织（UN PRI）于2006年成立，提出了ESG框架，并列出了一系列考量因素。该组织将社会责任、公司治理与环境保护相结合，提出ESG理念和评价体系，向投资者传递ESG理念和价值，并鼓励其会员机构和企业将环境、社会和公司治理因素贯穿到企业的战略决策和经营活动中，降低企业面临的环境、社会和公司治理风险，提高企业价值并创造长期收益，实现社会效益与经济效益双赢，最终促进企业的可持续发展。2006年，高盛公司率先将环境、社会、治理因素整合，正式提出了ESG的概念。

2010年以来，可持续责任投资逐渐被投资者普遍接受。可持续投资重新定义了投资目标，不再关注短期财务回报，而是在长远和可持续的视角下，考虑企业对环境、社会和公司治理的影响和存在的风险，以共同的可持续发展为前提，以获得企业持续发展的收益为目的（Eurosif，2017）。ESG和绿色金融等概念随之逐渐成为学术界和实务界的热议话题,也进入了政策制定者的视线。

ESG投资已成为国际市场主流投资策略之一。据全球可持续投资联盟(GSIA)公布的数据,全球范围内基于ESG理念进行投资的资产规模增长迅速,2016年为22.89万亿美元,2020年已增长至40.5万亿美元。全球已有超过4500家机构承诺在投资实践中考虑ESG因素。在联合国责任投资原则组织(UN PRI)的推动下,ESG理念得到了全球的关注,并迅速发展。

随着资本市场开放程度的持续提升,国际责任投资在我国资本市场的份额逐渐扩大。与此同时,ESG投资也日益受到我国政策制定者和金融机构的关注。"十三五"(2016—2020年)期间,泛ESG指数在我国的数量增加了34%,泛ESG公募基金的数量增长了79%,资产规模增长了109%,责任投资的总体发展形势喜人。中国责任投资论坛(China SIF)发布的《中国责任投资年度报告2021》指出,在中国市场,2021年泛ESG指数在我国的数量增加了29%,泛ESG公募基金的数量增长了170.8%,其资金规模达到了5492.42亿元,为2020年资金规模的4.58倍,实现了指数级增长。

但总体来说,我国ESG信息披露起步较晚,尚存在ESG信息披露制度不完善、投资者ESG意识不强和缺乏ESG表现判断标准等问题。北京商道融绿咨询有限公司发布的2021年我国A股上市公司ESG评级分析显示,虽然主动发布ESG报告的上市公司数量逐年稳步增长,但ESG绩效的结构性差异较大。中国ESG研究院理论研究中心发布的《中国ESG发展报告2021》显示,虽然2021年主动发布独立ESG相关报告的A股上市公司数量在稳步增加,但仅占所有A股上市公司的26.9%。可见,虽然近几年ESG信息披露的数量和质量有了较大提升,但仍有超过60%的A股上市公司选择不披露ESG报告,ESG信息披露的发展相较ESG投资的发展明显滞后,建立健全ESG信息披露制度任重而道远。

2.1.2 ESG的定义与内涵

ESG理念以公司治理理论为基础,旨在实现各利益相关者的整体利益最大化。为了更加深入地理解这一概念,以免概念模糊给后续研究带来不便,本节将对ESG的定义和内涵进行梳理和概括。

如上文分析，社会责任投资作为ESG投资的前身，在筛选投资对象时用财务业绩和社会责任履行情况共同作为评价标准。ESG是投资决策过程中聚焦环境、社会和公司治理三方面表现的投资理念，是对绿色投资与负责任投资理念的延伸和丰富，也是目前国际社会衡量企业绿色可持续发展水平的重要标准（邱牧远和殷红，2019）。中国证券投资基金委员会和国务院发展研究中心金融研究所发布的《中国上市公司ESG评价体系研究报告》将ESG定义为一种投资理念和企业评价标准，其特征是反映企业在可持续发展等方面的贡献，注重企业环境影响，关注社会责任和治理绩效，而不是财务绩效。ESG投资以可持续发展的眼光，在做投资决策时考虑企业环境责任、社会责任和公司治理方面的风险和机会，而不是短期的资金回报（孙美等，2017）。综上，ESG作为一种投资理念，旨在全面评估企业可持续发展水平，并强调在环境保护、社会责任及公司治理领域的长期价值创造。

ESG是衡量公司或商业投资的可持续性和道德影响的综合性评估体系，其内涵由环境方面（E）、社会方面（S）和治理方面（G）三个核心维度组成（操群和许骞，2019）。不少机构和学者从环境、社会、治理方面阐述了ESG的内涵（见表2-1）。

综合各方观点，ESG的内涵可以概括为：E（Environmental）包括企业在环境保护、应对气候变化、资源消耗、废物处理、污染防治等方面的实践，以及相应的政策和行动，着重关注企业对生态保护和可持续发展的贡献。S（Social）涉及企业在社会责任方面的表现，如人权、劳动条件、员工福利、健康与安全、供应链管理、产品责任等。同时，强调企业在员工多样性、平等机会、培训与发展等方面的政策和实践，以及与社区和利益相关者的关系。G（Governance）涵盖企业在治理结构、政策和实践方面的表现，包括董事会的组成及其独立性和有效性、高管薪酬制度、股东权益、财务透明度、反腐败政策、企业道德等。良好的公司治理有助于确保企业的长期稳定和可持续发展。可见，ESG的内涵体现了企业在环境、社会和公司治理三个维度的责任和实践，这些维度相互关联，共同构成了企业可持续发展的基础。

表 2-1　ESG 的内涵

资料来源 (年份/来源)	环境方面 (E)	社会方面 (S)	治理方面 (G)
高盛公司 (官方网站)	(1) 投入：资源的投入 (2) 产出：气候变化、排放物、废料等	(1) 领导力，问责性、信息披露、发展绩效等 (2) 员工，多样性、培训、劳工关系等 (3) 客户，产品安全性、负责人营销 (4) 社区，人权、社会投资、透明度	透明度、独立性、薪酬、股东权利
联合国责任投资原则组织 (2006)	气候变化、资源枯竭、废弃物、污染、砍伐森林	人权、现代奴役、童工、工作条件、员工关系	贿赂与腐败、高管薪酬、董事会多样性与结构、政治游说与捐赠、税收策略
荷宝公司 (官方网站)	公司或政府对气候变化的贡献主要通过减少排放温室气体、加强废物管理和提高能源使用效率来实现	人权、供应链中的劳动标准、任何非法童工的暴露，以及更常规的问题，如遵守工作场所的健康和安全规定	不同利益相关者之间定义权利、责任和期望的一套规则或原则。良好的公司治理系统可用于平衡或协调利益相关者之间的利益，并可作为支持公司长期战略的工具
Limkriangkrai et al. (2017)	公司在环境保护方面的实践，公司在应对气候变化、生态保护和可持续发展方面的政策和行动	企业在人权、劳动条件、员工福利、健康与安全、供应链管理、产品责任以及与社区和利益相关者的关系等方面的表现，员工多样性、平等机会、培训和发展方面的政策和实践	公司治理结构、政策和实践，包括董事会的组成及其独立性和有效性、高管薪酬制度、股东权益、财务透明度、反腐败政策和企业道德等方面

资料来源：由作者整理获得。

2.2 文献综述

2.2.1 关于 ESG 信息披露影响因素的文献综述

研究影响 ESG 信息披露的因素可以为建立和完善 ESG 信息披露制度提供重要的理论基础。本节将梳理专门针对 ESG 报告或社会责任信息报告中有关 ESG 信息披露的研究文献。ESG 信息披露影响因素研究主要围绕微观因素展开，也不乏涉及宏观因素的研究。

2.2.1.1 微观影响因素研究

微观层面，现有研究主要聚焦于 ESG 信息披露的动机、公司治理及公司特征对企业 ESG 信息披露的影响。

(1) ESG 信息披露动机。企业 ESG 信息披露动因可以总结为内在驱动和外在驱动（马连福和赵颖，2007）。内在驱动主要是指企业内部因素导致的披露动机，例如企业文化、价值观、管理层观念和道德观等；外在驱动主要包括合法性动机、资源性动机、利益相关者关系管理动机以及企业战略管理动机。已有文献大都聚焦于外在驱动因素的研究。

第一，合法性动机导致企业被动披露社会责任信息，这一行为主要是出于树立合规经营形象和免受处罚的目的。合法性理论认为，企业披露信息并非出于对责任的感知或对信息透明度的承诺，而是出于合法性目的（Hopwood，2009）。企业面临的合法性威胁主要源于两方面：其一，特定机构给出的负面评级，公司可以通过自愿披露信息来重获合法性；其二，特定评级机构给出的环境表现的不良记录，这同样会对企业的合法性造成威胁（Patten，2002；Cho et al.，2012）。当组织行为与社会预期之间存在差距时，组织的合法性就会受到威胁，管理者可以通过沟通策略影响外界对组织的看法（John and Jeffrey，1975；Lindblom，1994）。因此，企业通过向目标群体自愿披露信息来表明他们是符合公众预期的（Deegan，2002）。信息披露甚至可以作为一种"标志"来传达公司行为的变化（John and Jeffrey，1975），从而"修复"不好的组织合法性（Suchman，1995）。社会对组织行为认知的逆转越大，管理者就越有可能使用企业沟通作为合法性策略（O'Donovan，2002）。Schaltegger 和 Hörisch（2017）的实证研究也表明，ESG 信息披露既不是以利润为导向的，也不是机会主义经济思维方式的结果，而是以寻求合法性为主要特征。类似的，基于利益相关者理论的研究也得到了相似结论，即在 ESG 责任履行方面表现较差的企业会面临更大的公众压力，从而更有可能选择自愿披露（Patten，2002）。

第二，企业获取外部融资时会更加积极地披露社会责任信息，达到降低融资成本的目的，此为资源性动机（翟华云，2010）。信号传递理论认为，具有良好可持续发展记录的企业比在 ESG 责任履行方面表现较差的企业更倾向于进行更广泛的披露（Clarkson et al.，2008；Mahoney et al.，2013）。信号传递理论强调了信息不对称的影响，管理者可以基于此对自愿性披露进行决策（Yekini and Jallow，2012）。针对 40 个国家的企业的研究也证实了信号传递理论的假设，研究发现，社会责任履行情况良好的企业更有可能披露独立的报告（Clarkson et al.，2019）。合法性理论、利益相关者理论和信号传递理论都认为，如果组织行为不负责任，会受到利益相关者的惩罚（Mahoney et al.，2013）。不同之处在于，合法性理论和利益相关者理论假定自愿披露更倾向于"洗白"动机，而信号传递理论则假定企业倾向于诚实地披露组织的社会和环境影响。Mahoney 等（2013）检验了企业社会责任表现与社会责任报告的关系，结果拒绝了"洗白"倾向，支持了信号传递理论的假设（Uyar et al.，2020；Alsayegh et al.，2020；Myers and Majluf，1984）。

第三，由于非财务信息存在更严重的信息不对称问题，出于管理与利益相关者的关系的目的，披露社会责任信息可以通过向利益相关者传递积极信号，降低其风险感知，从而降低企业的融资成本，获取利益相关者的资源，提高可持续发展的能力。基于信号传递理论，披露水平的提高可以降低信息不对称程度，避免逆向选择问题（Clarkson et al.，2011）。在投资者与管理者之间存在信息不对称的情况下，逆向选择问题会影响外部融资的过程。因此，管理层有动机通过信息披露的方式来降低信息不对称程度，从而降低融资成本。通过对市场的分析研究，有学者发现一些有融资需求且有进入资本市场动机的企业往往会提高披露质量，降低信息不对称程度，向监管部门和投资者传递积极信号，并实现上市的目标（Hyytinen and Pajarinen，2005）。如果企业采取更为积极的信息披露策略，其债务资本成本和权益资本成本都将显著降低。这一研究结论不会受到国家层面的因素的影响，包括法律和金融制度（Francis et al.，2005）。沿着这个研究方向，利益相关者通过更好地参与社会责任信息披露，可降低代理成本和提高企业社会责任绩效的透明度，从而降低信息不对称程度，最终减少资本约束（Cheng et al.，2014）。此外，自愿披露社会责任信息还可以帮助企业获得消费者认同，从而取得竞争优势（张正勇等，2012）。

第四，企业战略管理的动机是改变投资者和其他利益相关者的感知。这主要通过告知利益相关者有关企业业绩改善的信息来转移他们的注意力或改变利益相关者的期望（张正勇等，2012、2014）。

(2) 公司治理影响因素。在公司治理方面，众多研究结果显示，企业性质（Ghazali，2007；Kuo et al.，2012；Zeng et al.，2012）、董事会结构和规模（Fama and Jenson，1983；Brammer et al.，2006；Htay et al.，2012；Peng et al.，2014；Gangi et al.，2021；Cucari et al.，2018；Lavin and Montecinos，2021）等公司治理因素都会对信息披露产生重要影响。杨熠等（2011）在研究重污染企业的环境信息披露时也发现，公司治理能有效促进环境信息披露水平提高，且绿色金融政策会强化这一影响。

首先，董事会规模。以往的研究发现，董事会规模增大，一方面会因为需要更多的协调程序和时间，而降低企业的效率（Jensen，1993）；另一方面，规模较大的董事会通常具备更多元化的视角和观点，决策时有足够的协调与沟通，有助于抑制公司绩效的不稳定性（Cheng，2008）。关于董事会规模对ESG信息披露的影响也存在不同观点：一些学者认为，董事会规模与ESG信息披露显著正相关（Allegrini and Greco，2013；Schiehll et al.，2013）；另一些学者则认为董事会规模不会对ESG信息披露产生显著影响（Giannarakis，2014）。其次，董事会多样性。总体来说，多元化的董事会能在决策时提供不同的视角和观点，这无疑可以提高决策质量，从而对公司财务绩效产生积极影响（Adams and Ferreira，2009）。也有研究证实了女性董事与有效的公司治理之间存在积极联系（Adams and Ferreira，2009；Bear et al.，2010）。周方召等（2020）的研究发现机构投资者对 ESG 责任履行具有明显的偏好，这与 Baldini 等（2018）的观点一致。再次，CEO 两职合一。一方面，CEO 两职合一会导致管理层的控制权集中，股东通过董事会行使的股东控制权减少，决策会倾向于管理层的利益而不是股东利益。CEO 两职合一会对财务绩效产生负面影响（Iyengar and Zampelli，2009；Rechner and Dalton，1991）。针对意大利上市公司的研究发现，CEO 两职合一对治理信息的披露有负面影响（Allegrini and Greco，2013）。另一方面，针对美国企业的研究却发现 CEO 两职合一对 ESG 信息披露没有影响（Giannarakis，2014）。最后，独立董事。独立董事在决策过程中起着提供不同视角和观点的重要作用。任命独立董事是为了提高决策水平，并获取更多的资源（Gordon，2006）。Khan 等（2013）研究发现，独立董事对社会责任披露有显著正向作用。

（3）公司特征影响因素。企业规模与 ESG 信息披露水平正相关（Drempetic et al.，2019）；金融企业的 ESG 信息披露水平随经营时间的延长呈上升趋势，且这种趋势会由于企业规模、盈利能力、社会和经济发展状况的提升而加强（Crespi and Migliavacca，2020）；企业所处行业也会影响 ESG 信息披露水平，敏感行业的环境绩效是最好的（Garcia et al.，2017）。另外，在针对印度企业的研究中发现，财务绩效和市场绩效对企业 ESG 信息披露水平具有正面影响（Sharma et al.，2020），同样，孙冬等（2019）认为良好的企业财务状况（包括盈利能力、偿债能力和资本结构）会提高企业的 ESG 表现。此外，Baldini 等（2018）认为分析师报告、交叉上市、资产负债率和企业规模等因素也会显著正向影响企业 ESG 信息披露，且这些因素的影响具有同质性。

2.2.1.2 宏观因素研究

基于制度理论和合法性理论，政治制度、劳动制度和文化制度等因素会对企业 ESG 信息披露产生重要影响（Baldini et al.，2018），且这些宏观因素的影响具有异质性。其他学者还关注了制度环境（Coluccia et al.，2018）、政府监管（沈洪涛和冯杰，2012）、经济政策不确定性（于连超等，2020）、宗教（Terzani and Turzo，2021）、强制性、模仿性同形制度压力（张慧和黄群慧，2022）等因素对企业 ESG 信息披露的影响。这些研究揭示了多种因素对企业 ESG 信息披露产生影响，但具体影响可能因情境和研究对象的不同而异。

2.2.2.3 文献评述

通过文献梳理可知，已有关于企业 ESG 信息披露影响因素的研究聚焦于披露动机、公司治理和公司特征方面，我们还需要从更全面、更深入的角度考察，以便更好地理解和把握 ESG 信息披露的影响因素。

公司治理方面的研究，大多数聚焦于董事、高管和监事的设置和安排，而对经营层的激励制度和外部治理的影响则较少关注。这些因素对公司治理的效果和效率有着重要影响，从而也影响了企业 ESG 信息披露的质量和完整性。例如，在激励合理、监管严格的公司治理环境中，公司可能会更加积极地披露 ESG 信息，以体现其对社会责任的重视和履行。可见，如果从公司治理视角考察 ESG 信息披露的影响因素，仅考察董事会规模、董事会独立性、董事会多样性等方面的影响，而忽视经营层的激励、股权结构和外部监督等因素的影响，则不利于我们通过更为完整的逻辑画像厘清企业因素如何影响企业 ESG 信息披露。因此，从激励机制和监督机制、内部治理和外部治理相结合的视角，研究企业因素对企业 ESG 信息披露的影响成了值得关注的重要问题。

此外，虽然已有文献对企业 ESG 信息披露的动机进行了大量研究，但有关政府规制对企业 ESG 信息披露的冲击及社会监督对企业 ESG 信息披露的影响的研究还比较少。我们需要考虑利益相关者的影响，政府的政策压力和社会的舆论压力往往是驱动企业进行 ESG 信息披露的重要力量。因此，我们不能忽视这些外部因素的影响，而应将其纳入研究的视野中。

综上，我们需要进一步深入研究，以期更全面、更深入地理解 ESG 信息披露的影响因素。这不仅对理论研究具有重要价值，对实践中如何提高 ESG 信息披露的质量和完整性、如何构建更有效的公司治理和社会监督机制，也具有重要的现实指导意义。

2.2.2 关于 ESG 信息披露经济后果的文献综述

已有关于 ESG 信息披露经济后果的研究，主要围绕企业价值（Aouadi

and Marsat，2018；Bing and Li，2019）、财务绩效（Lucia et al.，2020；Tunio et al.，2021）、融资成本（Hamrouni et al.，2020；Gerwanski，2020）和市场反应（Aureli et al.，2020；Capelle and Petit，2019）等方面展开。

2.2.2.1 企业价值

由于会计信息本身无法全面解释公司市场价值及其波动（Amir and Lev，1996；Barth and McNichols，1994；Carnevale et al.，2012），因此，非财务信息如何影响企业市场价值的问题已经引起了学术界的广泛讨论。一种观点认为，企业的ESG战略与可持续发展密切相关，旨在获取长期利润并与各利益相关者建立积极关系，进而实现可持续发展（Yoon et al.，2018）。研究显示，ESG信息披露有助于提升企业信誉，进而提高企业绩效和企业价值（Fatemi et al.，2018；Li et al.，2018；Aboud and Diab，2018；Yu et al.，2018），其中，环境和社会方面的信息披露会对企业价值产生显著影响，绿色创新在这一关系中起到替代作用（Zhang et al.，2020）。一些研究认为，良好的社会责任表现能够通过降低成本和非系统性风险来提高企业价值（Oikonomou et al.，2012；McWilliams and Siegel，2001）。这一观点得到了Broadstock等（2021）的证实，他们研究发现，在面临危机时，ESG表现能够降低财务风险。Minutolo等（2019）研究发现，对于大型企业，ESG信息披露对托宾Q值的影响最大，而对规模较小的企业，ESG信息披露对托宾Q值和资产回报率的影响却截然相反。国内学者也认为，ESG信息披露是提高企业价值的关键因素（王琳和李亚伟，2022），而对于违规企业这一关系则并不显著（车笑竹和苏勇，2018）。另一种观点认为，ESG信息披露会产生支出，挤占资源，从而降低企业绩效和企业价值。这两种截然相反的影响，也有可能相互抵消（Brooks and Oikonomou，2018）。企业采用ESG政策会提高从事创新活动的能力，进而对企业价值创造和财务绩效产生积极影响。然而，企业的ESG政策与企业价值之间存在非线性关系，这与Broadstock等（2020）的"间接价值创造"过程的假设相符。Broadstock等（2020）还指出，企业的社会责任表现与创新能力的关系可以作为未来研究的方向。沿着这一研究思路，Zhang等（2020）研究发现，企业在环境、社会和治理方面的举措会对创新绩效产生正面影响，进一步的，企业治理方面的表现在环境、社会方面的表现影响创新绩效的过程中起到中介作用。

2.2.2.2 财务绩效

目前，学界对 ESG 信息披露与公司财务绩效之间的关系的研究比较深入，但研究结论存在分歧（Brammer et al., 2006；Friede et al., 2015；Lee et al., 2016）。由于企业价值的度量指标和企业财务绩效的度量指标相关性较高，有的学者在度量企业价值的时候会使用总资产收益率或净资产收益率，这与财务绩效的度量指标重合（Brogi and Lagasio, 2019；Alareeni and Hamdan, 2020）。一些学者认为 ESG 信息披露会提高企业的财务绩效（Cahan et al., 2015；Eccles et al., 2014；Fatemi et al., 2015；Zhao et al., 2018；Xie et al., 2019；Albitar et al., 2020）。ESG 信息披露能够提升市场销售额（董丽等，2009），可以一定程度上激励企业的创新行为（张秀敏等，2016），增加政府补助、提高融资能力和创新能力，促进企业出口决策和扩大出口规模（卢娟等，2020），从而影响企业的绩效。ESG 的表现有助于提高企业的盈利持续性（席龙胜和赵辉，2022），ESG 表现良好的企业可能会获得更高的平均回报率（李瑾，2021），同时，未来的财务风险和违规风险也会相应降低（Kumar et al., 2016）。良好的 ESG 表现还能有效地缓解市场环境带来的不确定性风险（邱牧远和殷红，2019）。值得关注的是，在强制性披露导向下，ESG 信息披露能推动企业实现绿色转型，进而提升企业绩效（王晓祺和宁金辉，2020）。此外，ESG 信息披露会对员工产生积极效果，增强员工对组织的认同感，从而对企业绩效产生影响（寇小萱，2012）。媒体关注度也是 ESG 信息披露对企业财务绩效产生影响的途径之一（陶文杰和金占明，2012）。而另一些学者则发现环境和社会责任信息的披露与总资产收益率和净资产收益率之间存在显著负相关关系（Alareeni and Hamdan, 2020）。Duque 和 Aguilera（2019）认为前人的研究都是基于成熟市场的分析，他们通过对拉丁美洲的企业进行研究发现，ESG 信息披露与公司财务绩效显著负相关。此外，还有学者认为 ESG 信息披露与公司财务绩效没有关系（Galema et al., 2008；Meir, 2006；Horváthová, 2010；Landi and Sciarelli, 2018）。相似的结论来自高杰英等（2021）和李井林等（2021）的研究，他们认为 ESG 信息披露可以提高投资效率，但没有证据显示其会影响过度投资、投资不足和企业绩效。可见，学者们对 ESG 信息披露与财务绩效之间的关系尚无定论，它们之间的关系可能与市场成熟程度、地理差异等有关。

2.2.2.3 融资成本

基于委托代理理论和信息不对称理论，债权人和股东作为外部利益相关者，面临高度的信息不对称问题，这可能引发逆向选择和道德风险问题。因此，外部利益相关者需要通过有限的信息来评价可能会发生的财务困境（Leftwich et al.，1981）。由于无法获取有用信息而增加的道德危机风险或难以获取信息而增加的代理成本，都会导致投资者要求履行协议或利息溢价（Cheng et al.，2014；Guidara et al.，2014）。通过文献梳理发现，在银行业竞争激烈的条件下，ESG 信息披露会显著缓解企业的融资约束（钱明等，2017；Ould，2020；Gerwanski，2020；Raimo et al.，2020；Ng and Rezaee，2015），而降低融资成本的效果则取决于企业是否真实、适当地进行了披露，而这一影响具有显著的地区经济发展水平和产权性质异质性（孟晓俊等，2010）。此外，研究表明在国有性质的中小板企业中，这一影响尤为突出（冷建飞和高云，2019）。值得注意的是，针对中小企业的研究发现，环境信息披露会显著提高融资成本（Gjergji et al.，2021）。

2.2.2.4 市场反应

从市场反应方面来看，对 ESG 信息披露本身价值的研究比较有限（Aureli et al.，2020）。Broadstock 等（2020）的研究表明，在金融危机期间，ESG 信息披露可以明显降低企业财务风险，而且 ESG 评分高的企业市场表现明显优于评分低的企业。同时，ESG 信息披露还可以缓解股票崩盘风险（席龙胜和王岩，2022；盛明泉等，2023），降低融资成本（王翌秋和谢萌，2022），提高企业价值（王琳璘等，2022；伊凌雪等，2022；王海军等，2023；白雄等，2022）。然而，尽管投资者在投资的时候一直使用 ESG 标准，以往的研究却没有发现 ESG 评分对市场方面有正面影响和统计显著性（Landi and Sciarelli，2018）。

此外，还有学者对 ESG 信息披露与股利分配政策的关系进行了研究。在针对欧洲企业的研究中发现，ESG 表现比较好，尤其是环境和社会方面展现出可持续发展的企业在股利分配上更为稳定（Verga et al.，2020）。这一研究结果进一步表明，较高的 ESG 评分揭示了企业因为有更稳定的利润分享，所以与股东和其他利益相关者之间结成了更好的长期联盟。

2.2.2.5 文献述评

通过文献梳理可知，现有关于 ESG 信息披露经济后果的研究聚焦于企业价值、财务绩效、融资成本和市场反应等方面。在对企业价值的讨论中，主要存在三种不同的观点：①ESG 信息披露可以通过降低 ESG 相关风险和成本，提高企业价值；②ESG 信息披露可能增加企业的披露成本，挤占企业资源，因此反而可能降低企业价值；③ESG 相关决策具有间接价值创造效应，因此 ESG 信息披露与企业价值的关系可能呈非线性的状态。由于学者们对于 ESG 信息披露价值效应的观点存在分歧，这为进一步验证 ESG 信息披露对企业价值的影响提供了研究空间。

在对财务绩效的讨论中，已有研究的观点与有关企业价值的讨论相似，也主要分为三种。主流学者认为 ESG 信息披露对企业的财务绩效有显著的正向影响，然而也有学者认为 ESG 信息中的环境信息和社会责任信息的披露与企业绩效负相关。此外，还有学者认为没有证据表明两者之间存在显著关系。由于企业价值的度量指标和企业财务绩效的度量指标高度相关，例如有的学者在度量企业价值时会使用总资产收益率或净资产收益率，这与财务绩效的度量指标重合（Brogi and Lagasio，2019；Alareeni and Hamdan，2020）。

由于融资能力是企业可持续发展的重要因素，许多学者对 ESG 信息披露对企业融资成本的影响进行了研究。主流观点认为 ESG 信息披露可以显著降低企业融资成本。值得注意的是，也有研究认为环境信息披露会显著提高企业融资成本（Gjergji et al.，2021）。因此，我们有理由深入研究 ESG 信息披露对融资成本的影响。

鉴于学者们对于 ESG 信息披露的经济后果的观点存在分歧，这为进一步验证 ESG 信息披露对企业价值和融资成本的影响提供了研究空间。从可持续发展的视角来看，ESG 信息披露是企业实现可持续发展目标的关键途径，而融资成本、绿色创新和企业价值在经济、环境和社会层面对企业的可持续发展产生深远影响。首先，融资成本是企业获取资金的核心因素，对企业的经济可持续发展具有重要影响。其次，绿色创新是企业可持续发展的重要措施，对企业的长远发展具有深远影响。最后，企业价值反映了企业的市场地位、盈利能力和发展潜力。因此，为了更清晰地厘清 ESG 信息披露的经济后果，本书从可持续发展的视角出发，从经济、环境和社会层面研究 ESG 信息披露与融资成本、绿色创新和企业价值之间的关系，具有重要的理论价值和现实意义。此外，为了更清晰地厘清 ESG 信息披露的经济后果，本书将通过替换企业价值和融资成本的度量指标来验证和延伸前人的研究结论。

3 ESG 信息披露的制度背景与理论基础

3.1 ESG 信息披露的制度背景

近年来，越来越多的国家和地区推动 ESG 信息披露，以期提高企业在环境、社会和公司治理方面的信息透明度。在欧美、日本、新加坡等国家和地区，ESG 信息披露制度相对成熟。他们主要通过修改法律条款、颁布政策法规，并结合国际组织标准制定 ESG 信息披露规则（徐雪高和王志斌，2022）。因此，本节首先对主流披露标准进行梳理，再分析国内外 ESG 信息披露的制度背景。

3.1.1 ESG 信息披露的标准与框架

随着利益相关者对有关环境和社会问题的信息透明度的要求不断提高，越来越多的全球企业开始发布可持续发展报告。随着可持续发展报告的普及，信息披露的框架、标准、第三方评级和指数产品也得到迅速发展（Siew et al.，2016）。目前，提出 ESG 信息披露的国家主要是在出台或修订政策法规的基础上，结合国际组织或第三方制定的标准和框架来引导企业进行 ESG 信息披露。国际组织制定的 ESG 信息披露的框架和标准被广泛应用，包括联合国全球契约（2000 年）、社会责任国际组织 SA8000 标准（1997 年）、经济合作与发展组织跨国企业准则（1976 年）、国际标准化组织社会责任指南标准 ISO26000（2010 年），全球报告倡议组织（GRI）2014 年发布的《可持续发展报告指南》（G4 指南）和 2016 年发布的可持续发展报告全球标准（GRI 标准），国际综合报告理事会（IIRC）发布的国际综合报告框架（2013 年），气候相关财务信息披露工作组（TCFD）发布的气候变化相关财务信息披露指引（2021 年），可持续发展会计准则委员会（SASB）发布的 SASB 标准应用指南（2011 年）等。表 3-1 总结了部分 ESG 信息披露框架和标准的相关信息。

表 3-1 部分 ESG 信息披露框架及标准

发布组织	框架/标准（年份）	披露内容及框架
全球报告倡议组织（GRI）	可持续发展报告指南（G4指南）（2014年）可持续发展报告全球标准（GRI标准）（2016年）	经济、环境、社会3个维度下分33个子议题，每个议题包括约40个指标
国际综合报告理事会（IIRC）	国际综合报告框架（2013年）	围绕短中长期价值创造能力，阐明8个方面：①组织基本业务及运营环境；②组织治理结构；③商业模式；④风险与机遇及应对方式；⑤目标战略及资源配置；⑥经营绩效；⑦前景展望；⑧报告列报基础
气候相关财务信息披露工作组（TCFD）	气候变化相关财务信息披露指引（2021年）	披露气候变化的财务影响包括4个主题：①治理情况；②组织战略规划；③风险管理过程；④识别风险和机遇的指标与目标
可持续发展会计准则委员会（SASB）	全球首套可持续发展会计准则（SASB准则）（2018年）	根据所在行业披露环境、商业模式及创新、社会资本、人力资本及领导力与治理5个议题，下分26个议题、77个分行业子议题

资料来源：根据各国际组织官方网站发布的官方文件整理。

2010年ISO26000标准的发布被认为是社会和环境责任行为纳入管理过程的重要里程碑（Toppinen et al., 2015; Hahn, 2013）。要促进中小企业履行社会责任，应该将ISO26000标准作为评价社会责任表现的指导工具。然而，有学者认为ISO26000标准并不是一个管理标准（Camilleri, 2019）。

GRI标准的宗旨是促进组织报告其对经济、环境和社会的影响，向不同利益相关者传达组织对可持续发展目标的积极或消极影响，从而提高组织的透明度。在过去的20年里，许多企业开始按照GRI标准披露经济、环境和社会绩效指标（Stacchezzini et al., 2016; Stubbs and Huggins, 2018; Milne and Gray, 2013）。使用GRI标准的企业数量呈指数级增长有三方面的原因：首先，采用GRI标准的公司，可能会大大节省回应社会和环境信息披露的时间和精力；其次，采用 GRI 标准的企业可持续发展报告整体质量的得分高于其他企业；最后，采用 GRI 标准的企业财务绩效更好。这有可能是因为信息不对称程度下降导致融资成本降低及分析师预测更准确，从而提高了企业的财务绩效。研究表明，发布非财务报告的企业的财务指标明显优于那些没有发布的企业（Siew et al.，2016）。总的来说，GRI 标准细化程度高且具有模块化的特点，可独立或组合使用，可以帮助企业根据自身特定的业务报告其对 ESG 方面的影响。

在 2008 年国际金融危机之后，政策制定者、立法部门和主要的金融机构都希望完善企业财务报告。与此同时，人们认识到 ESG 信息披露可以提升企业声誉和形象（Camilleri，2018）。因此，2010 年，国际综合报告委员会（International Integrated Reporting Council，IIRC）成立。IIRC 国际综合报告框架虽然未规定具体指标及计量方法，但对不同形式的资本进行了分类，在某种程度上降低了可持续发展报告的局限性（Stacchezzini et al.，2016；Jensen and Berg，2012）。IIRC 国际综合报告框架将金融和非金融资本配置与具体的企业行为相结合（Fasan and Mio，2017；Camilleri，2018）。IIRC 国际综合报告框架的另一个变化是强调了重要性（Montecalvo et al.，2018），重要性的概念是其审计和鉴证的基础（Eccles and Krzus，2014）。IIRC 国际综合报告框架还解释了行业和公司因素（如董事会规模和多样性）如何在非财务披露中扮演重要的角色。可见，IIRC 国际综合报告框架有利于缓解代理问题，改善提供给投资者的重要信息的质量。

气候变化相关财务信息披露工作组（TCFD）专注于环境气候方面的信息，聚焦于气候及环境风险，提出了将相关非财务信息对公司财务的影响及潜在风险并入财务报告中披露的建议。

可持续发展会计准则委员会（SASB）根据美国不同行业的特点，有针对性地开发、制定可持续发展会计准则，并于 2018 年 11 月正式发布了一套完整的涉及 11 个领域、共 77 个行业的标准（SASB 准则）。由于可持续性问题对不同行业的影响方式不同，SASB 准则的可持续产业分类体系是基于行业共有的可持续性风险来开发的。SASB 准则为促进企业向利益相关各方披露可持续发展信息提供了具有较强针对性的指导，为满足利益相关各方的信息需求提供了支持。研究发现，当 ESG 绩效评估是基于 SASB 准则调整的 ESG 评分时，ESG 评级会有显著变化（Madison and Schiehll，2021）。Busco 等（2020）通过研究 91 家采用 SASB 准则的公司发现企业披露情况良好，并为采用 SASB 准则的企业提供了七步指引。值得注意的是，企业披露的可持续性相关信息越多，会表现出越强的价格信息性（Grewal et al.，2020）。这说明，SASB 准则为投资者提供了有效的决策依据。在会计计量方面，SASB 准则采用质量标准来确保为公司管理层和投资者提供高质量的、对决策有用的信息。这些质量标准包括相关性、有用性、实用性、成本效益性、可比性、完整性、方向性、可证性和中立性（Shoaf et al.，2018）。总体来说，SASB 准则帮助企业识别、衡量和管理最直接影响企业长期价值创造的 ESG 主题，并向投资者传达重要的可持续性信息。

从 ESG 报告的实践来看，GRI 标准被全球上市公司采纳最多。根据毕马威（KPMG）发布的社会责任报告调查，全球 500 强企业中营业收入居前 250 位的企业（G250）采用 GRI 标准的占比高达 75%；ISO26000 标准通用性强，但需要付费；SASB 准则更偏重为财务绩效的可持续发展问题服务。

基于以上分析，我们可以发现目前常用的国际标准各有侧重点，如 GRI 标准强调企业在可持续报告中体现在环境、社会、治理方面的正面影响和负面影响；ISO26000 标准是由多方利益相关者参与开发的，有助于与利益相关者的沟通；SASB 准则是按照不同行业面临的可持续性风险和机遇来报告 ESG 信息，而且注重财务绩效，为投资者提供更全面、专业的可持续性信息。

3.1.2 ESG 信息披露的相关制度

构建绿色低碳循环经济体系，对于我国实现"双碳"目标至关重要。2018 年，全国金融工作会议特别强调要"健全金融机构法人治理结构"，对企业披露 ESG 信息的关注度也逐渐提升。ESG 包括环境、社会和治理三个维度，ESG 信息披露是反映企业可持续发展能力的重要指标。ESG 信息披露不仅有助于企业加强内部风险管理和完善信息披露制度，同时也具有支持利益相关者和企业决策的功能。通过 ESG 信息披露，企业可以更精准地把握投资者的关注重点,并据此采取更有针对性的措施来提升其 ESG 表现,进而增强自身的竞争力和风险抵御能力。因此,ESG 信息披露在企业履行社会责任和实现可持续发展的过程中扮演着重要的角色。近年来,政府部门及监管机构陆续出台相关指引文件,不断提高企业 ESG 信息披露要求,如表 3-2 所示。例如,2015 年,香港联交所发布了《环境、社会及管治报告指引》,为企业编制更加全面且系统的 ESG 报告提供了一个框架。借助这一指引,企业能够更有效地向投资者及其他利益相关者传递非财务信息,从而改进其 ESG 表现,提升企业的整体价值和市场竞争力;2019 年,中国香港地区从自愿披露原则提升至半强制原则;2018 年,中国证监会对《上市公司治理准则》进行了修订,在公司治理框架中引入了生态环保要求,并且明确了 ESG 信息披露的基本框架。

表 3-2 国内 ESG 信息披露制度

发布机构	发布时间 文件名称	ESG 信息披露相关内容
原国家环保总局	2003 年,《关于企业环境信息公开的公告》	要求纳入污染严重企业名单的企业定期公布环境信息,未列入名单的企业自愿参与。并对强制公开的环境信息和自愿公开的环境信息内容进行规定
国有资产监督管理委员会	2008 年,《关于中央企业履行社会责任的指导意见》	规定中央企业履行社会责任的主要内容,构建社会责任报告体系,并要求具备条件的公司应当定期出具社会责任报告或者可持续发展报告
上海证券交易所	2008 年,《上海证券交易所上市公司环境信息披露指引》	鼓励上市公司进行社会责任报告披露,对报告所涉及的推动社会、环境、生态可持续发展等内容做出规定
香港联合交易所	2015 年,《环境、社会及管治报告指引》	倡导上市公司披露 ESG 信息

续表

发布机构	发布时间 文件名称	ESG信息披露相关内容
中国人民银行、财政部、国家发展改革委等七部委	2016年,《关于构建绿色金融体系的指导意见》	提出"逐步建立和完善上市公司和发债企业强制性环境信息披露制度"。建议对重点排污单位和上市公司,研究拟订主要污染物达标排放标准、企业环保设施的建设与运营、重大环境事件信息披露的特殊要求等
中国证券监督管理委员会	2018年,《上市公司治理准则》	建立环境、社会责任与公司治理(ESG)信息披露的基本框架
香港联合交易所	2019年,《环境、社会及管治报告指引》修订版	提出"不遵循就解释"原则,将自愿披露上升到半强制披露
上海证券交易所	2019年,《上海证券交易所科创板股票上市规则》	明确提出ESG信息披露要求
深圳证券交易所	2020年,《深圳证券交易所上市公司信息披露工作考核办法》	上市公司实施ESG信息披露与否正式列入考核范围
中国证券监督管理委员会	2022年,《上市公司投资者关系管理工作指引》	进一步增加和丰富投资者关系管理的内容与方式。贯彻新发展理念要求,将上市公司环境、社会与治理(ESG)等方面的信息纳入沟通内容
上海证券交易所	2022年,《关于做好科创板上市公司2021年年度报告披露工作的通知》	规定科创50指数公司必须公开ESG报告
国有资产监督管理委员会	2022年,《提高央企控股上市公司质量工作方案》	推动更多央企控股上市公司披露ESG专项报告,力争到2023年相关专项报告披露"全覆盖"

资料来源:根据中国证券监督管理委员会、各证券交易所及其他监管机构官方网站发布的文件整理。

通过对我国ESG信息披露制度的梳理可以看出:首先,我国当前虽然实行自愿披露制度，尚未对 ESG 披露内容进行统一规范，但从上述系列指引文件和政策的出台可以看出，我国对 ESG 信息披露的监管趋向严格。从当前的政策文件看，对于环境治理和污染披露的要求最为严格，并且在逐渐从注重企业伦理责任的社会责任报告，向更关注环境治理、社会责任履行和公司治理的报告升级。2022 年 1 月，上海证券交易所发布了《关于做好科创板上市公司 2021 年年度报告披露工作的通知》，规定科创 50 指数公司单独披露社会责任报告或 ESG 报告，披露内容和要求进一步提高。可见，我国 ESG 信息披露有从自愿披露向半强制披露或强制披露发展的趋势。

其次，我国对于 ESG 信息披露的内容要求呈现逐步完善的趋势。从对相关指引文件和政策的梳理可知，我国最先强调的是环境责任方面的信息披露，例如，2003 年，原国家环保总局就提出了要求重污染企业向公众公开环境信息的要求；2016 年，中国人民银行等七部委进一步提高了重污染企业的披露要求。可以看出，对于污染严重企业，我国要求其必须披露相关环境信息。随着全球气候变化和能源短缺问题加剧、经济不确定性增加，投资风险也在增加，投资者需要更多的可持续发展信息来做出决策。面对这样的情况，中国香港地区在 2015 年倡导上市公司披露 ESG 信息，并在 2019 年将自愿披露上升为"不遵循就解释"原则。中国证监会也在 2018 年确立了 ESG 信息披露的基本框架。随后，深圳证券交易所、上海证券交易所和国有资产监督管理委员会（以下简称国资委）也相继出台了指引文件，进一步完善了 ESG 信息披露制度，以满足利益相关者的信息需求。随着政府部门和监管机构不断出台有关 ESG 信息披露的指引文件，我国 ESG 信息披露制度逐渐成熟，并从单一的环境信息披露升级为包含环境、社会责任和公司治理多个维度的信息披露。

最后，我国 ESG 信息披露主体的范围有进一步扩大的趋势。从行业来看，在披露形式和披露内容上，我国对重污染企业的信息披露要求均高于其他行业，尤其是环境信息披露方面。我国在 2003 年就要求重污染企业披露环境信息，2018 年进一步提高了环境信息披露的要求。从产权性质来看，我国以中央企业为抓手，再推广到其他企业。国资委于 2008 年提出中央企业要主动承担社会责任,并且要求具备条件的公司定期出具社会责任报告(可持续发展报告)。2022年,国资委再度发文,要求中央企业力争在2023年做到ESG相关专项报告全覆盖。

在相关政策的引导和监管下,我国上市公司ESG信息披露的数量和质量都在逐年上升,还有一些企业将ESG理念贯彻到企业战略决策和管理经营的各个方面,借助ESG表现的提升,在实现企业效率和价值增长的同时,满足利益相关者的期望,以实现企业可持续发展。

综上所述,从披露要求来看,ESG信息披露有从自愿披露到半自愿披露或强制披露的趋势;从内容上看,有从单一环境披露到针对环境、社会责任和公司治理多维度披露的趋势;从披露主体的范围来看,有从重点行业到其他行业、从中央企业控股企业到其他企业推行的趋势。此外,为了使ESG信息披露更加规范和具有可比性,建立或指定ESG信息披露的框架和标准,可以考虑借鉴日本的做法,出台具体的操作指南,为上市公司甚至非上市公司创造企业长期价值提供较为具体的指引和规范。

3.2 ESG信息披露的相关理论

3.2.1 委托代理理论

3.2.1.1 委托代理理论概述

委托代理理论在现代经济学中具有举足轻重的地位。这一理论将企业视为契约的联合体,重点关注股东与管理层的委托代理关系(Jensen and Meckling, 1976)。由于存在信息不对称问题,这种关系可能引发道德风险、逆向选择和其他代理问题。为缓解代理问题,现有文献研究了包括管理层持股(褚晓琳和张立中,2011;卢宁文和戴昌钧,2008)、独立董事(姚海鑫和冷军,2016)和股权集中度(李经路,2017)在内的激励机制和监督机制。

激励机制方面,股东通过诸如股权激励计划、期权计划、绩效奖金等多种方式,旨在将股东与经营者的利益更紧密地联系在一起,从而激发经营者更加积极地采取符合股东利益的决策和行为;监督机制方面,股东会实施一系列措施以确保经营者有效履行其作为代理人的义务,这些监督活动产生的成本最终会转嫁给经营者,导致股东降低经营者的报酬、奖金或分红(Jensen and Meckling,1976)。因此,出于保护自身利益的考虑,经营者有动机通过自愿披露投资者所需的信息来报告其与所有者之间的"契约"执行情况,主动降低信息不对称程度。

综上所述,委托代理理论认为信息不对称是代理问题的根本原因,通过激励机制和监督机制可以有效缓解信息不对称引发的代理问题。

3.2.1.2 基于委托代理理论的分析

基于委托代理理论,我们可以从激励机制和监督机制的角度来分析投资者对 ESG 信息披露的影响。

从激励机制角度来看,股东可以通过实施股权激励计划等措施,促使管理层关注公司的长期可持续发展和 ESG 表现。当管理层的利益与公司 ESG 绩效挂钩时,他们将更倾向于关注公司在可持续发展方面的表现。这种激励机制有助于提高管理层对 ESG 问题的重视程度,从而推动企业采取更多环保措施、增加员工福利和提高公司治理水平。此外,这种激励机制还有助于提高 ESG 信息披露的质量和透明度。由于管理层的激励与公司 ESG 表现息息相关,他们将更有动力主动披露关于环境、社会和治理方面的翔实信息,以便股东和其他利益相关者了解企业在可持续发展方面的努力和成果。如此,信息不对称问题得到一定程度的缓解,投资者能够更加全面地评估企业的价值和风险。

从监督机制角度来看,股东可以通过股东大会、董事会监督和外部审计等方式来促进管理层提高 ESG 信息披露的质量和透明度。具体的,股权结构会影响企业的代理成本(陈亚光和储婕,2015),并影响股东对管理层的控制力和控制意愿(李经路,2017)。然而,学者对于股权集中度与信息披露之间的关系观点不一:一种观点认为,高股权集中度可能使股东对管理者的控制力增强,从而提高信息透明度(陈亚光和储婕,2015);另一种观点认为,高股权集中度也可能导致控股股东为保护自身利益而降低信息透明度(La et al.,2002;Dam and Scholtens,2012)。此外,部分学者认为股权集中度与信息披露之间不存在显著关系(Eng and Mak,2003;王斌和梁欣欣,2008)。外部审计作为重要的监督手段,通过提高信息可靠性、强化公司责任感、遏制管理层滥用信息优势以及促进提高信息透明度和可比性,有效地缓解了委托代理关系中的信息不对称问题,并激励企业改善其在环境、社会和治理方面的表现。

综上所述,委托代理理论认为信息不对称是代理问题的根本原因,通过激励机制和监督机制可以有效提高 ESG 信息披露水平,降低信息不对称程度,从而缓解代理问题。

3.2.2 信息不对称理论

3.2.2.1 信息不对称理论概述

Akerlof(1970)指出,市场上买方根据市场统计信息做出购买决策,而卖方拥有比买方更多的信息,对所售商品的质量了解得更清楚。这表明买卖双方在信息获取和解读能力上存在差异(李明毅和惠晓峰,2008)。由于信息不对称,卖方可能会推荐劣质商品以谋求更高利益。这种不诚信行为可能导致市场损失,包括消费者购买劣质商品的损失、诚信卖方被排挤出市场、整体商品质量下降和市场规模收缩等。企业的信息不对称程度与其代理人持有的特定信息数量正相关。在其他条件不变的情况下,企业的信息不对称程度会因为信息披露等信息释放事件而降低(Dierkens,1991)。

信息不对称主要通过两方面对投资者产生影响:一方面,投资者认知假说认为投资者更倾向于投资知名企业或者他们认为有利的企业,信息披露质量高的企业更可能提高其知名度并降低投资者处理企业披露的公共信息的成本,从而吸引不知情的投资者交易这些企业的股票(Merton,1987;Fishman and Hagerty,1989);另一方面,高质量的信息披露意味着企业会公开更多重要信息和前瞻性信息(Brown and Hillegeist,2007),充分披露公共信息可以降低投资者对私人信息的搜索动机(Diamond,1985)。

基于信息不对称理论,债权人和股东作为外部利益相关者,面临高度的信息不对称,需要通过有限的信息来评价可能会发生的财务困境(Leftwich et al.,1981)。因此,无法获取有用信息导致的道德危机风险和难以获取信息而增加的代理成本都会促使投资者要求履行协议或利息溢价(Cheng et al.,

2014；Guidara et al.，2014）。信息不对称理论强调企业和利益相关者对信息的获取和解读能力是有差异的。这样的信息壁垒会导致逆向选择和道德风险等代理问题。

3.2.2.2 基于信息不对称理论的分析

基于信息不对称理论，企业和利益相关者在获取和解读 ESG 信息方面存在差异，这有可能导致逆向选择和道德风险等代理问题。通过加强 ESG 信息披露，可以降低信息不对称程度，对利益相关者发出积极信号，从而降低融资成本、减轻融资约束，并推动绿色创新和提升企业价值。

首先，ESG 信息披露有助于降低融资成本。根据信息不对称理论，债权人和股东面临严重的信息不对称问题，他们需要通过有限的信息来评估可能发生的财务困境，从而增加融资成本。通过加强 ESG 信息披露，可以提高企业信息的透明度，使投资者和债权人更容易获取企业在经营、环境、社会责任和公司治理等方面的信息。这有助于缓解信息不对称问题，降低道德风险和代理成本。通过 ESG 信息披露，企业还可以更好地识别和管理潜在的环境、社会和治理风险。这有助于降低企业的风险暴露程度，从而降低投资者和债权人所要求的风险溢价。因此，ESG 信息披露有助于降低企业的融资成本。

其次，ESG 信息披露对绿色创新产生积极影响。根据信息不对称理论，企业充分披露公共信息，包括与绿色创新相关的信息，让外部利益相关者更了解企业在环保技术、产品和服务方面的投入和成果，从而降低信息不对称引发的风险，这有助于吸引更多关注绿色创新的投资者，并有可能获得更多的政府支持和资金，进而优化资源配置，进一步推动绿色创新的发展。

最后，ESG 信息披露有利于提升企业价值。根据信息不对称理论，ESG 信息披露意味着企业会公开更多重要信息和前瞻性信息，包括企业在环境、社会和治理方面的信息，这有助于提高企业信息的透明度，使投资者更准确地评估企业的价值和风险，从而降低信息不对称导致的价值损失。通过提高 ESG 信息披露质量，企业还可以更好地展示其在环境、社会和治理方面的成果，吸引更多关注企业可持续发展的投资者和消费者，从而提高企业绩效和企业价值。

综上所述，在信息不对称理论框架下，ESG信息披露可视为一种信号传递机制。企业通过公开披露其在环境、社会和治理方面的信息，向市场传递积极的信号，表明企业致力于可持续发展并关注利益相关者的需求。通过加强ESG信息披露，企业不仅能够降低融资成本，吸引更多的投资者，还能推动绿色创新发展和提高企业价值。因此，企业应积极关注和参与ESG信息披露，以更好地实现可持续发展。

3.2.3 信号传递理论

3.2.3.1 信号传递理论概述

Spence（1973）通过对就业市场的分析发现，因为雇主无法在录取前直接获得求职者的生产能力信息，他们只能通过求职者的个人数据和可观测的特征来判断是否录取及录用后的工资，这些数据和可观测的特征就是一组信号。他认为信号是可以改变的，求职者可以通过改变信号实现工资与信号成本之间的差异最大化。可见，信号传递理论侧重于信息在商业领域的基本作用。

如前文分析，资本市场上存在信息不对称问题，并可能引发逆向选择问题和道德风险问题。基于信号传递理论，提高信息披露水平可以降低信息不对称程度，避免逆向选择问题（Clarkson et al., 2011）。随着投资者对环境风险、社会责任风险和公司治理问题越来越关注，投资者和其他利益相关者对ESG信息的需求大大提高。由于管理层相比其他利益相关者掌握着更加全面、真实的ESG信息，他们能对自愿性披露进行决策（Yekini and Jallow, 2012）。自愿性信息披露能充分发挥信号传递作用。学者们认为管理层倾向于披露关于长期可持续发展的信息，以此向利益相关者传递他们履行对社会、环境和利益相关者的承诺的积极信号，缓解企业与外部利益相关者之间的信息不对称问题（Taj, 2016; Ching and Gerab, 2017; Connelly et al., 2011）。在投资者与管理者之间存在信息不对称问题的情况下，逆向选择会影响外部融资的过程。因此，管理层有动机通过信息披露的方式来缓解信息不对称问题，从而降低融资成本。学者们发现一些有融资需求且有进入资本市场动机的企业往往会提高披露质量，降低信息不对称，向监管部门和投资者传递积极信号，并实现上市的目标（Hyytinen and Pajarinen，2005）。如果企业采取更为积极的信息披露策略，其债务资本成本和权益资本成本都将显著降低。这一研究结论不会受到包括法律和金融制度在内的宏观层面因素的影响（Francis et al.，2005）。ESG 信息披露帮助企业传递其承担 ESG 责任的重要信息，同时也缓解了管理层和投资者之间的信息不对称问题，降低了企业的 ESG 风险，减少了违规成本，并且降低了企业和利益相关者之间的交易成本，提升了利益相关者参与企业价值创造的效率（Freeman，2010；Minutolo et al.，2019）。

此外，学者们认为拥有良好可持续发展记录的企业比 ESG 责任表现较差的企业更倾向于进行更广泛的披露（Clarkson et al.，2008；Mahoney et al.，2013）。针对分布在 40 个国家的企业的研究也证实了信号传递理论的假设，研究发现，社会责任履行情况好的企业更有可能披露独立的报告（Clarkson et al.，2019）。Mahoney 等（2013）分析了企业社会责任表现与社会责任报告的关系，研究结果否定了"洗白"倾向，支持了信号传递理论的假设（Uyar et al.，2020；Alsayegh et al.，2020；Myers and Majluf，1984）。

大部分学者研究了企业与投资人之间的信号传递，Lee 等（2022）则从消费者的视角分析了企业 ESG 信号对品牌估值的直接和间接影响。

3.2.3.2 基于信号传递理论的分析

基于信号传递理论，在信息不对称的市场中，具有信息优势的一方会通过某种方式传递信号，以区分自己和其他竞争对手。ESG 信息披露可视为一种信号传递机制。企业通过公开披露其在环境、社会和治理方面的信息，向市场传递积极的信号，表明企业致力于可持续发展并关注利益相关者的需求。

首先，提高 ESG 信息披露水平可以降低融资成本。具体表现在三个方面：①通过展示其在环境、社会和治理方面的努力，企业可以分散投资者对于企业财务状况或其他问题的关注，降低投资者对企业潜在风险的敏感度，从而有助于降低融资成本。②良好的 ESG 信息披露能够提高企业的品牌形象和信誉，增强投资者的信任度，降低企业的信用风险，从而降低融资成本。③企业的可持续发展表现与其面临的环境、社会和治理风险息息相关。通过 ESG 信息披露，企业可以展示其在识别、评估和管理风险方面的能力和措施，提高市场对企业风险管理能力的认可度和信任度,降低投资者对企业的风险溢价要求,从而降低企业的融资成本。

其次,提高ESG信息披露水平可以促使企业进行绿色创新。具体表现在三个方面:①通过ESG信息披露,企业可以向市场传递其对绿色创新的承诺和努力,有助于树立企业的绿色形象,向市场传递企业重视环境保护和可持续发展的信号,这可能吸引更多关注绿色创新的投资者和消费者,获得政府支持的绿色创新项目,从而推动企业创新行为。②随着环境保护相关法规日益严格,企业需要不断提高ESG信息披露质量以满足监管要求,这将激励企业关注绿色创新,以降低合规风险。③通过ESG信息披露,企业能够更好地了解市场和社会对于绿色创新的需求和期望,进而加强对环保技术、产品和服务的研发和投入,提高企业在绿色领域的竞争力。此外,ESG信息披露还能够让企业更加关注环境保护和可持续性发展,促进企业在实践中落实绿色发展理念,推动企业实现经济效益、社会效益和环境效益的统一,从而实现可持续发展和获得长期价值。

最后,提高ESG信息披露水平可以提升企业价值。具体表现在三个方面:①ESG信息披露作为一种信号,可以提高企业的透明度和市场信誉,提高投资者对企业的信心,使其更愿意长期持有企业股票,这有助于提高企业的市场估值,从而提高企业价值。②投资者倾向于投资具有良好ESG表现的企业,认为这些企业在环境、社会和治理方面的表现降低了潜在的风险,从而提高企业价值。③通过ESG信息披露,企业能够更全面、准确地展示其在环境、社会和治理方面的表现,提高企业信息透明度和公信力,增强消费者、客户以及其他利益相关方对企业的信心和信任。良好的ESG表现也有助于企业树立良好的企业形象和品牌声誉,获得消费者和客户的青睐,提高企业在市场中的竞争力和地位,进一步提升企业价值。

可见,从信号传递理论角度来看,ESG信息披露对融资成本、绿色创新和企业价值具有积极影响。因此,企业应该认识到ESG信息披露的重要性,并努力提高披露质量,以充分发挥其在降低信息不对称、传递积极信号方面的作用。

3.2.4 利益相关者理论

3.2.4.1 利益相关者理论概述

根据传统的管理理论，股东价值最大化是企业的最终目标，不断提升企业股东的收益，增加其财富是组织管理的核心。在这种观点下，企业的行为和决策的唯一目标就是利润。Freeman（2010）认为管理层、股东、顾客、政府、员工、公众等利益相关者，可以为企业提供资金、人力资源或其他社会资源，从而影响企业目标的实现。因此，企业应该综合平衡各利益相关者的利益要求。企业的经营管理者能够掌握更全面、更真实的数据，与利益相关者之间存在严重的信息不对称，这种信息不对称在非财务信息中体现得更为明显。企业通过披露财务信息和非财务信息，降低信息不对称程度，满足利益各方的信息需求，有利于与利益相关各方建立和维持良好的关系，更容易获取相关资源，达到经济效益与社会效益双赢，这样才能促使企业获得长期的经济效益，从而实现可持续发展（Perrini and Tencati，2006；Freeman，2010）。

3.2.4.2 基于利益相关者理论的分析

利益相关者理论作为公司治理理论的重要分支，强调企业实现可持续发展不能只是片面考虑股东利益，而是需要在决策时考虑政府、自然环境、股东、债权人、客户、社区等利益相关者的需求（Freeman，2010）。基于利益相关者理论的研究发现，如果组织行为不负责任，就会受到利益相关者的惩罚（Mahoney et al.，2013）。不同的利益相关者对企业ESG信息披露会产生程度不同的影响（Tamimi and Sebastianelli，2017）。ESG责任表现较差的企业会面临更大的公众压力，从而更有可能选择自愿披露（Patten，2002）。在ESG信息披露的背景下，政府规制和媒体监督作为重要的外部利益相关方，会对企业的ESG信息披露产生显著影响。此外，企业面临来自各利益相关方的压力，要求其在环境和社会方面表现出更高的责任感，这可能激励企业投资绿色创新，以满足利益相关者的期望，减少负面影响并增加可持续性。

首先，政府规制对ESG信息披露的影响主要体现在政策制定和监管层面。政府可以出台相关法律法规、政策措施以及行业标准，要求企业披露环境、社会和治理方面的信息，提高企业信息透明度和公信力。政府还通过税收优惠、补贴等激励措施，鼓励企业在 ESG 方面进行积极改进。此外，政府还可以支持第三方评估机构对企业披露的 ESG 信息进行评级和认证，为企业提供更多资源和信用支持。

其次，媒体监督在 ESG 信息披露中扮演着关键角色。随着信息技术的发展，媒体不仅包括传统的报纸、杂志、电视和广播等，还包括网络新媒体、社交媒体等。这些媒体平台覆盖范围广、传播速度快，能够迅速将企业的 ESG 信息传递给其他利益相关者。作为信息传播和舆论监督的重要载体，媒体对企业 ESG 方面的表现进行报道和评价，揭示企业在环境、社会和治理方面做出的努力、存在的问题以及不当行为。媒体还可以引导公众对企业的关注和评价，推动企业加强 ESG 信息披露和履行 ESG 责任，进一步提高企业在可持续发展领域的竞争力。此外，媒体监督还能促使企业加强与其他利益相关方的沟通和互动，使企业更好地满足利益相关者的诉求，进而提升企业的声誉和价值。

最后，ESG 信息披露能够促进企业进行绿色创新。一是企业面临来自各利益相关者的压力，要求其在环境、社会和治理方面表现出更高的责任感。这种压力可能激励企业投资绿色创新，以满足利益相关者的期望，减少负面影响并增加可持续性。二是投资者和金融机构可能更愿意为那些拥有良好 ESG 表现的企业提供资金，从而使这些企业降低融资成本并增加绿色创新投资。三是通过披露 ESG 信息，企业可以向利益相关者展示其在绿色创新方面的努力和成果，从而提高声誉和吸引更多客户。

综上所述，基于利益相关者理论，政府规制和媒体监督在 ESG 信息披露中具有重要作用。政府规制可以引导和规范企业在环境、社会和治理方面的行为，促进企业履行 ESG 责任，并进行 ESG 信息披露，而媒体通过报道和评价企业的 ESG 绩效激励企业提高信息披露水平。可见，政府规制和媒体监督能够促进企业加强 ESG 信息披露，进而提升企业的社会价值，促进可持续发展。

3.2.5 组织合法性理论
3.2.5.1 组织合法性理论概述

组织合法性理论是在利益相关者理论的基础上发展而来，其进一步关注企业如何满足利益相关者的期望，进而获得社会的认可和支持。组织合法性取决于是否符合社会的价值观、期望和观念，或者与公众意见相一致，并得到大多数人的认同（Suchman，1995）。随着政府和公众对ESG问题的日益关注，ESG信息披露与外部压力直接相关。通过披露ESG信息，企业可以向利益相关者展示其真实的ESG责任履行情况。ESG信息披露能够反映企业的ESG表现，衡量一个公司对相关政策和规则的遵守程度，从而确保其作为战略和政策的合法性。合法性理论认为，企业披露信息并不是因为感知到责任或对信息透明度的承诺，而是出于合法性目的（Hopwood，2009）。因此，当组织的行为和社会的预期之间存在差异时，组织的合法性就会受到威胁，管理者可以通过沟通策略来影响外界对组织的看法（John and Jeffrey，1975；Lindblom，1994；Deegan，2002；Campbell，2003）。对企业而言，合法性威胁主要来源于两方面：其一，由特定机构给出的负面评级，公司可以通过自愿披露来重获合法性；其二，由特定评级机构给出的环境表现方面的不良记录也会威胁企业的合法性（Patten，2002；Cho et al.，2012），企业可以通过向目标群体自愿披露信息来表明他们是符合公众预期的（Deegan，2002）。信息披露甚至可以作为一种"标志"来传达公司行为的变化（John and Jeffrey，1975），以此来"修复"不好的组织合法性（Suchman，1995）。社会对组织行为认知的逆转越大，管理者就越有可能使用企业沟通作为合法性策略（O'Donovan，2002）。Schaltegger和Hörisch（2017）的实证研究指出，ESG信息披露并非出于利润导向或机会主义的经济动机，而是主要以寻求合法性为目的。如果组织行为不负责任就会受到利益相关者的惩罚（Mahoney et al.，2013），合法性理论假定自愿披露更倾向于"洗白"动机（Uyar et al.，2020；Alsayegh et al.，2020；Myers and Majluf，1984）。

Baldini等（2018）基于制度理论和合法性理论，同时检验了宏观因素和微观因素的影响。他们分别从宏观层面（政治制度、劳动制度和文化制度）

及微观层面（分析师报告、交叉上市、资产负债率和企业规模）分析影响企业 ESG 信息披露的因素。除此之外，还有学者对制度环境（Coluccia et al.，2018）、政府监管（沈洪涛和冯杰，2012）、经济政策不确定性（于连超等，2020）、强制性、模仿性同形制度压力（张慧和黄群慧，2022）等影响因素开展了研究。

3.2.5.2 基于组织合法性理论的分析

从组织合法性理论出发，企业应该通过与各利益相关者的互动和沟通，不断调整自身战略和行为，才能更好地适应外部环境的变化。在这一过程中，关注各方的利益诉求，主动公开信息是应对外部压力和监管的有效工具。企业为了向利益相关者展示其合法性和良好的企业形象，会选择披露 ESG 信息。

首先，企业需要在多方面取得合法性，以维持其正常的运营和发展。ESG 信息披露有助于提高其在利益相关者眼中的合法性。政府规制和媒体监督作为外部驱动因素，分别代表了正式合法性和非正式合法性的影响（王建成等，2021），并对企业 ESG 信息披露提出要求和期望，促使企业改进相关方面的表现以获得合法性。

其次，政府通过制定法规、政策和标准，为企业在 ESG 信息披露方面提供明确的要求和指导。这有助于企业明确其在环境、社会和治理方面的责任，更好地满足利益相关者的期望，提高其合法性。同时，政府还可以通过激励措施，如税收优惠、补贴等，鼓励企业加大 ESG 信息披露的力度。

最后，媒体作为信息传递的重要渠道，能够迅速将企业的 ESG 信息传达给其他利益相关者。媒体通过报道企业在环境、社会和治理方面的表现，为企业提供展示合法性的机会。此外，媒体还可以揭露企业在 ESG 方面的不足，促使企业进行改进，以维护其合法性。

综上所述，基于组织合法性理论，政府规制和媒体监督可以有效地提高企业的 ESG 信息披露水平。

3.2.6 可持续发展理论

3.2.6.1 可持续发展理论概述

可持续发展理念是在代际公平理论的基础上发展而来的（Weiss，1983），其核心是公平，包含代内公平和代际公平（方行明等，2017）。可持续发展概念最早由世界环境与发展委员会在1987年发布的报告《我们共同的未来》中提出，强调发展的整体性、内生性和综合性，以及人与自然、现代与未来、地方与全球间的平衡（牛文元，2012）。黄世忠（2021）的研究以价值创新为视角，探讨了环境、社会和治理（ESG）对企业可持续发展能力的影响，他认为企业需将其价值观从纯经济价值拓展到社会和环境价值，这与ESG理念高度契合。这样的价值创新能够实现共享价值的创造，并推动企业的可持续发展。因此，ESG投资被视为一种可持续发展战略，这种战略具有长期视角，可以节省代理成本，提升企业的可持续发展能力。基于可持续发展理论，那些致力于履行社会责任的企业更有可能获得投资者的青睐，并驱动管理层做出有利于企业长期价值的决策（Hahn and Kühnen，2013；潘海英等，2022）。已有研究证明了ESG表现与企业的可持续发展之间的密切关系。具体来说，良好的ESG表现有助于企业提高盈利持续性（席龙胜和赵辉，2022）和平均回报率（李瑾，2021）。同时，良好的ESG表现能有效减少未来的财务风险和违规风险（Kumar et al.，2016），并缓解市场环境带来的不确定性风险（邱牧远和殷红，2019）。

3.2.6.2 基于可持续发展理论的分析

从可持续发展的视角来看，融资成本、绿色创新和企业价值这三个视角与企业的长期发展和社会责任密切相关，它们分别代表了经济、环境和社会三个维度，这也是可持续发展的三大核心元素（UN. ESCAP，2015）。具体的，融资成本属于经济维度。ESG信息披露有助于缓解投资者和企业之间的信息不对称，使投资者更全面地了解企业的经营状况和风险，从而降低投资风险和企业融资成本。良好的ESG信息披露能提升企业的社会责任形象和品牌声誉，从而增强投资者和债权人对企业的信任，进一步降低企业的融资成本。随着社会对可持续发展的关注度不断提高，ESG信息披露能吸引更多的社会责任投资者和绿色金融机构，提供更多的融资机会，改善企业的融资环境，从而降低融资成本，使企业获得更多的资金支持长期发展。这对于企业的经济可持续性至关重要。

绿色创新属于环境维度。一方面，良好的 ESG 信息披露可以帮助企业获得更多的绿色融资，使企业有更多的资金支持绿色创新行为；另一方面，ESG 信息披露还可以鼓励企业更加关注环境、社会和治理问题，促使企业进行更多的绿色创新，以满足社会可持续发展的需求。通过绿色创新，企业可以减少对环境的负面影响，实现环保和经济效益的双重目标。这是企业实现环境可持续的重要手段。

企业价值属于社会维度。良好的 ESG 信息披露可以提高企业的品牌价值，吸引更多的投资者，提高企业的市场价值。同时，ESG 信息披露也可以帮助企业及时发现并处理环境、社会和治理问题，避免因这些问题导致的经济损失和法律责任，维护企业的价值。企业价值的提升意味着企业在满足社会需求的同时也获得了经济回报，这体现了社会可持续性。

4 ESG 信息披露影响因素与经济后果的逻辑分析与梳理

2015 年以来，党和国家推动供给侧结构性改革，促进产业优化升级，推进节能减排，为绿色低碳产业发展提供了动力。党的十九大报告指出，必须坚定不移贯彻创新、协调、绿色、开放、共享的新发展理念，推动经济高质量发展。党的二十大报告中提出，要加快发展方式绿色转型，深入推进环境污染防治。我国以坚定的态度践行绿色可持续发展理念，这也成为企业承担 ESG 责任的重要指引。早在 2006 年和 2008 年，深圳交易所和上海交易所先后发布《上市公司社会责任指引》和《上市公司环境信息披露指引》，提出上市公司社会责任信息披露要求；2017 年，中国证监会发布的《公开发行证券的公司信息披露内容与格式准则第 2 号——年度报告的内容与格式（2017 年修订）》指出重点排污单位必须披露主要环境信息，并鼓励其他公司参照文件规定自愿披露。作为公众公司，在全球高度关注可持续发展议题的背景下，对环境、社会和公司治理信息进行披露逐渐成为主流趋势。

可持续发展是指满足当代人需求的同时，确保不损害子孙后代满足自身需求的能力。可持续发展是在经济、社会和环境方面实现平衡和协调的发展。可持续发展的核心原则包括经济的长期可行性、社会的公正和包容性，以及环境的保护和可再生性。可持续发展的重要性体现在多个方面。首先，它促进了经济的可持续增长，通过合理利用资源、推动创新和技术进步，实现经济的长期繁荣和就业机会的增加。其次，可持续发展关注环境保护，通过减少污染、保护生态系统和推动可再生能源的使用，维护生态平衡和自然资源的可持续供应。最后，可持续发展关注社会公正和社会福祉，通过提供基本服务、推动社会平等和保护人权，实现社会的可持续发展。

企业的 ESG 战略与可持续发展密切相关，旨在获取长期利润并与各利益相关者建立积极关系,进而实现可持续发展(Yoon et al., 2018; Aluchna et al., 2022)。ESG 信息披露是指企业披露其在环境、社会和公司治理方面的绩效和实践。它提供了有关企业可持续性表现和风险管理的重要信息。ESG 信息披露有助于增强企业的信息透明度和责任感,提高企业的声誉和社会信任度。同时,它为投资者、政府、消费者和其他利益相关者提供了决策依据,促进了可持续投资和消费行为。通过 ESG 信息披露,企业可以更好地满足利益相关者的需求,推动采用更环保、更负责的经营和增长方式。因此,ESG 信息披露在可持续发展中发挥着关键作用,有助于推动企业和社会共同迈向可持续的未来。

综上所述,通过有效的利益相关者关系管理,企业不仅可以更好地满足利益相关者的需求,推动采用更环保、更负责的运营和增长方式,还有助于建立可持续的商业模式,提升企业的竞争力,真正实现经济、环境和社会层面的可持续发展。本章将从可持续发展视角出发,就利益相关者对 ESG 信息披露的影响以及 ESG 信息披露如何推动实现可持续发展进行逻辑分析与梳理。

4.1 ESG 信息披露影响因素的逻辑分析与梳理

在可持续发展框架下,分析利益相关者及其关系对研究 ESG 信息披露的影响因素是至关重要的。这是因为关注可持续发展和利益相关者导向是 ESG 信息披露的基础,而利益相关者的需求和期望对 ESG 信息披露具有重要影响。通过分析利益相关者及其关系,可以识别利益相关者对 ESG 信息披露的需求、期望和关注点,进而在利益相关者优先度分析的基础上,确定关键的影响因素,为企业实施有效的 ESG 信息披露提供有针对性的建议和指导。因此,本节将在分析利益相关者的基础上梳理 ESG 信息披露的影响因素。

4.1.1 ESG 信息披露与利益相关者

识别和界定利益相关者可以帮助企业更好地了解各方的需求、关切和期望,为 ESG 信息披露提供有针对性的依据和指导。与各方进行对话和沟通,理解他们的需求,并相应地进行 ESG 信息披露,有助于企业满足各方的利益、建立良好的利益相关者关系,进而促进可持续发展。ESG 信息披露的常见利益相关者,包括投资者、员工、消费者、供应商、社区、政府和新闻媒体等(何枫等,2020),表4-1分析了利益相关者及其对ESG信息披露的需求。

表4-1 利益相关者及其对ESG信息披露的需求

利益相关者	对ESG信息披露的需求
投资者	投资者对企业的ESG表现和信息披露非常关注,因为这可以影响他们的投资决策和风险评估。他们关注企业的可持续性、道德性和长期价值
政府及监管机构	政府和监管机构关注企业的ESG披露,以监督企业的环境和社会影响,并确保其遵守法律和政策。他们可以通过法律和法规要求企业披露特定的ESG信息,以推动企业的可持续发展
新闻媒体	新闻媒体通过报道和分析企业的ESG表现和信息披露,影响投资者、消费者和公众的看法和决策。他们可以提高其他利益相关者对企业的认知度和理解,揭示企业在环境、社会和治理等方面存在的问题,并影响企业的声誉和品牌形象
员工	企业的员工是内部利益相关者,他们关注企业的社会责任和工作环境。ESG信息披露可以影响员工对企业的忠诚度和员工职业发展选择
消费者	消费者越来越关注企业的可持续性和社会责任,他们倾向于选择那些在环境和社会责任方面表现出色的企业的产品和服务
供应商	供应商对企业的ESG表现和信息披露也很关注,因为这可能影响他们与企业的合作关系和商业机会
社区	企业所在的社区关注企业的环境影响、社会责任和社区参与度

基于Mitchell et al.(1997)的研究,管理与利益相关者的关系时,对利益相关者进行排序至关重要,排序的依据则是理解和评估各利益相关者的影响力(Power)、合理性(Legitimacy)和紧急性(Urgency)。其中,影响力指的是利益相关者能够影响组织的行为、决策和资源分配的程度;合理性是指利益相关者的行动或需求是否在社会或法律框架内被认为是适当的,或者说是否有道德或合法的基础;紧急性是指利益相关者的需求或期望是否需要立即关注和满足。因此,在研究ESG信息披露的影响因素时,可以根据利益相

关者的影响力、合理性和紧急性这三个特征的数量和类型进行排序（Mitchell et al., 1997），从而判断其优先度（Agle et al., 1999）。本书对常见的利益相关者进行了优先度分析和排序，如表4-2所示。

表4-2 利益相关者影响力、合理性、紧急性分析

利益相关者	影响力	合理性	紧急性	优先度
投资者	高	高	高	高
政府	高	高	高	高
新闻媒体	高	中	高	高
员工	中	高	中	中
消费者	高	中	中	中
供应商	中	中	中	中
社区	中	中	中	中

具体来说，ESG信息对投资决策具有重要影响力，因为它们通常能够反映公司的长期风险和机会。投资者可能会通过股东提案和投票来影响公司的ESG策略和信息披露。因此，投资者对企业融资和市场评价有明确、正式和直接的影响，其影响力、合理性和紧急性都比较高（王丹和李玉萍，2015；Zumente and Bistrova, 2021；Aluchna et al., 2022）。政府是高权力、高影响力的利益相关者（王倩，2012），其通过法规和政策来影响公司的行为。许多国家和地区的政府在不断提高对公司ESG信息披露的要求，以提高信息透明度和可持续性。政府通过法规和政策对企业的ESG信息披露进行规范和监督，具有引导和监管作用（Ho and Park, 2019）。因此，政府在推动ESG信息披露方面发挥着重要作用，对企业的可持续发展具有明确、正式和直接的影响（Mohammad and Wasiuzzaman, 2021）。新闻媒体的角色是传播信息和塑造公众观点（冯欣等，2019），其可以通过报道和批评来影响公司的ESG表现和信息披露（Wong and Zhang, 2022；Hammami and Hendijani, 2020）。新闻媒体对企业的ESG表现和信息披露的报道和分析可能会对公司的声誉和品牌产生重大影响，从而影响公众、投资者和消费者的看法和决策。新闻媒体在引

发公众关注、影响企业声誉和推动 ESG 信息披露方面发挥重要作用（伊凌雪等，2022）。员工会对企业的声誉和运营产生直接影响，他们关注 ESG 信息的合理性和工作环境（王翌秋和谢萌，2022；黄珺等，2023）。虽然员工在企业的 ESG 实践中具有重要作用（Tamimi and Sebastianelli，2017），但影响力和紧急性较投资者和政府稍低。消费者的购买决策直接影响企业的销售和市场份额（Carnini et al.，2022），他们关注 ESG 信息的合理性和企业的可持续性（刘俊海，2023）。消费者对企业可持续发展有一定的影响力，但紧急性相对较低；供应商对企业的供应链和合作关系有影响，其对 ESG 信息的关注度逐渐提高（李增福和冯柳华，2022）。供应商对企业的 ESG 实践具有一定的影响力（Tian and Tian，2022），但相对于其他利益相关者较低。社区是企业运营的一部分，关注企业在 ESG 方面的影响和贡献，在特定项目或地区具有一定影响力（何枫等，2023；Eliwa et al.，2021），但对整体 ESG 信息披露而言紧急性有限。

从影响力、合理性和紧急性三方面来分析，投资者、政府和新闻媒体是企业最重要的三个利益相关者。投资者对企业的融资和市场评价具有直接影响力，政府通过法规和政策对企业 ESG 信息披露进行规范和监督，新闻媒体通过报道和分析影响公众和投资者的看法和决策。这三个利益相关者在推动企业进行 ESG 信息披露、促进可持续发展方面发挥着关键作用。其他利益相关者，如员工、消费者、供应商和社区在企业的 ESG 实践中也具有一定的影响力，但相对于投资者、政府和新闻媒体来说居次要地位。

4.1.2 ESG 信息披露利益相关方的博弈

在实现可持续发展的进程中，企业扮演着不可或缺的角色，其重要性是不言而喻的。企业是市场运行体系中最重要的参与者之一，其经营成果对整个市场的稳定和健康发展具有重要作用。社会和经济繁荣与否与企业的存在和发展有着密切的关系。因此，披露 ESG 信息，是企业应该承担的社会责任。企业管理层的职责之一便是向利益相关者全面公开环境信息，以便于这些利益相关者做出合理的评价和决策。上市公司应该诚实、公正地披露有关信息，以满足政府和其他利益相关者的期望。委托代理冲突、信息不对称等问题会使上市公司管理层出于自身利益考虑，对利益相关者披露虚假信息，并希望包括投资者、政府部门在内的利益相关者能够信任其所披露的信息。在大多数情况下，公司管理层在权衡披露信息的收益和成本后，会对披露行为做出决策。换言之，企业的理性选择决定了相关信息是否被充分披露。ESG信息披露与企业的股东财富最大化目标存在矛盾，因为前者可能会产生额外的成本。这样，企业与其利益相关者之间就形成了一种博弈关系，导致信息披露的决策受到影响（邬娟，2012）。由于企业所面临的具体问题和利益相关者的重要性不同，博弈的结果可能存在国家层面的差异。这导致各国企业的信息披露内容不尽相同，而这些差异的存在离不开利益相关者的关注和诉求差异。根据前文分析，投资者、政府和新闻媒体是最重要的三个利益相关者，在推动企业进行ESG信息披露、促进可持续发展方面发挥着关键作用。为了促进经济的健康发展和企业的可持续发展，本节通过构建企业与投资者、政府部门和新闻媒体之间的博弈模型，分析影响企业ESG信息披露的因素，从而充实企业ESG信息披露影响因素的逻辑分析研究。

4.1.2.1 企业与投资者的博弈

所有权和经营权的分离会导致信息不对称，如果所有者和经营者之间存在严重的信息壁垒，就会导致道德风险和逆向选择等代理问题。一方面，由于存在信息不对称，经营者在企业经营管理过程中有可能利用信息优势采取投资者无法观测和监督的不利于投资者和其他利益相关者的行为，达到实现自身利益最大化的目的，这就导致了代理冲突，并产生代理成本；另一方面，信息不对称会引起逆向选择问题，从而造成市场失灵，出现"劣币驱逐良币"的情况。既然信息不对称是造成代理问题的根本原因，那么建立一系列制度，通过对经营者进行激励和监督来降低信息不对称便可以有效缓解代理问题。现有文献探讨了激励机制和监督机制对缓解代理问题的影响，例如讨论管理层持股（褚晓琳和张立中，2011；卢宁文和戴昌钧，2008）、独立董事（姚海鑫和冷军，2016）和股权集中度（李经路，2017）等。可见，企业ESG信息披露体现的是委托人与代理人之间的博弈结果（黎文靖，2009）。

ESG信息披露为可持续投资提供了重要的决策依据和评估工具。投资者越来越意识到 ESG 因素对企业长期绩效和风险的影响,因此他们倾向于在投资决策中考虑这些因素。ESG 信息披露提供了有关企业在环境、社会和公司治理方面的表现和绩效的数据和信息。通过企业披露的 ESG 信息,投资者能够更全面地了解企业的 ESG 风险和机会。这些信息可以帮助投资者评估企业的可持续性、道德性和长期价值。投资者可以根据 ESG 信息对企业进行筛选和评估,选择那些符合可持续投资标准和目标的企业。此外,ESG 信息披露还提高了信息透明度和可比性,使投资者能够对不同企业的 ESG 绩效进行比较。这有助于投资者做出更准确和全面的投资决策,将资金投向那些在 ESG 领域表现出色的企业。

然而,企业在履行 ESG 责任时,可能会面临长期利益和短期利益的冲突。企业可能需要投入更多资源来提高 ESG 信息披露水平,从而增加企业的成本,影响短期业绩。企业的利益可能会因此受到影响,而投资者往往关注企业的长期价值、可持续发展和风险管理。投资者需要企业提供更多、更详尽的信息来评估企业的价值,而管理层可能会因为成本、竞争、保密等原因,选择披露有限的 ESG 信息。事实上,ESG 信息是由管理层拥有的,投资者要充分了解情况,要花费较高成本。因此,企业和投资者之间进行了一场博弈。

(1)博弈相关的基本假设。在建立企业与投资者的博弈模型之前,我们做出如下一般性假设。

第一,参与人。假定该模型的参与方是企业与投资者。博弈双方均是理性的,知道博弈结构和付出,并能选择使自身利益最大化的策略。企业管理层有自利的动机,但是否充分披露 ESG 信息是不确定的,其可以自由选择 ESG 信息披露质量的高低。投资者的目标是对企业的行为实施监督,从而追求股东价值最大化。

第二,策略。假设企业可选择的策略合计为 M = {M1,M2} = {充分披露,不充分披露},投资者的策略空间为 S = {S1,S2} = {监查,不监查}。

第三,信息。假定决策之前双方并不了解彼此的策略,并且双方都会同时进行策略选择。在完全信息条件下,我们假定除了 ESG 信息披露程度和投资者的监督行为之外,其他信息均为共同知识。高水平的信息披露更有可能暴露管理层的自利行为，低水平的信息披露更有可能掩盖管理层的自利行为，并同时假定投资者一旦监查，就必然发现企业没有充分披露，且因发现未充分披露而避免的损失大于监查成本。

（2）纳什均衡模型。假设企业与投资者之间存在完全信息的静态博弈关系。企业的支付假设为：如果不充分披露 ESG 信息，能获得额外收益 G；如果投资者进行监查，投资者发现不充分披露，为了不充分披露而产生违规成本 B，将被要求整改并产生成本 I，并且不能获得额外收益 G。如果选择充分披露，则需要履行受托责任并产生尽责成本 I。投资者的支付假设为：如果选择不监查，能节约监查成本 F；如果企业不充分披露，投资者会由于信息不对称导致的"道德风险"和"逆向选择"问题而产生损失 S。如果投资者选择监查，则相应产生监查成本 F；如果企业选择不充分披露 ESG 信息，投资者会发现，避免了由于信息不对称导致的"道德风险"和"逆向选择"问题引发的损失 S。因此，双方的最终得益和具体博弈矩阵如表 4-3 所示。

表4-3　企业与投资者之间的支付矩阵模型

投资者	企业	
	充分披露	不充分披露
监查	(-F, -I)	(-F, -B-I)
不监查	(0, -I)	(-S, G)

注：支付矩阵中，前者为投资者的支付，后者为企业的支付。

从表4-3可以看出，共有四种策略，分别是（监查，充分披露）（监查，不充分披露）（不监查，充分披露）（不监查，不充分披露）。分析上述模型可知，如果投资者选择监查，对于企业而言最好的选择是充分披露信息，以避免由于不充分披露而产生的违规成本 B；如果投资者选择不监查，企业会选择不充分披露，以获得由不充分披露带来的额外收入 G 和节省的尽责成本 I。进一步，当企业充分披露时，投资者会选择不监查以节约监查成本 F；如果企业披露不充分，由于监查成本 F 小于信息披露不充分导致的损失 S，投资者会选择监查。基于以上分析，此模型不存在完全纳什均衡。

(3) 混合战略均衡模型的建立与求解。根据上文分析可知，不存在一个博弈双方都不愿意更改其策略的纯策略关系。因此，企业与投资者之间的博弈是一个涉及混合策略的问题。本书进一步假设企业选择充分披露和不充分披露的概率分别为 ρ 和 1-ρ；投资者选择监查和不监查的概率分别为 θ 和 1-θ。此时对博弈双方收益的分析如表4-4所示。

表4-4　考虑博弈双方（企业与投资者）行为概率的支付矩阵模型

投资者	企业	
	充分披露 ρ	不充分披露 1-ρ
监查 θ	(-F, -I)	(-F, -B-I)
不监查 1-θ	(0, -I)	(-S, G)

注：支付矩阵中，前者为投资者的支付，后者为企业的支付。

根据上述假设，可知投资者的期望效用函数为：

$$U_1 = \theta \times [\rho \times (-F) + (1-\rho) \times (-F)] + [(1-\theta) \times (1-\rho) \times (-S)] \tag{4-1}$$

假设存在内部最优解，则满足投资者效用最大化的条件为关于 θ 求偏导，并令其等于0：

$$\frac{\partial U_1}{\partial \theta} = [\rho \times (-F) + (1-\rho) \times (-F)] + S - \rho S = 0 \tag{4-2}$$

因此：

$$\rho^* = \frac{S-F}{S} \tag{4-3}$$

同时，因为 S > F，ρ^* 满足 $0 \leq \rho^* \leq 1$ 的条件。所以如果企业选择充分披露的概率是 ρ^*，投资者随机选择监查或不监查；如果 $\rho < \rho^*$，投资者的最优选择是监查；如果 $\rho > \rho^*$，投资者的最优选择是不监查。

企业的期望效用函数为：

·4 ESG 信息披露影响因素与经济后果的逻辑分析与梳理·

$$U_2 = \rho \times [\theta \times (-I) + (1-\theta) \times (-I)] + (1-\rho) \times [\theta \times (-B-I) + (1-\theta) \times G] \tag{4-4}$$

假设存在内部最优解，则满足企业效用最大化的条件为关于 ρ 求偏导，并令其等于 0：

$$\frac{\partial U_2}{\partial \rho} = [\theta \times (-I) + (1-\theta) \times (-I)] + \theta B + I\theta - G + G\theta = 0 \tag{4-5}$$

因此：

$$\theta^* = \frac{G+I}{G+B+I} \tag{4-6}$$

同时，因为 B > 0 且 I > 0，θ^* 满足 $0 \leqslant \theta^* \leqslant 1$ 的条件。所以如果投资者选择监查的概率是 θ^*，企业随机选择充分披露或不充分披露；如果 $\theta < \theta^*$，企业的最优选择是不充分披露；如果 $\theta > \theta^*$，企业的最优选择是充分披露。

联立式 (4-3) 和式 (4-6)，可得企业与投资者博弈的均衡解：企业以 $\rho^* = \frac{S-F}{S}$ 的概率选择充分披露，而投资者同时以 $\theta^* = \frac{G+I}{G+B+I}$ 的概率选择监查时，双方都得到最大的期望效用。

(4) 博弈均衡的基本分析。从企业与投资者的博弈中可以发现，要发挥公司治理在 ESG 信息披露中的积极影响，促使企业尽可能地充分披露 ESG 信息，需要做到以下几点。

从式 (4-3) 可以看出，企业的最优概率 $\rho^* = \frac{S-F}{S}$ 的大小与监查成本 F 呈反方向变化。因此，为了有效地解决企业信息披露不足的问题和提高信息披露质量，就应该通过采取多种有效的手段来提高监管效率，并降低投资者监督成本。

从式 (4-6) 可以看出，投资者的最优概率 $\theta^* = \frac{G+I}{G+B+I}$ 的大小与违

规成本 B 呈反方向变化。因此，为了提高企业信息披露的充分性和质量，应采取有力措施提高声誉风险和惩罚力度，以此来促使企业充分披露相关信息。可建立黑名单制度，通过联合惩戒，禁止或限制相关负责人的职业活动，让因为声誉受损和其他处罚带来的损失远远大于不充分披露信息带来的额外收益。

本节基于博弈论的分析，论证了该博弈问题没有纯策略。然后建立并求解混合战略纳什均衡，进一步分析了博弈参与方的策略选择。通过上述的博弈分析可以得到以下基本结论：①降低投资者对信息披露的监查成本，能促使投资者更积极地对上市公司进行监查，可以降低企业选择不充分披露的概率。②相对于投资者来说，企业管理层掌握更加充分的信息资源，信息壁垒会导致道德风险，需要加强对企业不充分披露的处罚，提高其违规成本。③要加强对企业的监管，尽可能减少企业因为不充分披露获得额外收益的可能和数额。

(5) 实践中博弈关系的分析。在实践中，中国上市企业与投资者关于 ESG 信息披露的博弈更加复杂，受到多种因素的影响。首先，随着越来越多的投资者关注企业的 ESG 表现，市场对企业 ESG 信息披露的需求越来越大，提高 ESG 信息披露水平有助于企业获得市场认可，提升企业的声誉和竞争力。这种压力可能促使管理层和股东在 ESG 信息披露方面达成共识。然而，由于我国 ESG 信息披露制度和企业的治理结构有待完善，可能仍存在较大的信息不对称。一般来说，公司治理水平越高，越能确保 ESG 信息披露的质量。在这种情况下，企业需要通过有效的信号传递，提高 ESG 信息披露的透明度和可靠性，向投资者展示其在 ESG 方面做出的努力和获得的成果。其次，企业的股权结构对 ESG 信息披露也会产生重要影响。一般来说，股权结构越分散，公司治理结构就越复杂，博弈也会加剧。最后，行业特点和企业文化也是影响企业与投资者关于 ESG 信息披露的博弈的因素。企业对 ESG 信息披露的需求和重视程度因行业不同而具有明显差异，对于重污染行业（如火电、钢铁、水泥等），ESG 信息披露尤为重要，企业在 ESG 信息披露方面也会面临更大的压力。同时，具有长期投资理念和社会责任意识的投资者往往会更加关注

ESG 信息披露，推动企业在 ESG 方面履责。

4.1.2.2 企业与政府的博弈

随着经济的不断发展，资源日渐枯竭，环境不断恶化。各国政府已经认识到可持续发展与环境保护的重要性。企业作为社会的重要组成部分之一，其自身发展会受到国家政策的影响。以新发展理念为统领，企业逐步向低能耗、高产出的方向发展。在这一背景之下，企业的行为受到越来越多的关注，同时，企业与政府之间的关系也日益密切。但是因为目标存在差异，企业与政府对待环境问题的态度并不总是一致的。在经济高速增长的同时，企业追求自身的利润，而政府则要保护生态环境。企业以实现股东价值最大化为宗旨，在与周围环境存在冲突时，有时不顾及其他利益主体的需要。政府则为全社会可持续发展着想，关注人民日常生活，以及社会的长远利益和整体利益。此时，企业 ESG 信息披露便成为企业与政府间博弈的一个内容。贾敬全等（2014）运用演化博弈的方法，探究了环境信息披露监管的稳定状态与影响因素的关系。研究发现，环境信息披露监管的稳定状态与企业环境信息披露的成本、政府环境信息披露监管成本、处罚力度等因素密切相关。此外，企业与政府部门关于环境信息披露的博弈行为不是一次性的，而是重复进行的。为了实现环境信息披露的稳定状态，政府需要综合考虑企业的披露成本、收益以及政府监管的成本和收益，从而制定合理的监管措施（杜剑，2011）。

上市公司作为信息提供者，掌握了企业内部的大量信息，而政府难以掌握充分、真实的数据。这样的信息不对称问题往往会引发上市公司的不负责任、机会主义行为，危害利益相关者的利益。因此，政府在推动 ESG 信息披露方面扮演着重要的角色，可以通过政策、法规和监管措施来鼓励和规范企业的 ESG 信息披露实践。政府的角色在于确保企业遵守可持续发展的原则和标准，促使企业在环境、社会和公司治理方面保证信息透明和切实履责。例如，一些国家和地区已经制定了强制性的 ESG 披露要求。此外，政府还可以通过奖励和激励措施来推动企业主动披露更全面、准确的 ESG 信息。政府可以提供财务和非财务激励，如税收优惠、补贴或奖励计划，以鼓励企业加强 ESG 信息披露，并推动其在可持续发展方面的改进和创新。政府还可以通过监管和审计措施确保企业 ESG 信息披露的准确性和可靠性,并对违规行为进行处罚。这有助于维护公众利益,保护投资者和消费者的权益。

上市公司的 ESG 信息披露以及监管,从本质上看,是上市公司和政府博弈的过程。根据预期效用理论,对于理性的个体来说,做出遵守法规的决策是由于遵守法规比违反法规具有更高的预期效益。这一理论同样适用于上市公司遵守 ESG 信息披露相关政策的决策,它需要在信息披露所付出的代价与违反规定会受到的处罚之间进行取舍。政府是理性的,担任监管者,在决定是否实施严厉监管的过程中,会在监管成本与回报之间进行取舍。

(1) 博弈相关的基本假设。在建立上市公司与政府的博弈模型之前,我们做出如下一般性假设。

第一,参与人。假定该模型的参与方是上市公司与政府。博弈双方均是理性的,知道博弈结构和付出,并能选择使自身利益最大化的策略。上市公司是为了盈利而设立的机构,它以利润最大化为出发点与归宿点。政府亦为理性人,它以谋求全社会利益最大化为基本宗旨。

第二,策略。假设上市公司可选择的策略合计为 M = {M1, M2} = {充分披露,不充分披露},政府的策略空间为 S = {S1, S2} = {严格监管,不严格监管}。

第三,信息。本模型假设双方在互相不了解对方策略的前提下进行决策,并且同时选择策略。在信息完全的情况下,本模型假设除上市公司的 ESG 信息披露程度和政府监管行为等因素外,其他信息都是共同知识。此外,本模型还假设政府可以通过严格监督来发现上市公司的违规行为。

(2) 纳什均衡模型。假设政府和上市公司在完全信息下处于静态博弈状态,先判断是否具有完全纳什均衡。企业的支付假设为:E_0 为上市公司不充分披露 ESG 信息的固定成本;E_1 为上市公司充分披露 ESG 信息的变动成本;I 为上市公司经营活动获得的正常利润;S 为上市公司由于 ESG 信息披露所带来的社会形象价值影响;F 为上市公司不充分披露 ESG 信息受到的处罚。政府的支付假设为:C_0 为政府进行不严格监管的固定成本;C_1 为政府进行严格监管的变动成本;M 为政府由于监管不力而遭受的声誉损失、问责、惩罚的成本。因此双方的最终得益和具体博弈矩阵如表4-5所示。

表4-5　企业与政府之间的支付矩阵模型

政府	企业	
	充分披露	不充分披露
严格监管	($-C_0-C_1$, $I+S-E_0-E_1$)	($-C_0-C_1+F$, $I-S-F-E_0$)
不严格监管	($-C_0$, $I+S-E_0-E_1$)	($-C_0-M$, $I-E_0$)

注：支付矩阵中，前者为政府的支付，后者为企业的支付。

从表4-5可以看出，共有四种策略，分别是（严格监管，充分披露）（不严格监管，不充分披露）（严格监查，不充分披露）（不严格监管，不充分披露）。分析上述模型可知，如果政府选择严格监管，当$S>E_1$时，则对于企业而言最好的选择是充分披露ESG信息，以获得社会形象价值带来的收益并避免因没有充分披露ESG信息受到的惩罚（$I+S-E_0-E_1>I-S-F-E_0$）；当$S-E_1<-S-F$时，意味着进行充分披露的成本远高于充分披露下社会形象价值提升带来的收益和不充分披露导致的处罚，企业会选择不充分披露。如果政府选择不严格监管，当$S>E_1$时，企业会选择充分披露，以获得社会形象价值提升带来的额外收益（$I+S-E_0-E_1>I-E_0$）；当$S<E_1$时，企业会选择不充分披露，以减少由于充分披露耗费的额外成本（$I+S-E_0-E_1<I-E_0$）。进一步，当企业进行充分披露时，政府会选择不严格监管（$-C_0-C_1<-C_0$）。如果企业进行不充分披露，当$F>C_1$时，政府会选择严格监管；当$C_1-F>M$时，政府会选择不严格监管（$-C_0-C_1+F<-C_0-M$）。基于以上分析可知，上述博弈不存在完全纳什均衡。

（3）混合战略均衡模型的建立与求解。上市公司与政府之间的博弈模型并非一个纯策略博弈，而是一个混合策略博弈，因为不存在两个主体都不愿意更改其策略的纯策略关系。本书进一步假设上市公司选择充分披露的概率为$\gamma(0\leq\gamma\leq1)$，则上市公司的混合战略为（γ, $1-\gamma$）；政府选择严格监管的概率为$\varepsilon(0\leq\varepsilon\leq1)$，则政府的混合战略为（$\varepsilon$, $1-\varepsilon$）。此时对博弈双方收益的分析如表4-6所示。

表4-6　考虑博弈双方（企业与政府）行为概率的支付矩阵模型

政府	企业	
	充分披露 γ	不充分披露 $1-\gamma$
严格监管 ε	$(-C_0-C_1,\ I+S-E_0-E_1)$	$(-C_0-C_1+F,\ I-S-F-E_0)$
不严格监管 $1-\varepsilon$	$(-C_0,\ I+S-E_0-E_1)$	$(-C_0-M,\ I-E_0)$

注：支付矩阵中，前者为政府的支付，后者为企业的支付。

根据上述假设，可知政府的期望效用函数为：

$$U_1 = \varepsilon \times [\gamma \times (-C_0 - C_1) + (1-\gamma) \times (-C_0 - C_1 + F)] + \\ (1-\varepsilon) \times [\gamma \times (-C_0) + (1-\gamma)(-C_0 - M)] \quad (4-7)$$

假设存在内部最优解，则满足政府效用最大化的条件为关于 ε 求偏导，并令其等于0：

$$\frac{\partial U_1}{\partial \varepsilon} = (F+M)(1-\gamma) - C_1 = 0 \quad (4-8)$$

因此：

$$\gamma^* = 1 - \frac{C_1}{(F+M)} \quad (4-9)$$

那么，如果管理层选择充分披露的概率是 γ^*，政府的决策则是随机的，其中包括严格监管或不严格监管。如果 $\gamma > \gamma^*$，则政府的最优选择是不严格监管；而如果 $\gamma < \gamma^*$，政府的最优选择为严格监管。

上市公司的期望效用函数为：

$$U_2 = \gamma \times [\varepsilon \times (I+S-E_0-E_1) + (1-\varepsilon) \times (I+S-E_0-E_1)] \\ + (1-\gamma) \times [\varepsilon \times (I-S-F-E_0) + \\ (1-\varepsilon) \times (I-E_0)] \quad (4-10)$$

假设存在内部最优解，则满足上市公司效用最大化的条件为关于 γ 求偏导，并令其等于0：

4 ESG 信息披露影响因素与经济后果的逻辑分析与梳理

$$\frac{\partial U_2}{\partial \gamma} = \varepsilon \times (I + S + F) - E_1 = 0 \tag{4-11}$$

因此：

$$\varepsilon^* = \frac{E_1}{I + S + F} \tag{4-12}$$

那么，根据预期效用理论，当政府选择严格监管的概率是 ε^* 时，企业随机决定是否充分披露；当 $\varepsilon < \varepsilon^*$ 时，企业最理性的选择是不充分披露；当 $\varepsilon > \varepsilon^*$ 时，企业最理性的选择是充分披露。

联立式（4-9）和式（4-12），可得上市公司与政府博弈的均衡解：上市公司以 $\gamma^* = 1 - \frac{C_1}{(F + M)}$ 的概率选择充分披露，而政府同时以 $\varepsilon^* = \frac{E_1}{I + S + F}$ 的概率选择严格监管时，双方都得到最大的期望效用。

(4) 博弈均衡的基本分析。根据式（4-9），上市公司充分披露的概率是 $\gamma^* = 1 - \frac{C_1}{(F + M)}$，该概率随着 F 和 M 的增加而增加，随着 C_1 的增加而减小。因此，为了有效抑制上市公司 ESG 信息披露不充分问题和提高信息披露质量，必须加大对上市公司不充分披露的处罚力度 F，增加政府由于监管不力而遭受的声誉损失、问责、惩罚的成本 M，以及降低政府严格监管的变动成本 C_1。值得注意的是，降低政府严格监管的变动成本并不是简单地减少监管的活动，而应当提高监管效率和对上市公司不充分披露的甄别能力，以尽可能小的成本给上市公司带来尽可能大的威慑。

由式（4-12）可知，政府的最优策略概率为 $\varepsilon^* = \frac{E_1}{I + S + F}$，该概率随着 E_1 的增加而增加，随着 S 和 F 的增加而减小。因此，要有效降低政府的监管力度，可以通过降低上市公司披露 ESG 信息的变动成本 E_1，提高上市公司充分披露信息所带来的社会形象价值 S 以及上市公司不充分披露信息所面临的处罚 F。

本节基于博弈论的分析，论证了该博弈问题没有纯策略。然后建立并求解混合战略纳什均衡，进一步分析了博弈参与方的策略选择。研究结果表明：①提高政府因不作为所面临的声誉损失及问责和惩罚成本，有助于降低上市公司不充分披露 ESG 信息的可能性；②加大对上市公司不充分披露的处罚力度，可以有效降低上市公司不充分披露的概率和政府严格监管的可能性；③降低政府严格监管的变动成本，有利于提高上市公司 ESG 信息披露的质量；④降低上市公司进行充分披露的变动成本、提高由于充分披露带来的社会形象价值，可以降低政府严格监管的概率。

（5）实践中博弈关系的分析。在实践中，中国上市公司与政府关于 ESG 信息披露的博弈更加复杂，受到多种因素的影响。首先，我国 ESG 信息披露制度仍处于进一步完善的过程中，随着全球范围内的 ESG 问题日益突出，政府通过加强国际合作和交流更好地了解 ESG 实践，从而制定更为科学的政策和法规，政府会根据新的挑战和问题出台政策法规，或对已有政策法规进行修订，这会增加上市公司面临的不确定性。其次，政府的 ESG 政策措施具有行业异质性和产权异质性，对于高污染、高耗能的行业以及中央企业控股企业实施更严格，甚至是强制的披露要求，而对其他行业和产权性质的企业相对宽松。最后，政府通过监管和激励促进企业 ESG 信息披露。从博弈模型可以看出，政府的监管力度直接影响企业 ESG 信息披露策略，严格的监管会促使企业更加重视 ESG 信息披露，否则会导致企业减少相关投入。为符合 ESG 披露标准的企业提供税收优惠、贷款便利等政策支持，也可以促使企业更加重视 ESG 信息披露。

4.1.2.3 企业与新闻媒体的博弈

随着工业化进程的不断加快，环境、气候与资源危机日益凸显。2015 年，《巴黎协定》强调各方将加强对气候变化威胁的全球应对。党的二十大报告提出"积极参与气候变化全球治理"。在这样的背景下，ESG 信息披露作为涵盖环境保护、社会责任、公司治理等非财务信息的披露形式，符合经济高质量发展的理念和企业可持续发展的需要，受到了广泛关注（李志斌等，2022；李井林等，2021）。ESG 信息披露作为非财务信息披露方式，能够帮助利益相关者更加全面地了解企业的发展状况。

信息化时代的到来，使得媒体行业在社会中扮演着重要角色，新闻媒体已经成为影响经济发展、企业运营的重要因素。新闻媒体承担着信息传递和监督治理的双重作用（Dyck et al.，2008；颜恩点和曾庆生，2018；杨玉龙等，2018）。一方面，新闻媒体向利益相关者传递信息，缓解信息不对称问题，减少资本市场上由于信息不对称而产生的报价差额（游家兴和吴静，2012；贺云龙和肖铭玥，2020）；另一方面，新闻媒体具有外部治理和监督作用，随着新闻舆论影响力的扩大，其负面报道可能会导致基于印象管理动机的企业"漂绿"行为。企业更希望向社会公众传递积极正面的信息，以建立良好的企业形象并实现资源交换。然而，由于企业披露信息的质量不一，在资本市场产生了"信息噪声"，影响了利益相关者的决策效率。作为重要的信息主体，新闻媒体可以对企业信息披露质量进行有效监督，从而降低市场的信息摩擦（原东良和周建，2021）。

上市公司作为信息的提供者，对企业经营与绩效的把握要远远大于信息需求者，这使得利益相关者很难把握有关企业发展的全面、真实的信息，由此造成了上市公司逃避责任、机会主义和损害利益相关者权益等问题。新闻媒体通过报道和分析企业的ESG表现和信息披露，可以提高公众对企业的认知和理解，影响公众和投资者的看法和决策。具体的，新闻报道可以揭示企业的环境、社会和治理问题，例如环境破坏、社会不公正或公司治理缺陷等，从而可以引起利益相关者的关注，进而影响企业的声誉和品牌形象。新闻媒体还可以通过报道企业的ESG实践和创新，提高公众对企业在可持续发展方面做出的努力的认可和赞赏。这样的报道可以塑造企业的积极形象，并吸引那些重视可持续发展的消费者和投资者。新闻媒体对企业的ESG信息披露进行独立分析和评估，可以提供独立的观点和看法，有助于投资者和其他利益相关者更全面地了解企业的ESG表现，评估其可持续性和风险。新闻媒体的报道还可以促使企业更加积极地披露ESG信息，并提升其信息透明度，促使其完善问责制度。可以说，新闻媒体在为ESG信息的有效传递提供保障的同时，也抑制了企业的"漂绿"动机，监督企业ESG信息披露行为。本节采用博弈分析的方法，建立博弈模型，研究上市公司与新闻媒体的策略，探究媒体监督对企业 ESG 信息披露的影响。

(1) 博弈相关的基本假设。在建立企业与新闻媒体的博弈模型之前，我们做出如下一般性假设。

参与人：本节中探讨的博弈模型的参与者为企业与新闻媒体。假设双方参与者都是理性的，他们深刻理解博弈的结构和各自的利益，并且能够选择使自身利益最大化的策略。企业作为以盈利为目的的组织，其行为以利润最大化为出发点和归宿点，并且行为主导者是理性的。新闻媒体也是理性人，其决策基于寻求自身利益最大化的原则。

策略：假设企业可选择的策略合计为 M = {M1，M2} = {充分披露，不充分披露}，新闻媒体的策略空间为 S= {S1，S2} = {监督，不监督}。

信息：假设双方在不了解彼此策略的情况下做出决策，并且同时选择策略。假定在信息充分的情况下，除上市公司 ESG 信息披露程度和新闻媒体监督行为外，所有其他信息都是共同知识。此外，假设新闻媒体可以通过监督来发现上市公司是否充分披露信息。

(2) 纳什均衡模型。假定企业与新闻媒体之间存在一个在完全信息情况下的静态博弈关系，首先考虑是否存在完全的纳什均衡。企业的支付假设为：如果企业充分披露 ESG 信息，变动成本为 C_1，由于利益相关者的 ESG 意识增强，企业披露 ESG 信息带来的市场收益为 R_1，且 R_1 大于 C_1；如果选择不充分披露 ESG 信息，能获得额外收益 R_2；如果新闻媒体进行监督，并发现上市公司信息披露不充分，那么这些公司将面临由于不充分披露带来的违规成本 C_2，无法获得因不充分披露带来的额外收益 R_2，并且需要承担整改的成本 C_1。新闻媒体的支付假设为：如果媒体选择监督，则相应产生监督成本 C_3；如果企业不充分披露，媒体监督时会发现并对企业不充分披露行为进行报道，将获得收益 R_3，且 R_3 大于 C_3。因此，双方的最终得益和具体博弈矩阵如表 4-7 所示。

4　ESG 信息披露影响因素与经济后果的逻辑分析与梳理

表 4-7　企业与媒体之间的支付矩阵模型

媒体	企业	
	充分披露	不充分披露
监督	($-C_3$, R_1-C_1)	(R_3-C_3, $-C_1-C_2$)
不监督	(0, R_1-C_1)	(0, R_2)

注：支付矩阵中，前者为媒体的支付，后者为企业的支付。

从表 4-7 可以看出，共有四种策略，分别是（监督，充分披露）、（监督，不充分披露）、（不监督，充分披露）和（不监督，不充分披露）。分析上述模型可知，如果媒体选择监督，则对于企业而言，最好的选择是充分披露 ESG 信息，以获得社会形象价值带来的收益并避免因没有充分披露 ESG 信息受到的惩罚（$R_1-C_1 > -C_1-C_2$）；如果媒体选择不监督，当 $R_1-C_1 > R_2$ 时，企业会选择充分披露，以获得社会形象价值提升带来的额外收益（$R_1-C_1-R_2$）；当 $R_1-C_1 < R_2$ 时，企业会选择不充分披露，以减少由于充分披露耗费的额外成本（$R_2+C_1-R_1$）。进一步，当企业进行充分披露时，媒体会选择不监督（$-C_3 < 0$）；如果企业不进行充分披露，媒体会选择进行监督（$R_3-C_3 > 0$）。基于以上分析，在静态博弈模型中，不存在完全纳什均衡。

（3）混合战略均衡模型的建立与求解。根据以上分析发现，企业和媒体之间不存在一种双方都不愿意改变自己策略的纯策略博弈。因此，这两者之间的博弈是一个混合策略问题。本书进一步假设上市公司选择充分披露的概率为 $\gamma(0 \leq \gamma \leq 1)$，则企业的混合战略为（$\gamma$, $1-\gamma$）；媒体选择监督的概率为 $\varepsilon(0 \leq \varepsilon \leq 1)$，则媒体的混合战略为（$\varepsilon$, $1-\varepsilon$），此时博弈双方的收益分析如表 4-8 所示。

表 4-8　考虑博弈双方（企业和媒体）行为概率的支付矩阵模型

媒体	企业	
	充分披露 γ	不充分披露 $1-\gamma$
严格监管 ε	($-C_3$, R_1-C_1)	(R_3-C_3, $-C_1-C_2$)
不严格监管 $1-\varepsilon$	(0, R_1-C_1)	(0, R_2)

注：支付矩阵中，前者为媒体的支付，后者为企业的支付。

根据上述假设,可知媒体的期望效用函数为:

$$U_1 = \varepsilon \times [\gamma \times (-C_3) + (1-\gamma) \times (R_3 - C_3)] \quad (4-13)$$

假设存在内部最优解,则满足媒体效用最大化的条件为关于 ε 求偏导,并令其等于 0:

$$\frac{\partial U_1}{\partial \varepsilon} = R_3 - C_3 - \gamma R_3 = 0 \quad (4-14)$$

因此:

$$\gamma^* = \frac{R_3 - C_3}{R_3} \quad (4-15)$$

所以如果企业选择充分披露的概率是 γ^*,媒体随机选择监督或不监督。如果 $\gamma > \gamma^*$,媒体的最优选择是不监督;如果 $\gamma < \gamma^*$,媒体的最优选择是不监督。

企业的期望效用函数为:

$$U_2 = \gamma \times [\varepsilon \times (R_1 - C_1) + (1-\varepsilon) \times (R_1 - C_1)] + (1-\gamma) \times [\varepsilon \times (-C_1 - C_2) + (1-\varepsilon) \times R_2] \quad (4-16)$$

假设存在内部最优解,则满足上市公司效用最大化的条件为关于 γ 求偏导,并令其等于 0:

$$\frac{\partial U_2}{\partial \gamma} = \varepsilon \times (R_2 - C_2 - C_1) + R_1 - C_1 - R_2 = 0 \quad (4-17)$$

因此:

$$\varepsilon^* = \frac{R_1 - C_1 - R_2}{R_2 - C_2 - C_1} \quad (4-18)$$

所以如果媒体选择监督的概率是 ε^*,企业随机选择充分披露或不充分披露;如果 $\varepsilon < \varepsilon^*$,上市公司的最优选择是不充分披露;如果 $\varepsilon < \varepsilon^*$,上市

公司的最优选择是充分披露。

联立式（4-15）和式（4-18），可得上市公司与媒体博弈的均衡解：上市公司以 $\gamma^* = \dfrac{R_3 - C_3}{R_3}$ 的概率选择充分披露，而媒体同时以 $\varepsilon^* = \dfrac{R_1 - C_1 - R_2}{R_2 - C_2 - C_1}$ 的概率选择监督时，双方都得到最大的期望效用。

（4）博弈均衡的基本分析。由上述式（4-15）可知，企业的最优概率 $\gamma^* = \dfrac{R_3 - C_3}{R_3}$ 的大小与 C_3 呈正向变化。因此，为了有效抑制上市公司的不充分披露行为和提高信息披露质量，必须降低媒体的监督成本，让媒体更好地发挥其监督作用，缓解信息不对称问题，并抑制企业的"漂绿"动机。

由上述式（4-18）可知，媒体的最优概率 $\varepsilon^* = \dfrac{R_1 - C_1 - R_2}{R_2 - C_2 - C_1}$ 的大小与 R_1 和 C_2 呈正向变化，与 R_2 呈反向变化。因此，扩大上市公司充分披露的净收益与因不充分披露而产生的额外收益之间的差额，提高对上市公司不充分披露的处罚和因影响社会形象而产生的成本，可以有效降低企业不充分披露ESG信息的概率。

本节从博弈论分析出发，证明该博弈问题不存在纯策略。然后建立并求解混合战略纳什均衡，进一步分析了博弈参与方的策略选择。通过上述博弈分析可以得到以下基本结论：①降低新闻媒体对企业ESG信息披露的监督成本可以有效抑制上市公司不充分披露ESG信息；②加大对上市公司不充分披露的处罚力度，包括处罚和由于社会形象受损导致的损失，可以有效降低上市公司不充分披露的概率；③降低政府严格监管的变动成本也会提高上市公司ESG信息披露的质量；④进一步扩大上市公司因充分披露ESG信息而获得的净收益与因未充分披露而获得的额外收益的差距，可以通过提高公众ESG意识、降低企业披露ESG信息的成本以及提高企业不诚信行为的风险等来实现。

（5）实践中博弈关系的分析。在实践中，中国上市公司与新闻媒体关于

ESG 信息披露的博弈更加复杂,受到多种因素的影响。首先,新闻媒体在 ESG 信息披露过程中起到关键的监督和推动作用。企业通过 ESG 实践和主动披露 ESG 信息,可以获得正面的媒体报道和公众认可,从而提高其声誉和品牌价值。媒体通过深入调查,对企业的 ESG 表现进行监督和报道,揭露企业在 ESG 方面存在的问题和不当行为,促使企业向公众披露更真实、透明的 ESG 信息,维护公众利益和社会公正。如果企业的信息披露不够透明,或者在 ESG 方面存在问题,媒体可能会对其进行负面报道,进而影响企业的声誉和形象,甚至引起投资者和消费者的质疑和不信任。其次,在环境保护、社会责任和企业道德方面,社会舆论对上市公司的影响越来越大。利益相关者对企业 ESG 表现的关注度不断提高,使企业在与新闻媒体的博弈中必须重视信息披露的真实性和及时性。最后,通过加强沟通和合作,企业和新闻媒体可以共同推进 ESG 信息披露的进程。例如,定期邀请新闻媒体参与企业活动,增加其对企业 ESG 表现的了解,提高其报道的真实性和客观性。此外,随着互联网和社交媒体的普及,企业可以利用这些媒体平台主动发布 ESG 信息,提高信息披露的时效性并扩大覆盖范围。

4.1.3 进一步研究

从以上博弈分析可以看出,在企业 ESG 信息披露过程中,企业与投资者之间、企业与政府之间、企业与新闻媒体之间的博弈是较为复杂的。现实中,尽管有 1/3 左右的企业选择披露 ESG 报告,但仍有大部分企业没有这样做。为了更好地解释这一现象,在前文分析的基础上,本节对企业选择披露 ESG 信息的动机和选择不披露的原因进行梳理。

选择披露 ESG 报告的企业,主要的原因可能包括:①ESG 信息披露有助于提升和展示企业在环境保护、社会责任和公司治理方面的良好表现,从而提高企业的声誉和品牌形象;②随着投资者和其他利益相关者对企业 ESG 表现的日益关注,ESG 信息披露已成为衡量企业价值和可持续发展能力的重要指标,进行 ESG 信息披露有助于提高信息透明度,使利益相关者更好地了解企业在 ESG 方面的表现,为企业发展创造有利条件;③随着政府对 ESG 信息披露的重视程度不断提高,企业未来可能会面临更加严格的法规和政策要求,

·4 ESG 信息披露影响因素与经济后果的逻辑分析与梳理·

选择主动披露，可以应对可能的监管压力和适应政策导向。

那些选择不披露 ESG 报告的企业，主要的原因包括：①尽管我国对 ESG 信息披露的重视程度日益提高，但相关法规和政策尚未健全和明确，ESG 信息披露仍属于非强制性的，一些企业可能会认为进行 ESG 披露并非刚需；②进行 ESG 信息披露需要投入大量的资源，包括人力、物力和财力，并且还需要构建一套完善的数据收集、分析和报告系统，许多企业可能认为这些成本和负担过重，从而选择不进行披露；③部分企业可能对 ESG 信息披露的意义和价值认识有限，认为履行 ESG 责任对公司的经营和发展没有实质性的影响，从而选择不进行披露。

可见，选择披露 ESG 报告的企业主要出于提升企业声誉、吸引投资者和应对政策监管等动机。而那些选择不披露 ESG 报告的企业，主要原因可能包括当前法规和政策尚不完善、披露成本较高，以及对 ESG 信息披露的意义和价值的认识有限。这些因素共同影响了企业在 ESG 信息披露方面的决策。

因此，本书从利益相关者的视角分析影响企业 ESG 信息披露的因素，将其归纳为企业因素和外部因素，企业因素主要涉及激励机制和监督机制等公司治理制度；外部因素则借鉴王建成等（2021）的研究，从外部合法性视角切入，研究正式合法性（政府规制）和非正式合法性（媒体监督）的影响。

企业因素：从利益相关者分析可以看出，为了缓解代理问题，投资者应当建立一套完整的监督、激励机制。具体的，除了股权集中度和管理层持股等内部治理因素外，投资者还应该实施外部审计等监查，这些措施对企业 ESG 信息披露会产生重要影响。股权结构会影响股东对管理层的控制程度及其发挥的监督和激励作用。随着大股东控股比例的增加，大股东会更有能力和意愿对经营者进行监督，并在信息披露决策中起到更大的作用（李经路，2017）。管理层持股可以真正激励经理人努力工作，减少对股东利益的损害（褚晓琳和张立忠，2011），在 ESG 信息披露决策和执行中具有重要意义。博弈分析着重探讨了投资者对 ESG 信息披露的影响，分析表明，监查可以有效抑制企业不充分披露的动机和概率。此部分的分析，为后续进行实证分析，检验企业内部因素对 ESG 信息披露的影响和提出促进 ESG 信息披露的建议提供了依据。

政府规制：从利益相关者分析和博弈分析可以看出，政府在监督和引导企业提高 ESG 信息披露水平方面起到重要作用。为促进企业进行 ESG 信息披露，政府颁布了一系列政策法规，引导企业履行 ESG 责任。政府发布的相关政策引导企业规范 ESG 披露的内容和方式，并明确了企业不充分披露的惩罚措施。同时，政府实施监管，对于瞒报或违规披露的企业，进行严厉处罚，责令整改，进而提高企业 ESG 信息披露的数量和水平。进一步研究表明，我国 ESG 信息披露制度仍处于逐步完善的过程中，为了适应可持续发展的要求，政府会根据新的挑战和问题出台政策法规，或对已有政策法规进行修订，这会增加上市公司面临的不确定性。此部分的分析，为后续实证分析政府颁布相关政策对 ESG 信息披露的影响提供了依据。

媒体监督：从利益相关者分析和博弈分析可以看出，新闻媒体在企业 ESG 信息披露的社会监督中扮演着重要角色。媒体监督带来的媒体压力是影响企业 ESG 信息披露的重要外部因素。这一影响可以通过提高企业被新闻媒体发现不充分披露时受到的惩罚，以及提高 ESG 披露问题的曝光率后受到的损失来实现。进一步研究表明，正面的媒体报道和公众认可，能够提高企业声誉和品牌价值，负面报道会影响企业的声誉和形象，甚至引起投资者和消费者的质疑和不信任。此部分的分析，为后续实证检验媒体监督对企业 ESG 信息披露的影响和提出强化媒体监督政策建议提供了依据。

综上所述，本书从企业因素、政府政策和媒体监督三个角度对我国企业 ESG 信息披露的影响因素进行分析。首先，从公司内部治理和外部治理两个视角出发，在检验企业因素与 ESG 信息披露的关系的基础上，考察不同地区、不同污染程度和不同产权性质下企业因素对 ESG 信息披露的影响。其次，本书从正式合法性的视角，检验政府规制对企业 ESG 信息披露的影响作用。随着绿色金融和 ESG 责任投资的兴起，ESG 信息披露已成为一项重要的信息。多个职能部门相继发布了关于 ESG 信息披露的相关政策法规，以期提高企业 ESG 信息披露的水平。目前，还需进一步研究这些政策法规对企业 ESG 信息披露的实际提升效果。本书运用政策效果评估工具 DID 双重差分法来检验中国人民银行等七部委于2016年发布的《关于构建绿色金融体系的指导意见》（银发〔2016〕228号）对企业ESG信息披露质量的"净效应"，选择沪深A股上市公司作为原始样本，筛选出其中属于重点排污单位名录的上市公司样本，并以此为实验组进行政策效果评估。最后，本书从非正式合法性的视角，检验媒体监督对企业ESG信息披露的影响，并对不同类型的报道的影响进行了分析。对企业因素、政府规制、媒体监督三方面的影响因素的研究，有助于为提高企业ESG信息披露数量和质量提出有针对性的优化措施。

4.2 ESG信息披露经济后果的逻辑分析与梳理

企业要获得可持续发展能力，就需要将其价值观从纯经济价值拓展到社会和环境价值（黄世忠，2021），这与ESG理念高度契合。基于可持续发展理论，那些致力于履行社会责任的企业更可能获得投资者的青睐，并驱动管理层做出有利于企业长期价值增长的决策（Hahn and Kühnen，2013；潘海英等，2022）。已有研究证明了ESG表现与企业可持续发展之间的密切关系。具体来说，良好的ESG表现有助于提高企业的盈利持续性（席龙胜和赵辉，2022）和平均回报率（李瑾，2021）。同时，良好的ESG表现可以减少企业未来的财务风险和违规风险（Kumar et al.，2016），并有效缓解市场环境带来的不确定性风险（邱牧远和殷红，2019）。可见，ESG被视为一种可持续发展战略，这种战略具有长期性，可以节省代理成本，提升企业的可持续发展能力。

从可持续发展的视角来看，经济、环境和社会是可持续发展的三大维度（UN. ESCAP，2015；王红帅和董战峰，2020；鲜祖德等，2021）。本书选取融资成本、绿色创新和企业价值这三个与企业的长期发展和社会责任密切相关的研究视角，它们分别代表了经济、环境和社会三个维度，这也是可持续发展的三大核心元素。

4.2.1 ESG信息披露与融资成本

从经济维度来看，融资成本是企业运营的关键经济指标，反映了企业获取资本的难易程度和成本，直接关系到企业发展的质量和速度，是制约企业盈利能力和竞争力的关键因素，对企业的经济可持续发展具有重要影响。政府出台了一系列鼓励上市公司披露 ESG 信息的政策，以期推进"双碳"目标的实现。随着绿色金融体系的构建和社会公众对环境、社会责任和公司治理的关注不断增加，我国的 ESG 信息披露也得到了发展。企业也希望通过 ESG 信息披露获得融资支持，当披露 ESG 信息带来的收益大于成本时，企业会选择披露 ESG 信息。因此，厘清 ESG 信息披露与融资成本之间的关系，对于降低融资成本、提升盈利能力和竞争力，推动企业在经济层面实现可持续发展具有重要意义。

ESG 信息披露对融资成本的影响是多方面的：①ESG 信息披露向利益相关者（尤其是投资者和金融机构）展示了企业在环境、社会和公司治理方面的实践，这有助于提高企业的声誉和信誉度，进而降低融资成本；②ESG 信息披露通过公开展示企业在环境、社会和公司治理方面的表现，有助于增加利益相关者对企业的了解，包括企业的风险管理能力、可持续发展战略以及企业对 ESG 问题的重视程度，这有助于缓解投资者面临的信息不对称问题，降低企业的信用风险和财务风险，进而降低企业的融资成本；③随着 ESG 投资越来越受关注，越来越多的投资者将 ESG 纳入了其投资管理框架，ESG 信息披露可以增强这些投资者的投资意愿，从而降低融资成本；④ESG 信息披露可以让企业更全面地了解其在 ESG 方面的表现，并发现存在的不足，通过加强 ESG 管理，提高企业可持续发展水平和竞争力，进而降低融资成本。综上，企业 ESG 信息披露影响了投资者的风险敏感度，ESG 信息披露水平的提高可以显著降低投资者面临的潜在风险，进而提高企业的融资可行性和降低融资成本。

4.2.2 ESG 信息披露与绿色创新

从环境维度来看，绿色创新是促进企业可持续发展的重要措施，它体现了企业对环境保护和资源保护的承诺，对企业的长远发展具有深远影响。中国是世界第二大经济体，中国企业是推动经济增长的主要力量。在习近平总书记提出的生态环境治理目标的指导下，中国计划在 2030 年前实现"碳达峰"，并在 2060 年前实现"碳中和"。这体现出中国对气候变化问题的积极应对，也为未来实现经济可持续增长、产业变革和升级提供了强有力的支撑。构建绿色低碳循环发展经济体系，发展绿色金融，是党的十九大报告指出的推进绿色发展的路径之一。党的二十大报告提出了加速发展方式的绿色转型和深入推进环境防治的目标，这与ESG理念高度一致。为了实现这一目标，中国企业要以不同形式和程度向低碳商业模式转型，在这个过程中，上市公司应起到表率作用，布局绿色低碳产业，满足企业转型升级需求。因此，企业面临的环境保护和环境治理压力也越来越大，绿色创新成为企业提高竞争力的关键手段。绿色创新作为绿色发展的重要组成部分，可有效降低企业对环境的影响，有助于企业降低环境风险，提高资源利用效率，并能缓解企业面临的能源制约，从而实现企业的可持续发展（Xu et al., 2021）。

创新作为发展的第一动力，是企业长期高质量发展的关键因素之一，ESG理念能够促进企业创新（Zhang et al., 2020）。然而，在责任投资和绿色金融迅速发展的背景下，仅关注企业整体创新能力，而忽视绿色创新，则不利于我们更客观准确地评价企业进行环境治理、履行社会责任及优化公司治理的经济后果。绿色创新不仅有助于企业降低环境污染、实现资源节约，还可以提升企业在市场中的竞争力。ESG信息披露能够激励企业更加关注环境问题，从而促使企业在绿色创新方面投入更多资源，包括研发环保技术、推动能源转型、优化生产流程等，从而降低能源消耗、减少污染排放，提高可持续发展能力。此外，随着全球环境保护意识的不断提高，消费者对环保产品的需求日渐强烈，企业通过绿色创新可以满足消费者的需求，提高产品附加值，从而获得更好的经济效益和社会声誉，提升核心竞争力和市场地位，实现企业的可持续发展。

利益相关者理论强调降低外部效应和社会价值最大化，因此，管理层不仅应该考虑股东的需求，还要关注其他利益相关者（Freeman, 2010）。已有研究表明，企业践行ESG理念有利于提升企业声誉、吸引投资者、提高员工满意度和促进技术创新。这种市场认可度能够激励企业采取更多的环保和社会责任措施，促进企业在绿色创新方面的投入和实践。同时，ESG信息披露能够有效降低信息不对称，更好地满足投资者和其他利益相关者的信息需求，从而降低融资成本。企业在获得更多资金来源的同时，可以将更多的资源投入绿色创新项目中，进一步推动绿色创新的实施。企业的 ESG 表现可以通过融资约束、员工创新效率和风险承担水平等作用机制有效促进企业创新（方先明和胡丁，2023），然而，本书将从可持续发展的视角出发，聚焦研究企业 ESG 信息披露与绿色创新的关系，以期丰富已有文献。综合以上分析，基于利益相关者理论、信息不对称理论和信号传递理论，企业通过 ESG 信息披露向政府、投资者、顾客、公众等利益相关者传递积极信号，可以与之建立良好的关系，激励企业关注绿色创新的实施，降低环境风险，提高资源利用效率，满足利益相关者对企业可持续发展的期望。换言之，ESG 信息披露能够倒逼企业进行绿色创新。

4.2.3 ESG 信息披露与企业价值

从社会维度来看，企业价值是评价企业的核心综合指标之一，反映了企业的市场地位、盈利能力和发展潜力。较高的企业价值通常意味着更大的市场份额和品牌知名度，这有助于企业更有效地抵御市场波动和风险，从而维护并提高企业的市场地位。企业盈利能力直接关联到现金流和盈利水平，具有较高企业价值的公司往往表现出更强的盈利能力，其抵抗经济周期的波动和市场风险的能力也更强。具有较高企业价值的公司往往拥有更多的发展机遇和更强的投资潜力，能够更有效地吸引投资者的关注与资金支持。这类企业可获得更多的发展机会和资源，从而实现较好的经济增长和可持续发展。从可持续发展的角度看，只有实现经济、环境和社会价值的统一，企业才能真正实现长期发展。企业在追求经济效益的同时，也应注重社会效益，通过实现企业和社会的共赢，推动可持续发展。

ESG 理念是一种在投资决策中将环境、社会和公司治理表现纳入考虑的投资理念，是责任投资理念的延伸和丰富。ESG 理念不仅高度契合"五位一体"总体布局和新发展理念，而且为企业可持续发展和绿色发展提供了系统化、可量化的操作框架。为了提升上市企业的 ESG 意识和鼓励其披露相关信息，政府出台了一系列鼓励上市公司披露 ESG 信息的政策。与此同时，投资者和其他利益相关者对企业 ESG 表现的关注和监督，也鼓励企业提升 ESG 表现并进行ESG信息披露。然而，现实情况是，政策和利益相关者的引导、监督作用固然重要，但由于履行ESG责任并披露ESG信息会给企业带来额外的成本，挤占企业资源，这可能会阻碍企业进行ESG信息披露。因此，企业提升ESG表现并披露相关信息的内生动力是让企业在提升ESG信息披露水平后获得的利益高于因披露ESG信息带来的额外成本，同时，企业有可能获得更强的可持续发展能力。这需要我们对ESG信息披露的价值效应进行分析。

根据信息不对称理论，债权人和股东之间存在高度的信息不对称，他们需要通过有限的信息来评估企业可能发生的财务困境，融资成本会随之增加。通过加强ESG信息披露，可以降低投资者因缺乏信息而产生的道德危机风险和代理成本，使投资者更准确地了解企业的经营状况和风险水平，从而降低投资者要求的履行协议或利息溢价。因此，基于信号传递理论，企业通过ESG信息披露传递其承担ESG责任的重要信号，减少管理层和投资人之间的信息不对称现象，降低企业ESG风险，减少违规成本，也能降低企业和利益相关者的交易成本，提升利益相关者参与企业价值创造的效率（Freeman，2010）。基于信号传递理论，首先，ESG信息披露作为一种信号，可以提高企业的透明度和市场信誉，增强投资者对企业的信心，使其更愿意长期持有企业股票，这有助于提高企业的市场估值，从而提高企业价值。其次，投资者倾向于投资具有良好ESG表现的企业，认为这些企业在环境、社会和公司治理方面的表现降低了潜在的风险，从而提高了企业价值。最后，通过ESG信息披露，企业能够更全面、准确地展示其在环境、社会和公司治理方面的表现，提高透明度和公信力，增强消费者、客户及其他利益相关方对企业的信心和信任。良好的ESG表现也有助于企业树立良好的企业形象和品牌声誉，获得消费者和客户的青睐，提高企业在市场中的竞争力和地位，进一步提升企业价值。

因此，为了更清晰地梳理ESG信息披露的经济后果，本书从可持续发展的三大核心维度出发，从经济、环境和社会的可持续性视角，研究ESG信息披露与融资成本、绿色创新和企业价值之间的关系。首先，从融资成本角度出发，采用PEG模型估算的股权资本成本作为代理变量，评估ESG信息披露的影响。在此基础上,进行信息不对称程度、高管海外经历与高管学术背景的异质性分析。其次,从绿色创新视角,将绿色专利申请数作为度量企业绿色创新的指标,考察企业 ESG 信息披露的经济后果。在此基础上,从产权性质、信息不对称程度和董事会多样性等层面分析异质性影响。最后,企业履行 ESG 责任并披露 ESG 信息的内生动力是让企业在提升 ESG 信息披露水平后获得的利益高于由于 ESG 信息披露带来的额外成本,这需要我们对 ESG 信息披露的价值效应进行分析。本书借鉴已有研究,选取总市值与总负债之和的自然对数作为企业价值的代理变量,探讨 ESG 信息披露与企业价值的关系。在此基础上,对不同审计意见、污染属性和产权性质进行异质性分析。

4.3 ESG 信息披露影响因素与经济后果的逻辑分析与梳理

ESG 信息披露的影响因素和经济后果之间是否存在关联呢?如果存在,两者之间的关联分析框架是怎样的呢?本书建立了一个关联分析框架,在这一框架下讨论了影响因素与经济后果之间存在的关联性。

首先,投资者可以通过监督机制和激励机制来促进企业提高 ESG 信息披露水平,有效缓解信息不对称问题和代理问题。监督机制包括投资者对企业进行定期审计、评估、验证 ESG 数据和信息的有效性与可靠性等。通过对企业进行审计和评估,投资者可以发现信息披露不足或不准确的问题,并向企业提出改进要求。监督机制可以促使企业提高对 ESG 信息披露的重视程度,从而提升信息披露质量和透明度。激励机制包括提供奖励或利益激励等,例如投资者可以给予管理层股权激励,或者给那些积极履行 ESG 责任和披露信息的企业更多的资金支持或更优惠的融资条件。通过激励机制,投资者可以引导企业将 ESG 问题纳入其业务战略和决策过程中,并确保相关信息得到及时披露。可以说,良好的公司治理体系可以提高企业 ESG 信息披露的质量和透明度,还会对企业的整体运营产生重要影响。当企业积极回应利益相关者的期待,定期发布关于环境、社会和公司治理等方面的信息时,企业就能更有效地识别和管理 ESG 风险,从而提升企业的稳定性和可持续性。良好的公司治理可以提升透明度、公平性和责任感,从而推动企业更关注 ESG 问题并主动披露相关信息，这有助于提升企业形象、增强投资者和公众信任以及维护良好的股东关系。例如，当企业的ESG表现优秀，它可能会受益于更低的融资成本，因为投资者更倾向于投资那些具有较强社会责任感的企业。此外，良好的公司治理还可以通过制定明确的ESG策略，使管理层更关注可持续性问题，推动企业进行绿色创新，这可以进一步增强企业的竞争优势。

其次，政府是促进企业ESG信息披露的重要推动力之一。政府制定和实施各种政策和法规，鼓励或强制企业进行ESG信息披露时，企业会更加关注其在环境、社会和公司治理方面的表现。政府还可以通过提供补贴、税收优惠等经济激励来鼓励企业关注ESG问题。政府的激励和支持可以帮助企业投资于绿色创新和实践，从而提高其在环境、社会和公司治理方面的表现。这样一来，企业在遵守政府规制的同时，还可能因为实施绿色创新而获得经济效益，从而降低融资成本、提高企业价值。此外，政府的规定和激励也可能提高公众对ESG问题的关注度，这可能会促使更多的投资者、消费者和其他利益相关者关注企业的ESG实践，从而促进企业提高ESG信息的披露质量和透明度。

最后，媒体是企业ESG信息披露的重要监督者。在信息时代，媒体的监督和曝光会使企业面临更大的压力，从而提高其ESG信息披露的质量和水平。由于公众对企业的认知和评价大部分来自媒体的报道，所以媒体的态度和报道对企业具有重要影响。媒体的积极报道，不仅能够提升企业的声誉和品牌形象，提高企业的经济效益，还可以吸引更多的投资者，特别是那些注重可持续发展的投资者。这些投资者认为，良好的ESG表现意味着企业有更强的风险管理能力和更稳定的长期收益。因此，这可能会帮助企业获得更多的投资，降低融资成本。此外，当企业的ESG表现得到认可时，会受到激励，进而去开发更环保的产品或提高生产效率，这不仅帮助企业遵守了政府的环保规定，还可以提升企业的竞争优势，从而提高企业价值。

综上所述，利益相关者对ESG信息披露的影响与ESG信息披露对可持续发展的影响之间存在深刻的关联性。这些关联性提示我们，要促进企业进行ESG信息披露，就需要对这些影响因素进行全面的考虑，同时，这也为我们理解和预测 ESG 信息披露的经济后果提供了研究视角。因此，本书基于企业 ESG 信息披露的相关理论和前文的逻辑分析与梳理，构建了企业 ESG 信息披露的研究框架（如图 4-1 所示），以"影响因素—经济后果"作为总体研究主线，结合这两大主题对我国企业 ESG 信息披露进行了系统、全面的研究。

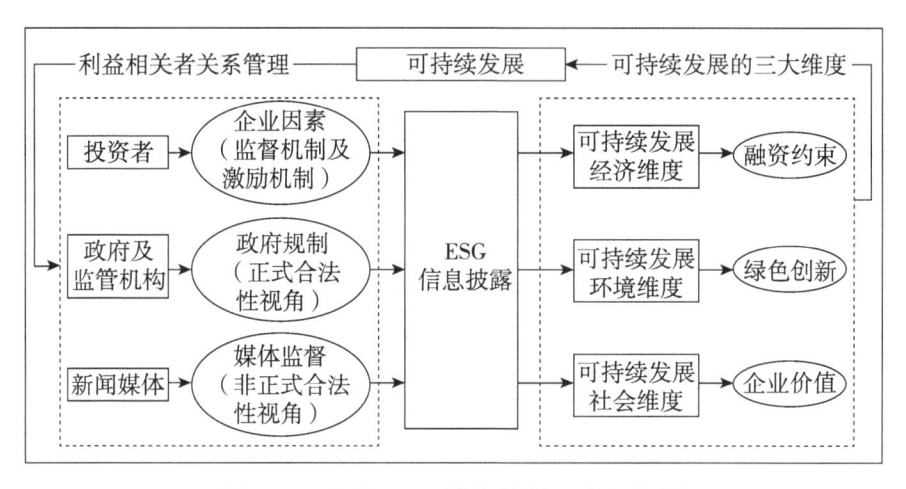

图 4-1　企业 ESG 信息披露研究框架图

5 ESG 信息披露的影响因素研究

我国企业的 ESG 信息披露起步晚,当前选择披露 ESG 信息的上市企业占比较小,披露质量参差不齐。既然企业 ESG 信息披露可以给上市公司带来价值,那为什么有些企业选择充分披露 ESG 信息,而有些却选择不充分披露,甚至选择不披露 ESG 信息呢?是什么因素影响了上市公司 ESG 信息披露质量?对于这个问题的探究,有助于深入了解企业 ESG 信息披露行为,为利益相关方引导和激励企业充分披露 ESG 信息提供依据。

现有关于 ESG 信息披露影响因素的实证研究较多,但大多侧重于对公司治理和其他企业内部因素进行讨论。基于前文的逻辑分析和梳理,本章试图在延续企业内部影响因素研究的基础上,扩展到企业外部的政府压力和媒体监督等因素对 ESG 信息披露的影响研究。

前文的逻辑分析与梳理表明,投资者、政府和新闻媒体在企业 ESG 信息披露中扮演着重要角色。首先,企业内部存在企业与投资者之间的博弈,健全的公司治理结构有助于提高企业在环境、社会和治理方面的表现。其次,政府是推动企业履行 ESG 责任的重要力量,政府通过制定相关政策法规,对企业 ESG 信息披露进行指引和监管。最后,新闻媒体担负着信息传递和监督治理的双重功能,一方面,媒体对于传递公司信息具有不可忽视的影响(伊凌雪等,2022);另一方面,媒体已成为企业重要的外部监管力量(Dyck et al.,2008)。

本章基于前文 ESG 信息披露影响因素的逻辑分析与梳理,以及企业 ESG 信息披露的研究框架,结合理论分析与假设推导,分析企业因素、政府规制和媒体监督对企业 ESG 信息披露的影响。本章不仅丰富了现有关于 ESG 信息披露影响因素的文献,拓展了企业因素、政府规制和媒体监督的经济后果研究,还有助于从企业因素、政府规制和媒体监督视角,结合微观、中观、宏观多层次促进和引导企业提高 ESG 信息披露水平，以缓解信息不对称问题，为满足利益相关者的信息需求提供理论参考和经验借鉴。

5.1 企业因素视角

目前我国正处在推动经济高质量发展与经济转型升级的关键时期，引导责任投资并形成可持续发展的商业模式已成为发展趋势（张慧和黄群慧，2022）。中国是新兴经济体和发展中国家，中国企业在公司治理与 ESG 履责及信息披露方面与经济发达国家还存在比较明显的差距，这为我们研究中国企业的公司治理和 ESG 履责情况提供了空间。企业履行 ESG 责任并披露相关信息，能够有效降低信息不对称、缓解代理问题，以满足利益相关各方的信息需求。已有研究表明，公司治理的不同维度会对企业 ESG 信息披露产生重要影响。例如，董事会规模和独立性会对企业 ESG 信息披露产生正面影响（Husted and Sousa，2019），两职合一和女性董事（Husted and Sousa，2019）、外国投资机构持股（Sharma et al.，2020）会对 ESG 信息披露产生负面影响。同时，随着政府相关政策法规的出台和 ESG 理念的传播，公司治理和 ESG 信息披露的关系受到实务界与学术界的高度重视。

ESG 理念作为达成"双碳"目标、完善绿色金融体系的重要支撑，既能推动企业可持续发展，又能满足各利益相关者的预期和需求。在中国，企业 ESG 信息披露受企业因素影响吗？企业因素对企业 ESG 信息披露的影响如何？各利益相关者应该如何通过公司治理的制度安排促进企业履行 ESG 责任和披露信息呢？这些问题的解决对于我国上市公司履行 ESG 责任以及实现可持续发展具有重要的理论意义和现实意义。

在这样的背景下，本节以我国 A 股上市公司为样本，探索企业因素与企业 ESG 信息披露之间的关系。基于对企业因素及企业 ESG 信息披露文献的回顾及梳理，展开理论分析，探讨企业因素（内部治理和外部治理）对企业 ESG 信息披露的影响。研究发现：管理层持股、股权集中度及"四大"[①] 会

[①] 指普华永道（PWC）、德勤（DTT）、毕马威（KPMG）、安永（EY）四家会计师事务所。

计师事务所审计与ESG信息披露水平显著正相关,这一结论经过一系列稳健性检验依然成立。进一步研究发现,管理层持股、股权集中度、是否由"四大"会计师事务所审计对东部地区和中西部地区企业ESG信息披露的影响存在显著差异;上述三者对国有企业和非国有企业ESG信息披露的影响也存在显著差异;管理层持股对重污染行业和非重污染行业的ESG信息披露的影响存在显著差异。

5.1.1 假设提出

基于信息不对称理论,债权人和股东作为外部利益相关者,面临严重的信息不对称问题,他们需要通过有限的信息来评估企业可能会发生的财务困境(Leftwich et al.,1981)。由于无法获取有用信息而增加的道德风险或代理成本,都会导致投资者要求履行协议或利息溢价(Cheng et al.,2014;Guidara et al.,2014),企业融资成本随之增加。披露ESG信息,一方面会导致额外的成本,直接减少公司利润,影响管理者的利益,因此管理者可能很难披露ESG信息,或者会犹豫不决;另一方面,ESG信息披露可能会为公司未来的发展提供条件,这与企业价值最大化的原则一致,因此投资者倾向于公开企业的ESG信息。然而,ESG信息是由管理层掌握的,投资者要充分了解情况,需要花费较高成本。既然信息不对称是造成代理问题的根本原因,那么,建立一系列制度安排对经营者进行激励和监督以降低信息不对称,便可以有效缓解代理问题。通过股权激励计划,企业价值的提高会直接增加经营者自身的利益。在这种情况下,经营者的目标与投资者一致,更有可能采取有利于投资者的行为。从监督机制的角度来看,为了确保经营者有效履行代理人的义务,投资者会采取一系列措施来监督经营者的履职情况。根据前文关于利益相关者的分析和企业与投资者的博弈分析可知,这些措施可以包括降低股东对信息披露进行监查的成本、加强对管理层不充分披露信息的处罚,以及尽可能减少管理层因不充分披露信息而获得额外收益的可能和数额。现有文献探讨了激励机制和监督机制缓解代理问题的途径,例如管理层持股(褚晓琳和张立中,2011;卢宁文和戴昌钧,2008)、独立董事(姚海鑫和冷军,2016)和股权集中度(李经路,2017)等。内部治理是公司治理的核心,它主要包括股东大会、董事会与监事会的设立与运作规则,经营层的薪酬制度、激励制度及考评,内部审计及信息披露制度等;外部治理主要是指各个市场机制对企业的监控与约束。公司治理需要对高管进行评价,向企业外部进行信息披露,并保证信息的质量,因此,审计也是公司治理的一部分。

从激励机制的视角来看,当管理层的利益与公司 ESG 绩效挂钩时,他们将更倾向于关注公司在可持续发展方面的表现。由于管理层的激励与公司 ESG 表现息息相关,他们将更有动力主动披露关于环境、社会和治理方面的翔实信息,以便投资者和其他利益相关者了解企业在可持续发展方面做出的努力和收获的成果。如此,信息不对称问题能够得到一定程度的缓解,投资者可以更加全面地评估企业的价值和风险。从监督机制的角度来看,股权结构会影响企业的代理成本(陈亚光和储婕,2015),并影响股东对管理层的控制力和控制意愿(李经路,2017)。此外,外部审计作为重要的监督手段,可以提高信息的可靠性、强化公司的责任感、遏制管理层滥用信息优势以及提高信息透明度和可比性,有效地缓解委托代理关系中的信息不对称问题,并激励企业改善其在环境、社会和治理方面的表现。为此,本节考察企业因素是否对企业 ESG 信息披露具有显著影响,分别从管理层持股、股权集中度和审计机构三个方面进行分析。

5.1.1.1 管理层持股与 ESG 信息披露

当前,我国的 ESG 信息披露制度仍然以自愿性披露为主,仅建立了 ESG 披露的基本框架,披露内容和形式有待进一步规范。在这种背景下,管理层在企业 ESG 信息披露的内容、形式及质量方面有较大的选择空间。管理层是企业 ESG 战略和披露政策的制定者和主要实施者,且掌握更真实、全面的相关信息,在大多数情况下,作为代理人,管理层与股东等利益相关者的利益诉求有明显的区别。一种观点认为,基于代理成本等问题,当管理层个人利益与企业利益趋向一致时,管理层持股可以鼓励自愿性信息披露,从而缓解代理问题,管理层会更加积极地进行自愿性披露(尹开国等,2014;Nagar et al.,2003)。而另一种观点则认为,管理层持股可能导致管理层出于自利性动机而进行选择性信息披露(Aboody and Kasznik,2000),这表明,在股权激励下，出于自利性动机的管理层可能会在自愿性信息披露中做出不同的选择。尽管如此，大部分学者仍认为管理层持股能够在一定程度上解决信息披露中存在的代理问题。本书认为在管理层持股激励影响下，管理层有动力通过主动披露 ESG 信息来提升公司的绩效和声誉，从而维护和增加自己的财务利益。同时，管理层持股使管理层更有可能关注公司的长期发展和可持续性，而不仅是关注短期的财务绩效，这使得他们更加重视 ESG 因素的影响，并更倾向于披露相关的信息。管理层持股可以促使他们采取长远的战略，包括在 ESG 方面的投资和改进，以保持公司的可持续竞争优势。因此，提出以下研究假设。

假设 H1：管理层持股与企业 ESG 信息披露显著正相关。

5.1.1.2 股权集中度与 ESG 信息披露

一般来说，投资者更加关注公司的长期发展和核心竞争力的提高。上市公司股权的分布也会对企业 ESG 信息披露产生影响。文献回顾显示，关于股权集中度对自愿性信息披露的影响存在不同的观点。一方面，股权集中度越高，自愿性信息披露的水平也越高。股权越集中，股东就越接近管理决策的核心，股东和管理层之间的信息不对称程度就越低。因此，集中的股权结构能够减少公司代理成本和抑制管理者的机会主义行为（陈亚光和储婕，2015）。管理层具有自利动机，通常会选择不充分披露信息，从而掩盖损害股东利益的行为。随着股权集中度的提高，股东对管理层的控制力增强（李经路，2017），使他们有动力去监督管理层的行为，管理层也会提高信息透明度。另一方面，股权集中度越高，控股股东越有可能为保护自身利益而降低信息透明度（La et al., 2002; Dam and Scholtens, 2012）。此外，还有学者认为股权集中度与信息披露之间没有显著关系（Eng and Mak, 2003; 王斌和梁欣欣，2008）。

从监督机制来看，当股权集中度较高时，少数股东或控股股东拥有较大的股权比例，他们对公司管理层的行为有更强的控制力和影响力。这使得控股股东或少数股东有更大的动力和能力去监督公司的经营和决策过程。为了保护自己的权益，他们会更积极地要求企业进行 ESG 信息披露，以确保公司的可持续性。股权集中度高还意味着少数股东或控股股东可能与管理层进行更频繁的沟通和交流。这可以降低股东和管理层之间的信息不对称程度，使得管理层更倾向于提供更全面、准确和及时的 ESG 信息。此外，集中的股权结构也可以减少代理成本，抑制管理层的机会主义行为，促使管理层更加诚信地履行披露义务。因此，提出以下研究假设。

假设 H2：股权集中度与 ESG 信息披露显著正相关。

5.1.1.3 审计机构与 ESG 信息披露

前文提到，外部治理包括对高管进行评价，向企业外部进行信息披露，并保证信息的质量，因此，审计也是公司治理的一部分。审计的作用是识别和报告公司财务报告中的主要错误，并给出审计意见。审计是抑制高管信息操纵行为的重要外部监督工具（Leftwich et al.，1981）。然而，外部审计在促进企业 ESG 信息披露方面的作用也可能受到一定限制。例如，审计机构的专业水平、独立性和资源约束可能影响审计质量。规模大的会计师事务所在吸引人才、培养和发展审计专长、保持独立性等方面具有明显优势，这些事务所可能具有更强的错报发现能力（陈小林等，2013）。因此，"四大"会计师事务所可以提供更加专业、更具独立性和合规性的审计报告，帮助公司提升 ESG 信息披露的质量和可靠性，加大外部监督的力度，从而促使管理层提高信息透明度。本书认为，基于监督机制，选择"四大"会计师事务所审计的企业，ESG 信息披露的表现会更好。因此，提出以下研究假设。

假设 H3：企业选择"四大"会计师事务所审计与 ESG 信息披露显著正相关。

5.1.2 研究设计

5.1.2.1 样本选取与数据来源

本节选取 2009—2021 年中国沪深两市 A 股上市公司作为初始的研究样本。为确保数据的可靠性，对原始数据进行以下处理：①在我国，金融保险类上市公司在主营业务、公司规模、信息披露等方面都明显区别于其他上市公司，故剔除金融和保险类企业；②因已摘牌或者停牌的企业，在财务指标、信息披露等方面和其他企业相比有很大差异，故剔除了这类上市公司；③删去主要指标缺失的样本；④为了消除极端值对研究结果的影响，将连续变量进行了缩尾处理。经过以上数据筛选和处理后共得到4404家样本企业，样本数据34264份。ESG信息披露数据是从万得（Wind）数据库中获取的；模型变量的其他数据来自国泰安（CSMAR）数据库。本书选取STATA软件对数据进行统计分析。

5.1.2.2 主要变量定义

被解释变量：借鉴席龙胜和王岩（2022）及王波和杨茂佳（2022）等的研究，本节被解释变量企业ESG信息披露（ESG）是基于华证ESG评价体系构建的。该评价体系的数据来源包括上市公司、政府监管部门和新闻媒体。该指标体系是结合国际主流的ESG评价体系以及我国市场特点进行调整后形成的，具有更新频率高（季度更新）、覆盖范围广（覆盖全部A股上市公司）和数据可得性高等特点。该指标体系包含环境、社会和公司治理3个一级指标、14个主题作为二级指标、26个关键指标和130多个数据指标。根据指标得分，华证ESG评级分为C~AAA九档。为方便实证分析，本书将C~AAA九档评级分别赋值1~9，得到变量ESG，分数越高表明企业ESG信息披露越好。年度ESG信息披露水平是通过每个季度的评分求平均值得到的。

解释变量：本节为了检验企业因素对ESG信息披露的影响，从公司内部治理和外部治理两个视角出发，选取了管理层持股（Mshare）、股权集中度（Top1）作为内部治理的代理变量，将是否由"四大"会计师事务所审计（Big4）作为外部治理的代理变量。

控制变量：本节借鉴已有研究，为控制影响ESG信息披露的其他因素，将资产负债率（Lev）、企业规模（Size）、现金总资产比（Cash）、公司成长性（Growth）、净资产收益率（ROE）、企业年龄（FirmAge）作为控制变量（Ghazali，2007；Kuo et al.，2012；Zeng et al.，2012；陈亚光和储婕，2015；李正，2006；卢馨和李建明，2010）。所有变量的具体定义见表5-1。

表 5-1 主要变量定义

变量类型	变量名称	变量代码	变量定义
被解释变量	ESG 信息披露	ESG	华证 ESG 评价体系赋分并取年度均值
解释变量	管理层持股	Mshare	管理层持股数除以总股本数
	股权集中度	Top1	第一大股东持股数量/总股数
	"四大"	Big4	公司经由"四大"会计师事务所审计为1，否则为0
控制变量	资产负债率	Lev	年末总负债除以年末总资产
	企业规模	Size	总资产的自然对数
	现金总资产比	Cash	当期的现金净流量/年末资产总额
	公司成长性	Growth	营业收入增长率
	净资产收益率	ROE	净利润/股东权益平均余额
	企业年龄	FirmAge	ln（当年年份-公司成立年份+1）
	年份	Year	年份虚拟变量
	行业	Ind	行业虚拟变量

5.1.2.3 研究方法与模型设计

为了实现上述研究目标，本节的实证研究包括两个步骤：首先检验企业因素与 ESG 信息披露的关系，然后检验不同地区、不同污染属性和不同产权性质下企业因素对 ESG 信息披露的影响。

为了实现第一步目标，构建模型（5-1）至模型（5-3）：

$$ESG_{i,t} = a_0 + a_1 Mshare_{i,t} + \sum Controls_{i,t} + \sum Year + \sum Ind + \varepsilon_{i,t} \tag{5-1}$$

$$ESG_{i,t} = a_0 + a_1 Top1_{i,t} + \sum Controls_{i,t} + \sum Year + \sum Ind + \varepsilon_{i,t} \tag{5-2}$$

$$ESG_{i,t} = a_0 + a_1 Big4_{i,t} + \sum Controls_{i,t} + \sum Year + \sum Ind + \varepsilon_{i,t} \tag{5-3}$$

其中，i 表示个体，t 表示年份，Controls 指代前文所设的一系列控制变量。此外，还加入了年份（Year）和行业（Ind）虚拟变量，以控制年份和行业因素的影响。

5.1.3 实证结果与分析

5.1.3.1 主要变量的描述性统计

表 5-2 列示了主要变量的描述性统计结果，其中连续变量进行了 1% 缩尾处理。从表 5-2 可知，因变量 ESG 信息披露（ESG）的均值为 6.471，最小值为 3.000，最大值为 9.000，中位数为 6.000，标准差为 1.083，说明样本企业的 ESG 信息披露水平普遍较低，超过 50% 的样本企业没有达到平均数，且不同样本的 ESG 信息披露质量存在较大差异。自变量 Mshare、Top1 的均值分别为 0.138、0.342，最小值分别为 0.000 和 0.086，中位数分别为 0.006、0.320，说明样本企业的管理层持股和股权集中度普遍较低，约超过 50% 的样本企业没有达到平均水平。

表 5-2 主要变量的描述性统计结果

变量	样本量	均值	标准差	最小值	中位数	最大值
ESG	34264	6.471	1.083	3.000	6.000	9.000
Mshare	34264	0.138	0.200	0.000	0.006	0.690
Top1	34264	0.342	0.148	0.086	0.320	0.746
Big4	34264	0.056	0.230	0.000	0.000	1.000
Lev	34264	0.419	0.207	0.051	0.411	0.886
Size	34264	22.120	1.282	19.810	21.930	26.161
Cash	34264	0.168	0.133	0.008	0.129	0.669
Growth	34264	0.181	0.411	−0.562	0.116	2.607
ROE	34264	0.068	0.128	−0.621	0.076	0.359
FirmAge	34264	2.862	0.354	1.609	2.890	3.497

5.1.3.2 主回归结果分析

本节运用固定效应模型对模型（5-1）至模型（5-3）进行估计，并使用了稳健标准误，回归结果如表5-3所示。第（1）列、第（2）列和第（3）列分别报告了管理层持股（Mshare）、股权集中度（Top1）和"四大"会计师事务所审计（Big4）对 ESG 披露水平（ESG）的回归结果，管理层持股（Mshare）、股权集中度（Top1）和"四大"会计师事务所审计（Big4）的回归系数分别为0.294（1%水平显著）、0.411（1%水平显著）和0.166（1%水平显著），即管理层持股、股权集中度及"四大"会计师事务所审计对 ESG 信息披露均具有显著的正向影响。这表明，无论是公司内部治理还是外部治理，都有助于促进企业 ESG 信息披露水平的提高，与理论分析一致，验证了假设 H1 至假设 H3，且在样本范围内，当控制其他变量不变时，每增加1单位的管理层持股，将平均提高0.294单位的 ESG 信息披露水平；每增加1单位的股权集中度，将平均提高0.411单位的 ESG 信息披露水平；每增加1单位的"四大"会计师事务所审计，将平均提高0.166单位的 ESG 信息披露水平。

表5-3 企业因素与 ESG 信息披露回归结果

变量	ESG (1)	ESG (2)	ESG (3)
Mshare	0.294*** (6.07)	—	—
Top1	—	0.411*** (5.58)	—
Big4	—	—	0.166*** (4.27)
Lev	−0.575*** (−9.75)	−0.596*** (−10.19)	−0.590*** (−10.02)
Size	0.292*** (26.62)	0.278*** (25.95)	0.275*** (24.80)
Cash	0.173*** (3.07)	0.179*** (3.18)	0.195*** (3.45)
Growth	−0.061*** (−5.42)	−0.059*** (−5.20)	−0.058*** (−5.12)
ROE	0.473*** (8.29)	0.471*** (8.28)	0.497*** (8.71)

续表

变量	ESG	ESG	ESG
	(1)	(2)	(3)
FirmAge	0.061**	0.045	0.024
	(2.02)	(1.47)	(0.79)
常数项	−0.385	−0.168	0.104
	(−1.25)	(−0.56)	(0.34)
年份效应	YES	YES	YES
行业效应	YES	YES	YES
观测值	34264	34264	34264
R-squared	22.22%	22.70%	22.79%

注：① *、**、*** 分别表示在 10%、5%、1% 的水平上显著；② 括号中是经过企业层面聚类稳健标准误调整后的 t 值。本章下表同。

5.1.4 稳健性检验

为检验研究结论的可靠性和稳定性，本节进行了以下稳健性检验。

5.1.4.1 替换 ESG 信息披露度量指标

借鉴晓芳等（2021）的研究，本节选取 WindESG 综合评分作为 ESG 信息披露替代指标。WindESG 综合得分由管理实践得分和争议事件得分组成，能够综合反映企业 ESG 管理实践水平以及重大突发风险，其指标体系由 3 个维度、27 个议题、超过 300 个指标组成。本节分别检验了管理层持股、股权集中度以及"四大"会计师事务所审计对 ESG 信息披露替代变量的影响。如表 5-4 所示，将 ESG 信息披露替换成 ESG 综合评分后，Mshare、Top1 和 Big4 的回归系数依然显著为正，分别为 0.093（5%水平显著）、0.118（5%水平显著）和 0.208（1%水平显著），进一步支持了本书的结论。

表 5-4　替换 ESG 信息披露度量指标后的回归结果

变量	ESG	ESG	ESG
	(1)	(2)	(3)
Mshare	0.093**	—	—
	(2.28)		

续表

变量	ESG (1)	ESG (2)	ESG (3)
Top1	—	0.118** (2.02)	—
Big4	—	—	0.208*** (5.21)
Lev	−0.200*** (−4.24)	−0.203*** (−4.32)	−0.190*** (−4.04)
Size	0.211*** (23.32)	0.206*** (23.09)	0.195*** (22.03)
Cash	−0.100* (−1.65)	−0.105* (−1.72)	−0.107* (−1.75)
Growth	−0.057*** (−4.92)	−0.055*** (−4.79)	−0.055*** (−4.73)
ROE	0.104*** (2.89)	0.103*** (2.84)	0.111*** (3.06)
FirmAge	0.149*** (4.81)	0.142*** (4.64)	0.147*** (4.82)
常数项	0.760*** (3.28)	0.856*** (3.81)	1.104*** (4.91)
年份效应	YES	YES	YES
行业效应	YES	YES	YES
观测值	14197	14197	14197
R-squared	19.15%	19.22%	19.77%

5.1.4.2 替换企业因素度量指标

首先，通过替换企业因素的内部治理指标来检验研究结果的稳定性。具体的，将管理层持股替换成CEO持股（CEOStock）；将股权集中度指标替换为股权制衡度（Balance）指标，即第二大股东持股比例除以第一大股东持股比例，并分别检验CEO持股与股权制衡度对ESG信息披露的影响。如表5-5所示，CEOStock的系数在5%水平下显著为正，表明CEO持股能够显著促进企业ESG信息披露；Balance的系数在10%水平下显著为负，表明股权制衡度与企业ESG信息披露显著负相关。因此，在替换企业因素的内部治理指标后，结果依然稳健，进一步支持了本书的结论。

表5-5 替换公司内部治理度量指标后的回归结果

变量	ESG (1)	ESG (2)
CEOStock	0.169** (2.38)	—
Balance	—	−0.064* (−1.90)
Lev	−0.585*** (−9.82)	−0.604*** (−10.29)
Size	0.284*** (26.02)	0.283*** (26.49)
Cash	0.181*** (3.18)	0.200*** (3.54)
Growth	−0.060*** (−5.16)	−0.058*** (−5.15)
ROE	0.488*** (8.29)	0.495*** (8.67)
FirmAge	0.030 (0.99)	0.017 (0.57)
常数项	−0.095 (−0.31)	−0.031 (−0.10)
年份效应	YES	YES
行业效应	YES	YES
观测值	33307	34263
R-squared	22.23%	22.71%

其次，由于审计意见是审计专业人员执行相应任务时，对审计结果所提出的一种专业意见，代表审计师就被审计单位财务报表能否满足有关准则的要求、从主要方面公允反映其财务状况，对经营成果及现金流量情况所做出的职业判断。基于信号传递理论，审计意见具有信号传递作用，与收到标准审计意见的企业不同，收到非标准审计意见的企业往往存在盈利水平偏低、盈利能力偏弱等各种问题，可能会导致未来经营表现的不确定性增强（朱丹

等，2019），未来积极履行ESG职责并充分披露的可能性也随之降低。相反，收到标准审计意见的企业更有可能、有能力履行ESG责任并提高ESG信息披露水平。因此，本书采用审计意见（Opinion）替换"四大"会计师事务所审计（Big4），作为企业因素的外部治理的代理变量，验证研究结果的稳定性。如表5-6所示，无论是否控制年份效应和行业效应，审计意见（Opinion）的系数均为正，分别为0.437和0.407，且均在1%水平下显著，说明外部治理对企业ESG信息披露有显著促进作用，进一步支持了本书的结论。

表5-6 替换公司外部治理度量指标后的回归结果

变量	ESG (1)	ESG (2)
Opinion	0.437*** (9.64)	0.407*** (3.96)
Lev	-0.451*** (-7.83)	-0.191*** (-4.02)
Size	0.254*** (24.46)	0.206*** (23.06)
Cash	0.249*** (4.53)	-0.105* (-1.73)
Growth	-0.060*** (-5.24)	-0.056*** (-4.90)
ROE	0.394*** (6.75)	0.080** (2.20)
FirmAge	-0.143*** (-4.73)	0.141*** (4.61)
常数项	0.936*** (4.25)	-0.374 (-1.24)
年份效应	NO	YES
行业效应	NO	YES
观测值	34262	14197
R-squared	15.27%	19.44%

5.1.4.3 增加控制变量

参考席龙胜和王岩（2022）的方法，本节增加研发支出（R&D）、贝塔系数（Beta）和月均超额换手率（Dturn）3个控制变量，在此基础上检验企业因素对ESG信息披露的影响。表5-7列示了增加控制变量后的回归结果。增加研发支出（R&D）、贝塔系数（Beta）和月均超额换手率（Dturn）3个控制变量后，管理层持股（Mshare）、股权集中度（Top1）和"四大"会计师事务所审计（Big4）的回归系数依然显著为正，分别为0.228、0.344和0.230，且均在1%水平上显著，进一步支持了本书的结论。

表5-7 增加控制变量后的回归结果

变量	ESG (1)	ESG (2)	ESG (3)
Mshare	0.228*** (3.69)	—	—
Top1	—	0.344*** (3.69)	—
Big4	—	—	0.230*** (3.92)
Lev	-0.489*** (-6.62)	-0.506*** (-6.86)	-0.495*** (-6.72)
Size	0.276*** (19.27)	0.265*** (18.94)	0.257*** (17.75)
Cash	0.140* (1.82)	0.141* (1.82)	0.153** (1.99)
Growth	-0.096*** (-5.95)	-0.093*** (-5.74)	-0.092*** (-5.66)
ROE	0.414*** (5.62)	0.415*** (5.64)	0.430*** (5.86)
FirmAge	0.069* (1.66)	0.059 (1.41)	0.038 (0.91)
R&D	0.305 (1.00)	0.414 (1.35)	0.365 (1.20)
Beta	-0.079*** (-2.92)	-0.074*** (-2.75)	-0.075*** (-2.76)

续表

变量	ESG (1)	ESG (2)	ESG (3)
Dturn	-0.023** (-2.06)	-0.024** (-2.10)	-0.026** (-2.30)
常数项	0.098 (0.23)	0.251 (0.59)	0.595 (1.36)
年份效应	YES	YES	YES
行业效应	YES	YES	YES
观测值	19720	19720	19720
R-squared	19.82%	20.23%	20.39%

5.1.4.4 内生性检验

为了缓解内生性问题，参考席龙胜和王岩（2022）的方法，本节对解释变量和控制变量进行了滞后1期处理，再使用滞后1期的解释变量对模型（5-1）至模型（5-3）进行回归。表5-8报告的回归结果显示，管理层持股（$Mshare_{t-1}$）、股权集中度（$Top1_{t-1}$）、和"四大"会计师事务所审计（$Big4_{t-1}$）的回归系数分别为0.146、0.403和0.232，并且至少在5%水平上显著，进一步支持了本书的结论。

表5-8 解释变量滞后1期的回归结果

变量	ESG (1)	ESG (2)	ESG (3)
$Mshare_{t-1}$	0.146** (2.51)	—	—
$Top1_{t-1}$	—	0.403*** (4.74)	—
$Big4_{t-1}$	—	—	0.232*** (5.60)
Lev	-0.540*** (-7.95)	-0.552*** (-8.18)	-0.540*** (-7.97)

续表

变量	ESG (1)	ESG (2)	ESG (3)
Size	0.268*** (21.14)	0.260*** (20.86)	0.253*** (19.73)
Cash	0.316*** (4.99)	0.314*** (4.96)	0.327*** (5.17)
Growth	-0.025** (-1.99)	-0.024* (-1.90)	-0.022* (-1.77)
ROE	0.974*** (14.00)	0.960*** (13.92)	0.984*** (14.18)
FirmAge	0.050 (1.36)	0.055 (1.48)	0.033 (0.91)
常数项	0.074 (0.19)	0.133 (0.36)	0.464 (1.22)
年份效应	YES	YES	YES
行业效应	YES	YES	YES
观测值	29229	29229	29229
R-squared	23.01%	23.71%	23.88%

此外，为了进一步缓解内生性问题，本节还采用个体固定效应模型对模型（5-1）至模型（5-3）进行了重新估计。表5-9报告了回归结果，结果显示管理层持股（Mshare）和股权集中度（Top1）的回归系数分别为0.879和0.476，且均在1%水平上显著，进一步支持了本书的结论。

表5-9 个体固定效应模型估计结果

变量	ESG (1)	ESG (2)	ESG (3)
Mshare	0.879*** (9.45)	—	—
Top1	—	0.476*** (3.75)	—

续表

变量	ESG (1)	ESG (2)	ESG (3)
Big4	—	—	0.075 (1.38)
Lev	-0.558*** (-7.54)	-0.607*** (-8.20)	-0.596*** (-8.02)
Size	0.202*** (10.51)	0.200*** (10.37)	0.198*** (10.32)
Cash	-0.000 (-0.01)	0.048 (0.72)	0.059 (0.89)
Growth	-0.033*** (-2.80)	-0.034*** (-2.87)	-0.031*** (-2.65)
ROE	0.320*** (5.39)	0.340*** (5.68)	0.359*** (6.01)
FirmAge	-0.122 (-0.91)	-0.259* (-1.92)	-0.325** (-2.45)
常数项	1.956*** (3.41)	2.383*** (3.97)	2.755*** (4.72)
年份效应	YES	YES	YES
行业效应	YES	YES	YES
观测值	34264	34264	34264
R-squared	6.41%	5.78%	5.66%

5.1.5 进一步研究

5.1.5.1 地区异质性分析

为了检验区域因素对ESG信息披露的影响，本节将样本划分为东部地区和中西部地区两组，分别进行回归，通过比较回归系数得出相应结论来检验地区差异对ESG信息披露的影响。表5-10列示了东部地区和中西部地区的分组回归结果，Mshare、Top1及Big4对应的费舍尔组合检验的p值均小于0.05，说明管理层持股、股权集中度、是否由"四大"会计师事务所审计对东部地区和中西部地区企业ESG信息披露的影响存在显著差异。

表 5-10 地区异质性分析回归结果

变量	ESG 东部	ESG 中西部	ESG 东部	ESG 中西部	ESG 东部	ESG 中西部
Mshare	0.024 (0.78)	-0.275*** (-4.65)	—	—	—	—
Top1	—	—	0.004 (0.05)	0.418*** (9.60)	—	—
Big4	—	—	—	—	0.370*** (7.30)	0.126*** (4.77)
Lev	-0.558*** (-12.94)	-0.583*** (-8.49)	-0.504*** (-7.67)	-0.547*** (-12.95)	-0.474*** (-7.18)	-0.540*** (-12.73)
Size	0.357*** (56.16)	0.300*** (28.08)	0.297*** (28.63)	0.351*** (57.62)	0.281*** (26.59)	0.348*** (53.47)
Cash	0.250*** (5.02)	0.457*** (5.11)	0.475*** (5.39)	0.231*** (4.70)	0.464*** (5.28)	0.260*** (5.28)
Growth	-0.112*** (-6.92)	-0.136*** (-6.29)	-0.140*** (-6.56)	-0.107*** (-6.70)	-0.137*** (-6.40)	-0.109*** (-6.89)
ROE	1.037*** (16.71)	0.785*** (8.22)	0.736*** (7.98)	0.9649*** (15.84)	0.727*** (7.90)	1.020*** (16.79)
FirmAge	0.110*** (5.77)	-0.021 (-0.56)	0.019 (0.51)	0.136*** (7.16)	0.021 (0.59)	0.120*** (6.36)
常数项	-1.803*** (-7.80)	-0.241 (-0.94)	-0.373 (-1.55)	-1.9087*** (-8.57)	-0.474*** (-7.18)	-0.540*** (-12.73)
年份效应	YES	YES	YES	YES	YES	YES
行业效应	YES	YES	YES	YES	YES	YES
观测值	24271	9994	10433	24870	10433	24869
R-squared	26.56%	19.63%	19.08%	26.98%	19.47%	26.77%
费舍尔组合检验	P = 0.021		P = 0.000		P = 0.010	

注：费舍尔组合检验抽样为 1000 次。本章下表同。

5.1.5.2 产权异质性分析

本节将样本划分为国有企业和非国有企业两组，再进行分组回归分析，试图检验产权性质对 ESG 信息披露的影响，通过比较回归结果得出相应结论。表 5-11 列示了国有企业和非国有企业的回归结果，对应的费舍尔组合检验的 p 值均小于等于 0.001，说明管理层持股、股权集中度和是否由"四大"会计师事务所审计对国有企业和非国有企业ESG信息披露的影响存在显著差异。

表5-11 产权异质性分析回归结果

变量	ESG 国有企业	ESG 非国有企业	ESG 国有企业	ESG 非国有企业	ESG 国有企业	ESG 非国有企业
Mshare	-2.555*** (-9.11)	0.198*** (6.81)	—	—	—	—
Top1	—	—	0.215*** (3.21)	0.045 (1.01)	—	—
Big4	—	—	—	—	0.121*** (3.78)	0.244*** (7.24)
Lev	-0.787*** (-12.55)	-0.538*** (-12.11)	-0.698*** (-11.63)	-0.547*** (-12.47)	-0.688*** (-11.38)	-0.53*** (-12.19)
Size	0.349*** (40.19)	0.288*** (39.01)	0.342*** (40.32)	0.278*** (38.67)	0.335*** (37.20)	0.266*** (35.92)
Cash	-0.010 (-0.115)	0.171*** (3.47)	-0.004 (-0.04)	0.192*** (3.94)	0.019 (0.21)	0.183*** (3.76)
Growth	-0.096*** (-4.01)	-0.108*** (-7.05)	-0.098*** (-4.13)	-0.104*** (-6.86)	-0.095*** (-4.01)	-0.103*** (-6.78)
ROE	0.451*** (4.87)	1.246*** (20.22)	0.405*** (4.49)	1.253*** (20.58)	0.419*** (4.64)	1.256*** (20.86)
FirmAge	-0.067* (-1.82)	0.058*** (3.00)	0.009 (0.24)	0.041** (2.11)	-0.013 (-0.35)	0.039** (2.06)
常数项	-1.306*** (-5.72)	-0.003 (-0.01)	-1.499*** (-6.90)	0.244 (1.03)	-1.223*** (-5.42)	0.492** (2.03)
年份效应	YES	YES	YES	YES	YES	YES
行业效应	YES	YES	YES	YES	YES	YES
观测值	11479	22786	12209	23094	12209	23093
R-squared	27.09%	19.23%	26.34%	18.98%	26.36%	19.16%
费舍尔组合检验	P=0.000		P=0.001		P=0.000	

5.1.5.3 污染属性异质性分析

为了检验企业污染属性对企业ESG信息披露的影响，本节依据《上市公司环境信息披露指南》和《上市公司环保核查行业分类管理名录》，将样本划分为重污染行业和非重污染行业两组,再分别进行回归,通过比较回归系数得出相应结论。表5-12列示了重污染行业与非重污染行业的回归结果,仅Mshare对应的费舍尔组合检验的p值等于0.032(小于0.05),说明仅管理层持股对重污染行业和非重污染行业的ESG信息披露的影响存在显著差异。

表5-12 污染属性异质性分析回归结果

变量	ESG 重污染行业	ESG 非重污染行业	ESG 重污染行业	ESG 非重污染行业	ESG 重污染行业	ESG 非重污染行业
Mshare	-0.168*** (-3.00)	-0.010 (-0.30)	—	—	—	—
Top1	—	—	0.270*** (3.54)	0.295*** (6.99)	—	—
Big4	—	—	—	—	0.110** (2.53)	0.227*** (8.26)
Lev	-0.697*** (-9.53)	-0.548*** (-13.21)	-0.625*** (-8.92)	-0.535*** (-13.19)	-0.617*** (-8.75)	-0.519*** (-12.74)
Size	0.307*** (28.48)	0.357*** (57.63)	0.300*** (28.69)	0.354*** (59.41)	0.299*** (27.44)	0.342*** (53.99)
Cash	0.170* (1.71)	0.301*** (6.28)	0.157 (1.62)	0.294*** (6.21)	0.171* (1.77)	0.310*** (6.55)
Growth	-0.087*** (-2.97)	-0.136*** (-9.42)	-0.091*** (-3.19)	-0.133*** (-9.26)	-0.089*** (-3.11)	-0.134*** (-9.37)
ROE	0.530*** (5.06)	1.102*** (18.43)	0.484*** (4.79)	1.030*** (17.56)	0.502*** (4.96)	1.069*** (18.34)
FirmAge	0.023 (0.64)	0.093*** (4.82)	0.087** (2.47)	0.111*** (5.85)	0.063* (1.80)	0.104*** (5.54)
常数项	-0.401 (-1.50)	-1.737*** (-10.28)	-0.544** (-2.14)	-1.85*** (-11.72)	-0.321 (-1.21)	-1.503*** (-9.07)
年份效应	YES	YES	YES	YES	YES	YES
行业效应	YES	YES	YES	YES	YES	YES
观测值	9183	25082	9505	25798	9505	25797
R-squared	17.55%	26.18%	17.21%	26.37%	17.15%	26.42%
费舍尔组合检验	P=0.032		P=0.147		P=0.119	

5.1.6 研究结论

企业披露 ESG 信息,一方面会导致额外的成本,直接减少企业利润,影响管理者的利益,因此管理者可能很难披露 ESG 信息,或者他们可能会犹豫不决;另一方面,披露 ESG 信息可能为企业未来发展提供条件,这与企业价值最大化的原则一致,因此投资者倾向于公开企业 ESG 信息。然而,ESG 信息是由管理层拥有的,投资者要充分了解情况,须花费较高成本。信息不对称是造成代理问题的根本原因,建立一系列制度安排对经营者进行激励和监督以降低信息不对称,便可以有效缓解代理问题。

(1) 在样本范围内,管理层持股、股权集中度和"四大"会计师事务所审计对 ESG 披露水平有显著提高作用,而且在控制其他变量不变时,每增加 1 单位的管理层持股,将平均提高 0.294 单位的 ESG 信息披露水平;每增加 1 单位的股权集中度,将平均提高 0.411 单位的 ESG 信息披露水平;每增加 1 单位的"四大"会计师事务所审计,将平均提高 0.166 单位的 ESG 信息披露水平。本节通过替换 ESG 信息披露度量指标、替换企业因素度量指标、增加控制变量,以及进内生性检验等稳健性检验,结果依然成立。

(2) 在样本范围内,管理层持股、股权集中度、是否"四大"会计师事务所审计对东部地区和中西部地区企业 ESG 信息披露的影响存在显著差异;管理层持股、股权集中度及是否由"四大"会计师事务所审计对国有企业和非国有企业 ESG 信息披露的影响存在显著差异;仅管理层持股对重污染行业和非重污染行业企业 ESG 信息披露的影响存在显著差异。

根据本节的结论可知,管理层持股、股权集中度和"四大"会计师事务所审计能促使企业提高 ESG 信息披露水平,以缓解信息不对称问题,更好地满足利益相关者的信息需求,有助于与利益相关者建立更好的关系,促进企业可持续发展。因此,在优化公司治理时,在内部治理方面,管理层持股可以激励管理层更好地履行 ESG 责任并披露相关信息。同时,股东拥有相对集中的股权也有利于对管理层进行有效监督。在外部治理方面,选择规模更大、专业性更强的第三方机构进行审计,可以促进企业进行 ESG 信息披露,抑制管理层机会主义行为。

5.2 政府规制视角

实现"碳中和"和"碳达峰"目标需要构建绿色低碳循环经济体系，而构建这一体系不可缺少企业 ESG 信息披露的力量。2018 年召开的全国金融工作会议特别强调了"健全金融机构法人治理结构"，对企业披露 ESG 信息的关注度也逐渐提升。ESG 信息披露不仅从环境治理、社会责任履行和公司治理优化三个维度来反映企业的可持续发展能力，还有助于企业完善信息披露制度和加强内部风险管理，从而发挥支持投资者和公司决策的功能。近年来，政府部门及监管机构陆续出台相关指引文件，不断强化企业 ESG 信息披露要求。例如，香港联交所于 2015 年发布《环境、社会及管治报告指引》，鼓励企业披露更多标准化的 ESG 报告，以满足利益相关者对非财务信息的需求；2019 年，香港地区从自愿披露原则提升至半强制原则。2016 年，中国人民银行、财政部、国家发展改革委等七部委联合发布了《关于构建绿色金融体系的指导意见》，这标志着我国绿色金融政策体系的建立，为经济转型发展提供了重要的政策支撑。

通过分析相关政策的披露要求发现，我国 ESG 信息披露主要以自愿披露为主，只有对重污染企业强制要求披露环境信息。当前，尽管披露 ESG 信息的企业数量逐年增加，但占比仍然较低，且披露内容和形式多样，披露水平不一。因此，可以说我国 ESG 信息披露仍处于起步阶段。

政府政策的约束力和有效性是影响企业信息披露的重要因素之一。在中国，政府相关政策的出台对企业 ESG 披露水平是否具有独特的作用？换言之，我国企业 ESG 信息披露质量的提升是否源于政策法规的颁布？政策的效果如何？对于不同产权性质和不同地区的企业，政策效果有何差异？这些问题的解决对于促进我国上市公司履行 ESG 责任和实现可持续发展具有重要的理论意义和现实意义。

本节以我国 A 股上市公司为研究对象，探讨政府政策出台与企业 ESG 信息披露之间的关系。具体的，在回顾和梳理相关文献的基础上，对政府规制与企业 ESG 信息披露的关系进行理论分析，随后进行实证检验。

5.2.1 假设提出

通过前文分析可知，提高企业因不作为所面临的声誉损失、问责和惩罚成本，加大对上市公司不充分披露 ESG 信息的处罚力度，以及降低政府严格监管的变动成本，都可以有效提升上市公司 ESG 信息披露的质量。合法性理论认为，企业披露信息并不是因为感知到责任或对信息透明度的承诺，而是出于合法性目的（Hopwood，2009）。当组织的行为和社会的预期之间存在差异时，组织的合法性就会受到威胁，管理者可以通过沟通策略来影响外界对组织的看法（John and Jeffrey，1975；Lindblom，1994；Deegan，2002；Campbell，2003）。因此，当面临 ESG 相关政策和法规的影响时，为了向利益相关者展示其合法性和良好的企业形象，降低 ESG 风险和违规成本，企业有动机提高 ESG 信息披露质量。ESG 表现良好的企业在政策冲击下会提高信息的可靠性、完整性和准确性；ESG 表现差的企业也会尽量提高企业信息披露质量，以降低因 ESG 表现不足而导致的违规成本。此外，基于利益相关理论，政府可以通过出台针对不同层面和领域的相关法律法规、政策措施以及行业标准，涵盖环境保护、劳工权益、公司治理等多个方面，为企业 ESG 信息披露提供明确的指导和要求。政府还可以通过税收优惠、补贴等激励措施，鼓励企业在 ESG 方面进行积极改进。此外，政府支持第三方评估机构对企业的 ESG 信息披露进行评级和认证，可以为企业提供更多资源和信用支持。已有研究大多从地区环境规制强度视角考察外部压力与信息质量之间的关系，例如，朱炜等（2019）发现环境管制压力对环境信息披露有显著的促进作用。然而，利用地区环境规制分析政府政策的影响，虽然注重政府规制对信息披露的综合作用，却忽略了某一特定政策的出台对 ESG 信息披露的影响。

2016 年，中国人民银行、财政部、国家发展改革委等七部委联合发布了《关于构建绿色金融体系的指导意见》，这是我国首个全面且详细阐述绿色金融体系建设的政策文件，其涵盖了绿色金融体系的建设、绿色金融产品和服务的发展、绿色金融市场的建设等诸多方面，为绿色金融的发展提供了全面的政策支持，它标志着我国政府对于绿色金融发展的重视和决心。这一政策文件的发布，无疑为 ESG 信息披露提供了重要的政策环境。可以说，从政府规制视角，研究《关于构建绿色金融体系的指导意见》的出台对 ESG 信息披露的影响具有重要意义。

《关于构建绿色金融体系的指导意见》的发布对 ESG 信息披露的具体影响主要表现在以下几个方面：①该政策提出了一系列推动绿色投资的政策措施，其中包括推动企业加强环境信息披露，从而让投资者有更多的信息进行决策。这就意味着企业需要更全面、准确地披露其在环保、能源效率等方面的信息。这是一个明确的政策信号，企业为了遵循政策，会加强 ESG 信息披露。②该政策强调了推动绿色信贷和绿色保险的发展，并要求金融机构加强环境风险管理，这就需要企业披露其在环境风险管理方面的信息，以便金融机构评估和管理风险。这将促使金融机构更加关注公司的 ESG 信息。③该政策是由中国七大主管部门共同发布的，其影响覆盖了金融、经济、环境等多个领域，这种跨部门的合作展现了政府对绿色金融的高度重视和全面支持，因此其对 ESG 信息披露的影响也更为广泛。在政策的推动下，公众对企业的 ESG 表现也会更加关注，企业为了应对公众的期待和压力，也会加强 ESG 信息披露。

可以说，《关于构建绿色金融体系的指导意见》提出了一系列推动绿色投资的政策措施，强调推动绿色信贷和绿色保险的发展，为绿色金融的发展提供了全面的政策支持，通过政策引导、绿色金融机制、环境风险管理、公众压力等多种途径，对企业 ESG 信息披露产生了显著的促进作用。因此，本书提出如下研究假设。

假设 H4：《关于构建绿色金融体系的指导意见》的发布对企业 ESG 信息披露具有显著的促进作用。

5.2.2 研究设计

5.2.2.1 样本选取与数据来源

本节样本选取方法同 5.1.3 节，此处不再赘述。经过以上数据筛选和处理后共得到 35303 份样本数据。ESG 信息披露数据来自万得（Wind）数据库，其他模型变量数据来自国泰安（CSMAR）数据库。本书采用 STATA 软件进行数据统计分析。

5.2.2.2 主要变量定义

被解释变量： 本节被解释变量企业 ESG 信息披露同 5.1.3 节，此处不再赘述。

解释变量： 本节通过检验 2016 年由中国人民银行等七部委发布的《关于构建绿色金融体系的指导意见》（以下简称《指导意见》）对上市公司 ESG 信息披露的冲击，来探讨政府政策出台对上市公司 ESG 信息披露的影响。

控制变量： 本节借鉴朱炜等（2019）的研究，为控制影响 ESG 信息披露的其他因素，将资产负债率（Lev）、企业规模（Size）、公司成长性（Growth）、总资产收益率（ROA）、董事人数（Board）、股权集中度（Top1）、两职合一（Dual）和产权性质（SOE）作为控制变量。所有变量具体定义见表 5-13。

表 5-13　主要变量定义

变量类型	变量名称	变量代码	变量定义
被解释变量	ESG 信息披露	ESG	华证 ESG 评价体系赋分并取年度均值
解释变量	受政策冲击的企业	Treat	重污染企业为 1，否则为 0
	政策发布时间	Post	如果 Year>=2016 为 1，否则为 0
控制变量	资产负债率	Lev	年末总负债/年末总资产
	企业规模	Size	总资产的自然对数
	公司成长性	Growth	营业收入增长率
	总资产收益率	ROA	净利润/总资产平均余额
	董事人数	Board	董事会人数取自然对数
	股权集中度	Top1	第一大股东持股数量/总股数
	两职合一	Dual	董事长与总经理是同一个人为 1，否则为 0
	产权性质	SOE	国有控股企业取值为 1，其他为 0
	年份	Year	年份虚拟变量
	行业	Ind	行业虚拟变量

5.2.2.3 研究方法与模型设计

本节实证部分是为了验证《指导意见》的政策效果,将政策发布看作一次准自然实验,构建双重差分模型评估政府政策发布对企业 ESG 信息披露的影响。

为了实现研究目标,构建模型 (5-4):

$$\text{ESG}_{i,t} = a_0 + a_1 \text{Treat} \times \text{Post}_{i,t} + \sum \text{Controls}_{i,t} + \sum \text{Year} + \sum \text{Ind} + \varepsilon_{i,t} \tag{5-4}$$

其中,Treat 区分实验组和对照组,Post 表示政策发布时间,i 表示个体,t 表示年份,Controls 指代前文所设的一系列控制变量。此外,还加入了年份 (Year) 和行业 (Ind) 虚拟变量,以控制年份和行业因素的影响。

5.2.3 实证结果与分析

5.2.3.1 主要变量的描述性统计

表 5-14 列示了主要变量的描述性统计结果。样本企业 ESG 信息披露 (ESG) 的均值为 6.479,中位数为 6.000,标准差为 1.085,说明我国 A 股上市公司有超过 50% 的企业 ESG 信息披露没有达到平均水平,且 ESG 信息披露水平存在较大差距。

表 5-14 主要变量描述性统计结果

变量	样本量	均值	标准差	最小值	中位数	最大值
ESG	35303	6.479	1.085	3.000	6.000	9.000
Treat	35303	0.269	0.444	0.000	0.000	1.000
Post	35303	0.583	0.493	0.000	1.000	1.000
Lev	35303	0.421	0.207	0.051	0.414	0.886
Size	35303	0.180	0.411	-0.562	0.115	2.607
Growth	35303	0.043	0.064	-0.230	0.041	0.223
ROA	35303	2.128	0.200	1.609	2.197	2.708
Board	35303	0.344	0.149	0.086	0.323	0.746

续表

变量	样本量	均值	标准差	最小值	中位数	最大值
Top1	35303	0.284	0.451	0.000	0.000	1.000
Dual	35303	0.346	0.476	0.000	0.000	1.000
SOE	35303	6.479	1.085	3.000	6.000	9.000

5.2.3.2 主回归结果分析

表5-15报告了《指导意见》的发布对企业ESG信息披露的双重差分回归结果。第（1）列和第（2）分别报告了没有加入控制变量和加入控制变量的回归结果，结果显示，交乘项Treat×Post的回归系数分别为0.125和0.101，均在1%水平上显著为正，说明《指导意见》发布后，上市公司ESG信息披露的水平显著提高。

表5-15 主回归结果分析

变量	(1) ESG	(2) ESG
Treat×Post	0.125*** (4.99)	0.101*** (4.31)
Lev	—	−0.556*** (−15.93)
Size	—	0.307*** (56.90)
Growth	—	−0.113*** (−8.82)
ROA	—	2.181*** (21.60)
Board	—	0.113*** (4.03)
Top1	—	0.134*** (3.62)
Dual	—	−0.011 (−0.98)

续表

变量	(1) ESG	(2) ESG
SOE	—	0.323*** (24.08)
常数项	6.460*** (977.30)	-0.574*** (0.115)
观测值	35303	35303
年份效应	YES	YES
行业效应	YES	YES
adj. R²	10.21%	24.98%

5.2.4 稳健性检验

5.2.4.1 平衡趋势分析

借鉴 Chen 等（2018）和刘柏等（2023）的研究，本节检验了双重差分回归的平行趋势。本节将政策实施前的第一期作为基准组（米旭明，2022），分析了《指导意见》对企业 ESG 信息披露的动态影响（沈坤荣和金刚，2018），如图 5-1 所示。可以看出，《指导意见》出台之前的系数均不显著，但从 2016 年起，政策实施效果逐渐显著，满足平衡趋势检验。但如前文分析，我国 ESG 信息披露仍实行非强制披露制度，因此，政策的实施效果可能会存在滞后性。

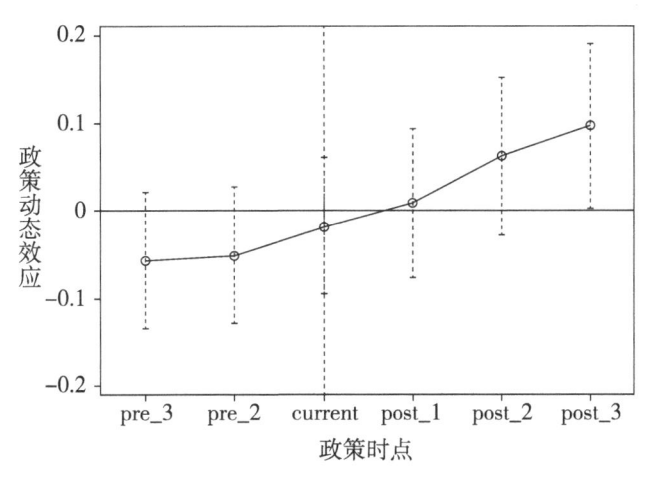

图 5-1 平行趋势分析（《指导意见》的动态影响）

5.2.4.2 安慰剂检验

为了检验研究结论的稳定性，本节采用两种方法进行安慰剂检验。首先对交互项随机抽取 500 次，查看其系数是否与基准结果存在显著差异。表 5-16 报告了回归结果，结果显示 Treat×Post 系数为 0.125，在 1%水平下显著。

表 5-16 回归结果

变量	(1)
	ESG
Treat×Post	0.125***
	(4.99)
控制变量	YES
年份效应	YES
行业效应	YES
观测值	35303
adj. R²	10.21%

如图 5-2 所示，500 次抽样中，没有一次结果在基准回归系数的右侧，所以 pvalue=0.000，可见无论是单侧检验还是双侧检验，都表明在随机抽样的情况下，基准回归系数 0.101 是一个小概率事件。这说明我们的安慰剂检验是成立的。此外，本节还随机抽取实验组 500 次，进行安慰剂检验，结果依然通过了安慰剂检验。

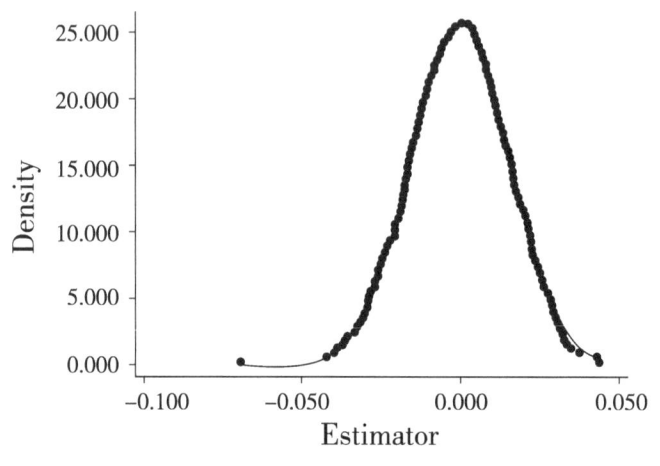

图 5-2 安慰剂检验结果 (1)

5.2.4.3 倾向得分匹配法

由于重污染行业的企业可能存在某些共同特征，为了让实验组和对照组更为匹配，本书采用倾向得分匹配法（PSM）来减少自选择偏差对结论的影响。具体的，借鉴 Chen 等（2018）和刘柏等（2023）的研究，以产权性质、净资产收益率、上市年龄和成长性给重污染企业进行1∶1最近邻匹配样本，匹配后回归结果如表5-17所示。第（1）列至第（4）列分别汇报了未匹配的回归结果、删除未匹配的样本进行回归的结果、删除不在共同得分区间的样本回归结果和使用频数加权回归的结果。结果显示，Treat×Post 的回归系数至少在10%的水平上显著为正，说明《指导意见》的出台对企业 ESG 信息披露有显著的促进作用，进一步支持了本书的研究结论。

表5-17 倾向得分匹配法回归结果

变量	（1）ESG	（2）ESG	（3）ESG	（4）ESG
Treat×Post	0.101*** (0.02)	0.065** (0.03)	0.102*** (0.02)	0.056* (0.032)
Lev	−0.556*** (0.03)	−0.618*** (0.05)	−0.558*** (0.03)	−0.625*** (0.06)
Size	0.307*** (0.01)	0.298*** (0.01)	0.308*** (0.01)	0.321*** (0.01)
Growth	−0.113*** (0.01)	−0.117*** (0.02)	−0.113*** (0.01)	−0.137*** (0.02)
ROA	2.181*** (0.10)	1.976*** (0.16)	2.178*** (0.10)	2.180*** (0.17)
Board	0.113*** (0.03)	0.142*** (0.04)	0.113*** (0.03)	0.097** (0.05)
Top1	0.134*** (0.037)	0.136** (0.06)	0.133*** (0.04)	0.094 (0.06)
Dual	−0.011 (0.01)	−0.011 (0.02)	−0.011 (0.01)	−0.014 (0.02)
SOE	0.323*** (0.01)	0.333*** (0.02)	0.323*** (0.013)	0.328*** (0.02)
常数项	−0.574*** (0.12)	−0.449** (0.18)	−0.584*** (0.12)	−0.812*** (0.20)

续表

变量	(1) ESG	(2) ESG	(3) ESG	(4) ESG
观测值	35303	15105	35292	15105
年份效应	YES	YES	YES	YES
行业效应	YES	YES	YES	YES
adj. R^2	0.250	0.236	0.250	0.262

5.2.5 进一步研究

5.2.5.1 产权异质性分析

由于产权性质可能会影响企业获取资源的方式和渠道，也会影响利益相关者的期望水平，因此，本节按照产权性质将样本企业分为国有企业组和非国有企业组，进行分组回归。表5-18报告了国有企业组和非国有企业组的回归结果，Treat×Post的回归系数分别为0.087和0.063，均在5%水平上显著为正，费舍尔组合检验显示两组系数1%水平下存在显著差异。这说明，国有企业ESG信息披露受到《指导意见》出台的影响更大。

表5-18 产权性质异质性分析回归结果

变量	ESG 国有企业组	ESG 非国有企业组
Treat×Post	0.087** (2.21)	0.063** (2.15)
Lev	−0.663*** (−10.74)	−0.442*** (−10.18)
Size	0.341*** (39.58)	0.276*** (37.79)
Growth	−0.095*** (−4.03)	−0.115*** (−7.54)
ROA	0.777*** (3.73)	2.648*** (22.82)
Board	0.065 (1.36)	0.137*** (3.99)

续表

变量	(1) ESG	(2) ESG	(3) ESG	(4) ESG
Top1	0.216*** (3.30)	0.032 (0.70)		
Dual	−0.121*** (−3.99)	0.015 (1.16)		
常数项	−1.594*** (−8.04)	0.094 (0.40)		
年份效应	YES	YES		
行业效应	YES	YES		
观测值	12209	23094		
R-squared	26.42%	19.20%		
费舍尔组合检验	p=0.000			

注：费舍尔组合检验抽样为1000次。下表同。

5.2.5.2 审计意见异质性分析

作为外部监督的重要手段之一，审计意见是利益相关者使用的重要信息来源。本书对审计意见异质性进行了分析，将样本企业按照是否被出具标准审计意见分为两组，进行分组回归。表5-19报告了被出具标准审计意见组和被出具非标准审计意见组的分组回归结果。被出具标准审计意见组 Treat×Post 的回归系数是0.112，在1%水平下显著，而被出具非标准审计意见组 Treat×Post 的回归系数并不显著，费舍尔组合检验结果也表明两组的 Treat×Post 系数在5%水平下有显著差异。这说明，《指导意见》的出台对被出具标准审计意见的企业 ESG 信息披露的影响更大。

表5-19 审计意见异质性分析回归结果

变量	ESG 标准审计意见组	ESG 非标准审计意见组
Treat×Post	0.112*** (4.76)	−0.200 (−1.14)

续表

变量	ESG 标准审计意见组	ESG 非标准审计意见组
Lev	-0.502***	-0.696***
	(-14.24)	(-4.20)
Size	0.304***	0.281***
	(55.93)	(8.495)
Growth	-0.135***	0.153**
	(-10.44)	(2.53)
ROA	1.897***	0.389
	(18.27)	(0.97)
Board	0.103***	0.356**
	(3.68)	(1.98)
Top1	0.096***	0.880***
	(2.59)	(2.81)
Dual	-0.019	0.0812
	(-1.60)	(0.96)
SOE	0.299***	0.532***
	(22.13)	(5.32)
常数项	-0.843***	-2.412***
	(-5.82)	(-2.61)
年份效应	YES	YES
行业效应	YES	YES
观测值	34240	1062
R-squared	24.52%	36.21%
费舍尔组合检验	p=0.020	

5.2.5.3 地区异质性分析

为了检验区域因素对 ESG 信息披露的影响，本节将样本企业划分为东部地区和中西部地区两组，分别进行回归，通过比较回归系数得出相应结论来检验地区异质性影响。表 5-20 报告了东部地区和中西部地区的回归结果。结果显示，Treat×Post 的系数分别为 0.094 和 0.099，分别在 5% 和 1% 水平下显著，费舍尔组合检验的 p 值小于 5%，说明《指导意见》出台对东部地区和中西部地区企业 ESG 信息披露的影响存在显著差异。

表 5-20　地区异质性分析回归结果

变量	ESG 东部地区组	ESG 中西部地区组
Treat×Post	0.094**	0.099***
	(2.28)	(3.45)
Lev	-0.599***	-0.518***
	(-9.09)	(-12.28)
Size	0.263***	0.319***
	(24.65)	(50.10)
Growth	-0.129***	-0.097***
	(-6.11)	(-6.07)
ROA	2.152***	2.177***
	(10.97)	(18.43)
Board	0.164***	0.093***
	(3.12)	(2.78)
Top1	-0.165**	0.266***
	(-2.33)	(6.11)
Dual	-0.007	-0.014
	(-0.30)	(-1.063)
SOE	0.331***	0.330***
	(14.08)	(19.68)
常数项	-0.076	-1.176***
	(-0.31)	(-5.36)
年份效应	YES	YES
行业效应	YES	YES
观测值	10434	24869
R-squared	21.04%	28.25%
费舍尔组合检验	p=0.047	

5.2.5.4 其他政策冲击

香港联交所在2015年12月发布了《环境、社会及管治报告指引》(以下简称《指引》)，鼓励企业披露更多标准化的 ESG 报告，以满足利益相关者对非财务信息的需求，倡导上市公司披露 ESG 信息，该《指引》自2016年开始正式生效。因此，本书以2016年为政策起点，设置2016年以后为政策实施，赋值 Post 为1，政策实施以前赋值 Post 为0；为构建实验组和对照组，本书以在 A 股和 H 股交叉上市的企业为实验组,赋值 Treat 为 1,其他企业为对照组,赋值 Treat 为 0。表 5-21 报告了双重差分回归的结果。第 (1) 列和第 (2) 分别报告了没有加入控制变量和加入控制变量的回归结果,结果显示,交乘项 Treat×Post 的回归系数分别为 0.799 和 0.325,均在 1% 水平下显著为正,说明《指引》发布后,上市公司 ESG 信息披露的水平显著提高。

表 5-21 其他政策冲击的双重差分回归结果

变量	(1)	(2)
	ESG	ESG
Treat×Post	0.799***	0.325***
	(22.32)	(10.22)
控制变量	NO	YES
常数项	6.456***	-0.574***
	(1,167.14)	(0.115)
观测值	35303	35303
年份效应	YES	YES
行业效应	YES	YES
adj. R^2	11.55%	25.16%

借鉴 Chen 等 (2018) 和刘柏等 (2023) 的研究,本节检验了双重差分回归的平行趋势。本节将政策实施前的第一期作为基准组(米旭明,2022),分析了《指引》对企业 ESG 信息披露的动态影响(沈坤荣和金刚,2018),如图 5-3 所示。可以看出,《指引》出台之前的系数均不显著,从 2016 年起,政策实施效果逐渐显著,且政策实施后第一年效果已经显著,这满足平衡趋势检验。但如前文分析,2015 年发布的《指引》仍属于自愿性框架,因此政策的实施效果可能会存在滞后性。

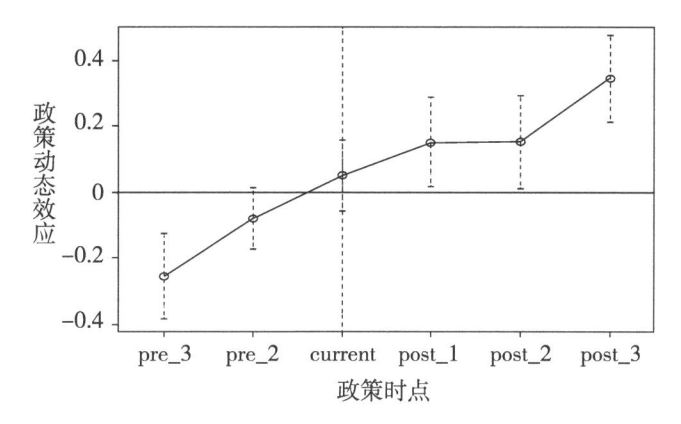

· 5 ESG 信息披露的影响因素研究·

图 5-3 平行趋势分析（《指引》的动态影响）

为了检验研究结论的稳定性，本节采用两种方法进行安慰剂检验。首先，对交互项随机抽取 500 次，查看系数是否与基准结果存在显著差异。表 5-22 报告了回归结果，Treat×Post 的回归系数为 0.799，在 1%水平下显著。

表 5-22 安慰剂检验的结果

变量	ESG
Treat×Post	0.799***
	（22.32）
控制变量	YES
常数项	6.456
	（1167.14）
年份效应	YES
行业效应	YES
观测值	35303
adj. R^2	11.55%

如图 5-4 所示，500 次抽样中，没有一次结果在基准回归系数的右侧，所以 pvalue=0.000，可见无论是单侧检验还是双侧检验，都表明在随机抽样的情况下，基准回归系数 0.325 是一个小概率事件。这说明我们的安慰剂检

— 121 —

验是成立的。此外，本节还随机抽取处理组 500 次，进行安慰剂检验，结果依然通过了安慰剂检验。

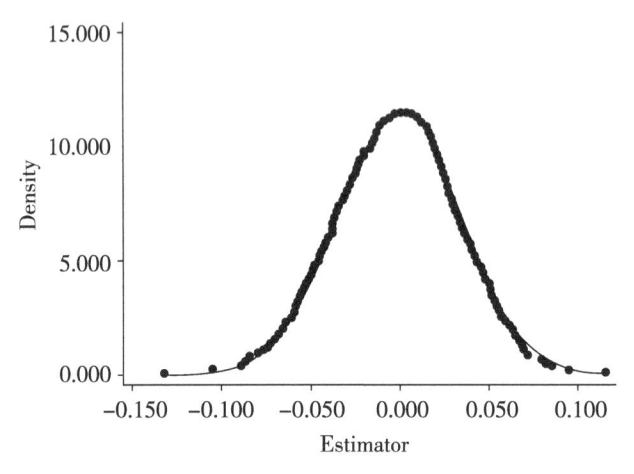

图 5-4　安慰剂检验结果（2）

5.2.6 研究结论

政府政策的约束力和有效性是影响企业 ESG 信息披露的重要因素之一。中国人民银行等七部委于 2016 年印发了《关于构建绿色金融体系的指导意见》，代表着我国绿色金融政策体系的建立，加快了绿色金融事业的发展，为我国经济转型发展提供了重要的政策支撑，并与 ESG 投资理念高度契合。2018 年，中国证监会将生态环保要求引入公司治理框架，明确了 ESG 信息披露的基本框架。随后，相关部门陆续出台了一系列关于 ESG 信息披露的政策文件。目前，除了强制重污染企业披露环境信息外，ESG 信息披露仍以自愿披露为主。虽然我国披露 ESG 信息的企业数量在逐年增加，但占比依然较低，披露内容和形式多样，披露水平参差不齐。可见，我国 ESG 信息披露仍处于发展的初级阶段。

（1）在样本范围内，《关于构建绿色金融体系的指导意见》的出台对我国 A 股上市公司的 ESG 信息披露具有促进作用，尤其是对于属于重污染行业的企业 ESG 信息披露水平有显著促进作用。经过平衡趋势分析、安慰剂检验、倾向得分匹配法的稳健性检验，结果依然成立。

（2）在样本范围内，国有企业 ESG 信息披露受到政策出台的影响可能更大；政策出台对被出具标准审计意见的企业 ESG 信息披露有显著正向影响；政策出台对东部地区和中西部地区企业 ESG 信息披露的影响存在显著差异；香港联交所在 2015 年 12 月发布的《环境、社会及管治报告指引》对企业 ESG 信息披露具有显著促进作用。

根据本节的结论可知，绿色金融体系的构建有效地引导和督促企业履行 ESG 责任并披露相关信息，这为政府及监管部门出台后续的相关政策提供了理论参考。值得注意的是，国有企业作为我国经济的主导力量，政策敏感度更高，而收到标准审计意见的企业和中西部企业，政策效果也更好。本节为完善 ESG 信息披露和提出有针对性的政策建议提供了依据和支撑。

5.3 媒体监督视角

随着工业化进程的不断加快，环境、气候与资源危机日益凸显。2015 年，《巴黎协定》强调各方将加强对气候变化威胁的全球应对。党的二十大报告提出了"积极参与气候变化全球治理"。在这样的背景下，ESG 信息披露作为涵盖环境保护、社会责任、公司治理等非财务信息的披露形式，能够帮助利益相关者更加全面地了解企业的发展状况，符合经济高质量发展的理念和企业可持续发展需要，受到了广泛关注（李志斌等，2022；李井林等，2021）。

信息化时代的到来，使得媒体行业在社会中扮演着重要角色，其已经成为影响经济发展和企业运营的重要因素。新闻媒体承担着信息传递和监督治理的双重作用（Dyck et al.，2008；颜恩点和曾庆生，2018；杨玉龙等，2018）。一方面，新闻媒体向利益相关者传递信息，缓解信息不对称问题，降低由于信息不对称产生的报价差额（游家兴和吴静，2012；贺云龙和肖铭玥，2020）；另一方面，新闻媒体具有外部治理和监督作用，随着新闻舆论影响力的扩大，新闻媒体的负面报道可能会导致基于印象管理动机的企业"漂绿"行为。企业更希望向社会公众传递积极正面的信息，以建立良好的企业形象并实现资源交换。然而，由于企业披露的信息质量不一，在资本市场产生了"信息噪声"，降低了利益相关者的决策效率。作为重要的信息主体，新闻媒体可以对企业信息披露质量进行有效监督,从而降低市场的信息摩擦(原东良和周建,2021)。

由前文分析可知,上市公司作为信息的提供者,其对企业经营与绩效的把握要远远大于信息需求者,利益相关者很难把握有关企业发展的全面、真实的信息,这让上市公司有机会逃避责任、采取机会主义行为和损害利益相关者权益。新闻媒体在为ESG信息的有效传递提供保障的同时,也抑制了企业的"漂绿"动机,监督企业ESG信息披露行为。

可见,媒体监督是影响企业ESG信息披露的另一个重要外部压力。在中国,媒体的关注与监督对企业ESG信息披露水平的提升是否有显著影响?媒体监督对企业ESG信息披露是否存在异质性影响?这些问题的解决对于促进我国上市公司履行ESG责任以及实现可持续发展具有重要的理论和现实意义。

在这样的背景下,本节以我国A股上市公司为切入点,探索媒体监督与企业ESG信息披露之间的关系。在对媒体监督与企业信息披露的文献进行回顾和梳理的基础上,进行理论分析,探讨媒体监督对企业ESG信息披露的影响,并进行实证检验。

5.3.1 假设提出

基于利益相关者理论和合法性理论,企业通过公开财务信息和非财务信息来缓解信息不对称问题,有助于企业与利益相关者建立并维持良好的关系,使企业更容易获取资源,获得长期的经济效益,实现可持续发展(Perrini and Tencati,2006;Freeman,2010)。企业ESG信息披露与其在公共领域所受到的压力密切相关。随着社会公众对ESG问题的日益重视,企业ESG信息披露逐渐发挥了向利益相关者明确展示企业履行ESG责任实际情况的重要作用。这种披露不仅能反映企业在ESG方面的表现,也能衡量其对相关政策和规则的遵守程度,从而确保企业战略和政策的合法性。另外,根据前文对利益相关者的分析和博弈分析的结果,新闻媒体在监督企业ESG信息披露方面起到了关键作用。通过降低新闻媒体监督企业ESG信息披露的成本,加大对不充分披露信息的企业的处罚力度,以及扩大企业因社会形象受损导致的损失,可以进一步推动企业提高ESG信息披露的质量。

新闻媒体承担着信息传递和监督治理的双重作用（Dyck et al.，2008；颜恩点和曾庆生，2018；杨玉龙等，2018）。一方面，媒体在资本市场的外部治理中扮演着重要的角色，对于传递公司信息具有不可忽视的影响（伊凌雪等，2022）。媒体通过信息传递，可以增加外部利益相关者对企业ESG履责情况的了解，缓解信息不对称问题，更好地满足利益相关者的信息需求。另一方面，随着现代信息技术的进一步发展，媒体已成为企业重要的外部监管力量（Dyck et al.，2008）。媒体治理理论认为，媒体作为企业信息的监督者，通过声誉机制、监督、市场压力机制等手段，在维护利益相关者的同时，有助于企业更好地实现公司治理（醋卫华和李培功，2012）。例如，高管会出于对自身和公司声誉的考虑而减少对公司资源的滥用（梁红玉等，2012）；媒体监督可以约束经理人的声誉，减少企业违规行为，从而对财务绩效产生显著影响（郑志刚等，2011）；政策导向报道和非负面报道会对企业的社会责任信息披露行为产生显著的积极影响（陶莹和董大勇，2013）。然而，也有研究显示，舆论压力和负面新闻报道会导致企业业绩下降（黄辉，2013；李百兴等，2018）。

可见，媒体监督可以通过声誉机制、监督、市场压力机制等影响管理层的行为和披露决策。首先，媒体报道可以对公司的声誉产生重大影响。负面的ESG报道可能会导致投资者和消费者的不信任，损害公司的声誉和品牌形象。管理层通常希望维护和提升公司的声誉，因此会受到媒体监督的影响，倾向于提升ESG信息披露的质量，以增加正面报道和减少负面报道。其次，媒体的监督报道可以揭示公司的ESG问题和不当行为，将管理层的行为置于公众的监督之下。管理层意识到他们的决策和行为可能会受到媒体的监督，因此会更加谨慎和透明地处理ESG问题，并主动披露相关信息，以避免负面的曝光和舆论压力。最后，媒体报道可以引起投资者和市场的关注。投资者越来越关注ESG因素，媒体的曝光可能会引发投资者对公司ESG表现和信息披露的关注和质疑。管理层意识到投资者对ESG的重视，为了获得投资者信任和吸引投资，管理层会受到市场反应的影响，更积极地提升ESG信息披露的质量。可见，媒体监督让管理层有动机去提升ESG信息披露的质量。因此，本书提出如下研究假设。

假设 H5：媒体监督对企业 ESG 信息披露质量的提升有显著影响。

5.3.2 研究设计

5.3.2.1 样本选取与数据来源

本节样本选取方法同 5.1.3 节，不再赘述。经过数据筛选和处理后共得到 4341 家样本企业，33891 个样本数据。ESG 信息披露数据来自万得（Wind）数据库，媒体监督数据来源于中国研究数据服务平台（CNRDS）财经新闻库，其他模型变量数据来自国泰安（CSMAR）数据库。本书采用STATA 软件进行数据统计分析。

5.3.2.2 主要变量定义

被解释变量：本节被解释变量 ESG 信息披露同 5.1.3 节，不再赘述。

解释变量：本节借鉴于忠泊等（2012）、卢文彬等（2014）和宋晓华等（2019）的研究，采用中国研究数据服务平台（CNRDS）财经新闻库媒体文章报道数量衡量媒体监督。

控制变量：为控制影响 ESG 信息披露的其他因素，本节借鉴李志斌等（2022）、郭檬楠等（2021）、伊凌雪等（2022）和宋晓华等（2019）的研究，将资产负债率（Lev）、企业规模（Size）、公司成长性（Growth）、总资产收益率（ROA）、董事人数（Board）、独立董事比例（Indep）、两职合一（Dual）、产权性质（SOE）、股权制衡度（Balance）和经济发展水平（GDP）作为控制变量。所有变量具体定义见表 5-23。

表 5-23 主要变量定义

变量类型	变量名称	变量代码	变量定义
被解释变量	ESG 信息披露	ESG	华证 ESG 评价体系赋分并取年度均值
解释变量	媒体监督	Media	媒体文章报道数量/1000000
控制变量	资产负债率	Lev	年末总负债除以年末总资产
	企业规模	Size	总资产的自然对数
	公司成长性	Growth	营业收入增长率

续表

变量类型	变量名称	变量代码	变量定义
控制变量	总资产收益率	ROA	净利润/总资产平均余额
	董事人数	Board	董事会人数取自然对数
	独立董事比例	Indep	独立董事除以董事人数
	两职合一	Dual	董事长与总经理是同一个人为1，否则为0
	产权性质	SOE	国有控股企业取值为1，其他为0
	股权制衡度	Balance	第二到五位大股东持股比例的和除以第一大股东持股比例
	经济发展水平	GDP	各省人均GDP的自然对数
	年份	Year	年份虚拟变量
	行业	Ind	行业虚拟变量

5.3.2.3 研究方法与模型设计

为了实现上述研究目标，本节的实证包括两个步骤：首先检验媒体监督与ESG信息披露的关系，然后检验不同类型媒体报道、不同信息不对称程度、不同高管学术背景比例下媒体监督对ESG信息披露的影响。

为了实现第一个目标，构建模型（5-5）：

$$\text{ESG}_{i,t} = a_0 + a_1 \text{Media}_{i,t} + \sum \text{Controls}_{i,t} + \sum \text{Year} + \sum \text{Ind} + \varepsilon_{i,t} \quad (5-5)$$

其中，i表示个体，t表示年份，Controls指代前文所设的一系列控制变量。此外，还加入了年份（Year）和行业（Ind）虚拟变量，以控制年份和行业因素的影响。

5.3.3 实证结果与分析

5.3.3.1 主要变量的描述性统计

表5-24列示了主要变量的描述性统计结果。因变量ESG信息披露（ESG）的均值为6.485，中位数为6.000，标准差为1.087，说明样本企业的ESG信息披露水平普遍较低，有超过一半的企业没有达到平均水平，且不同

样本的ESG信息披露存在较大差异。媒体监督（Media）的均值为0.002，中位数为2.00e-06，标准差为0.723，说明样本企业面临的媒体监督水平普遍较高，超过一半的企业面临的媒体监督水平超过了均值，且不同样本之间存在巨大差异。

表5-24 主要变量描述性统计结果

变量	样本量	均值	标准差	最小值	中位数	最大值
ESG	33891	6.485	1.087	3.000	6.000	9.000
Media	33891	0.002	0.723	2.000	2.00e-06	12.587
Lev	33891	0.422	0.207	0.051	0.415	0.886
Size	33891	22.142	1.290	19.810	21.954	26.161
Growth	33891	0.181	0.412	-0.562	0.116	2.607
ROA	33891	0.043	0.064	-0.230	0.041	0.223
Board	33891	2.128	0.200	1.609	2.197	2.708
Indep	33891	0.376	0.054	0.333	0.357	0.571
Dual	33891	0.284	0.451	0.000	0.000	1.000
SOE	33891	0.346	0.476	0.000	0.000	1.000
Balance	33891	0.736	0.612	0.028	0.573	2.832
GDP	33891	2.496	0.041	2.386	2.501	2.574

5.3.3.2 主回归结果分析

本节采用固定效应模型对模型（5-5）进行估计，并使用了稳健标准误，回归结果如表5-25所示。结果显示，媒体监督（Media）的回归系数在不控制年份和行业效应的情况下在5%水平下显著为正，在控制年份和行业效应的情况下在10%水平下显著为正，说明媒体监督有利于促进ESG信息披露水平的提高，与理论分析一致，假设H5得到了验证。

表5-25 媒体监督与ESG信息披露回归结果

变量	ESG (1)	ESG (2)
Media	0.109** (2.10)	0.077* (1.70)
Lev	-0.578*** (-9.44)	-0.601*** (-10.26)
Size	0.226*** (20.25)	0.259*** (23.00)
Growth	-0.048*** (-4.13)	-0.052*** (-4.58)
ROA	1.342*** (10.15)	1.243*** (9.69)
Board	0.131** (2.13)	0.072 (1.20)
Indep	0.018 (0.09)	0.005 (0.02)
Dual	-0.017 (-0.94)	-0.018 (-1.08)
SOE	0.237*** (7.87)	0.231*** (7.93)
Balance	-0.074*** (-4.25)	-0.051*** (-3.07)
GDP	-0.190 (-0.70)	1.440*** (4.26)
常数项	1.823*** (2.72)	-3.244*** (-3.71)
年份效应	NO	YES
行业效应	NO	YES
观测值	33891	33891
R-squared	16.49%	23.92%

注：①*、**、***分别表示在10%、5%、1%的水平上显著；②括号中是经过企业层面聚类稳健标准误调整后的t值。下表同。

5.3.4 稳健性检验

为检验研究结论的可靠性和稳定性，本节进行了以下稳健性检验。

5.3.4.1 替换 ESG 信息披露度量指标

替换 ESG 信息披露度量指标的方法同 5.1.5 节，不再赘述。本节将被解释变量替换为 WindESG 综合得分，并将解释变量和控制变量滞后 1 期后进行回归，回归结果如表 5-26 所示。无论是否控制年份效应和行业效应，媒体监督滞后 1 期（$Media_{t-1}$）的回归系数均在 1% 水平下显著为正，说明媒体监督对 ESG 信息披露有显著促进作用，进一步支持了本书结论。

表 5-26 替换 ESG 信息披露度量指标后的回归结果

变量	ESG (1)	ESG (2)
$Media_{t-1}$	30.244*** (3.25)	31.011*** (2.82)
Lev	−0.456*** (−8.89)	−0.325*** (−6.32)
Size	0.173*** (16.69)	0.184*** (17.55)
Growth	−0.004 (−0.32)	−0.009 (−0.76)
ROA	0.167** (2.02)	0.226*** (2.74)
Board	0.076 (1.50)	0.058 (1.18)
Indep	0.263 (1.60)	0.228 (1.42)
Dual	−0.025* (−1.69)	−0.028* (−1.89)
SOE	0.044** (2.00)	0.070*** (3.15)
Balance	0.013 (0.95)	0.006 (0.49)
GDP	2.141*** (7.41)	1.829*** (5.91)
常数项	−3.238*** (−4.23)	−3.003*** (−3.71)
年份效应	NO	YES

续表

变量	ESG (1)	ESG (2)
行业效应	NO	YES
观测值	12209	12209
R-squared	10.62%	20.78%

5.3.4.2 增加控制变量

考虑到影响 ESG 信息披露的可能有其他因素,为了避免遗漏变量的问题,本节借鉴李志斌等(2022)和郭檬楠等(2021)的研究,增加控制企业现金流(Cashflow)、企业年龄(FirmAge)变量,再次进行回归,回归结果如表5-27所示。无论是否控制年份效应和行业效应,媒体监督(Media)的回归系数均在10%水平下显著为正,说明媒体监督对 ESG 信息披露有显著促进作用,进一步支持了本书结论。

表5-27 增加控制变量后的回归结果

变量	ESG (1)	ESG (2)
Media	0.105* (1.95)	0.077* (1.69)
Lev	−0.569*** (−9.30)	−0.599*** (−10.17)
Size	0.236*** (20.89)	0.259*** (23.00)
Growth	−0.051*** (−4.45)	−0.052*** (−4.62)
ROA	1.384*** (10.29)	1.270*** (9.72)
Board	0.117* (1.90)	0.072 (1.20)
Indep	0.011 (0.06)	0.005 (0.02)

续表

变量	ESG (1)	ESG (2)
Dual	-0.022 (-1.24)	-0.019 (-1.12)
SOE	0.246*** (8.15)	0.233*** (7.89)
Balance	-0.075*** (-4.28)	-0.051*** (-3.10)
GDP	0.433 (1.59)	1.434*** (4.25)
Cashflow	-0.299*** (-3.68)	-0.089 (-1.10)
FirmAge	-0.128*** (-4.02)	-0.013 (-0.42)
常数项	0.449 (0.68)	-3.197*** (-3.65)
年份效应	NO	YES
行业效应	NO	YES
观测值	33891	33891
R-squared	16.27%	23.89%

5.3.4.3 内生性问题检验

借鉴高杰英等（2021）的研究，本节用解释变量媒体监督（Media）的滞后1期作为替代变量，其他控制变量也滞后1期，以缓解内生性问题，回归结果如表5-28所示。结果显示，无论是否控制年份效应和行业效应，媒体监督（$Media_{t-1}$）的系数都在1%水平下显著。这说明，媒体监督对ESG信息披露有显著正向影响，进一步支持了本书的结论。

表 5-28 解释变量滞后 1 期的回归结果

变量	ESG (1)	ESG (2)
Media$_{t-1}$	44.046***	25.238***
	(4.04)	(2.64)
Lev	-0.507***	-0.547***
	(-7.43)	(-8.29)
Size	0.194***	0.235***
	(15.20)	(18.09)
Growth	-0.018	-0.025**
	(-1.43)	(-1.97)
ROA	2.434***	2.256***
	(15.88)	(15.09)
Board	0.077	0.015
	(1.15)	(0.23)
Indep	-0.112	-0.116
	(-0.55)	(-0.58)
Dual	-0.011	-0.014
	(-0.55)	(-0.74)
SOE	0.340***	0.315***
	(10.31)	(9.65)
Balance	-0.084***	-0.062***
	(-4.23)	(-3.25)
GDP	-0.444	1.302***
	(-1.49)	(3.40)
常数项	3.214***	-2.345**
	(4.38)	(-2.30)
年份效应	NO	YES
行业效应	NO	YES
观测值	28982	28982
R-squared	18.28%	25.57%

此外，为了缓解内生性问题，本节还采用个体固定效应模型对模型（5-5）进行了重新估计，表 5-29 报告了回归结果。结果显示，无论是否控制年份效应和行业效应，Media 的回归系数均在 10% 水平下显著为正，进一步支持了本书的结论。

表 5-29 个体固定效应模型检验结果

变量	ESG (1)	ESG (2)
Media	0.549*	0.478*
	(1.95)	(1.80)
Lev	-0.626***	-0.618***
	(-8.29)	(-8.39)
Size	0.162***	0.193***
	(8.65)	(9.93)
Growth	-0.026**	-0.029**
	(-2.19)	(-2.48)
ROA	1.027***	0.894***
	(7.17)	(6.41)
Board	-0.003	-0.048
	(-0.04)	(-0.62)
Indep	-0.324	-0.333
	(-1.41)	(-1.47)
Dual	-0.009	-0.019
	(-0.42)	(-0.91)
SOE	-0.037	-0.000
	(-0.76)	(-0.00)
Balance	-0.091***	-0.065***
	(-3.71)	(-2.70)
GDP	0.256	1.580*
	(0.54)	(1.68)
常数项	2.687***	-1.521
	(2.70)	(-0.64)
年份效应	NO	YES
行份效应	NO	YES
观测值	33891	33891
R-squared	2.49%	5.76%

5.3.5 进一步研究

5.3.5.1 不同类型媒体报道分析

前文中检验新闻媒体监督对 ESG 信息披露的影响时，选取了媒体报道总数作为代理变量，但媒体报道可分为正面报道、负面报道和中性报道。其中，负面报道可能会导致基于印象管理动机的企业"漂白"行为（李志斌等，2022），而正面报道不仅能吸引投资者的注意，还能帮助投资者对信息进行筛选，降低获取信息的成本，从而降低上市公司股票下行的风险（张承鹭等，2021）。鉴于此，本节将进一步研究不同类型的媒体报道对企业 ESG 信息披露的影响。

本节借鉴沈洪涛和冯杰（2012）、杨国超和张李娜（2021）、李志斌等（2022）的研究，利用中国研究数据服务平台（CNRDS）财经新闻库的媒体报道数量计算 Janis-Fadner（JF）系数，来检验不同类型的媒体报道对 ESG 信息披露的影响，如式（5-6）所示。

$$JF 系数 = \begin{cases} \dfrac{e^2 - ec}{t^2}, & \text{ife} > c \\ \dfrac{ec - e^2}{t^2}, & \text{ife} < c \\ 0, & \text{ife} = c \end{cases} \quad (5-6)$$

其中，e 和 c 分别代表正面媒体报道数量和负面媒体报道数量，t 为正面报道与负面报道的数量之和。JF 系数的取值范围为-1~1，JF 系数越接近 1，企业的正面媒体报道数量占比越大；JF 系数越接近于-1，企业的负面媒体报道数量占比越大。

借鉴高杰英等（2021）的研究，本节还对解释变量媒体压力（JF）和其他控制变量滞后 1 期来缓解双向因果问题，回归结果如表 5-30 所示。第（1）列和第（2）列分别列示了 JF 系数对华证 ESG 评级和 WindESG 综合得分的回归结果，JF 的系数分别为 0.491 和 0.078，且均在 1%水平下显著。第（3）列和第（4）列分别列示了 JF 系数和其他控制变量滞后 1 期对华证 ESG 评级和 WindESG 综合得分的回归结果，JF_{t-1} 的系数分别为 0.663 和 0.090，且均在 1%水平下显著。这说明，正面新闻数量占比越大的企业，ESG 信息披露水平越高。换言之，积极、正面的媒体报道越多的企业更有可能提高其 ESG 信息披露的水平，而负面媒体报道越多的企业，其 ESG 披露水平更有可能偏低。

表 5-30　不同类型媒体报道分析回归结果

变量	ESG (1)	ESG (2)	ESG (3)	ESG (4)
JF	0.491*** (12.81)	0.078*** (3.30)	—	—
JF_{t-1}	—	—	0.663*** (13.40)	0.090*** (2.78)
Lev	-0.596*** (-10.28)	-0.183*** (-3.87)	0.663*** (13.40)	-0.331*** (-6.44)
Size	0.253*** (22.55)	0.196*** (21.04)	-0.545*** (-8.38)	0.188*** (18.08)
Growth	-0.060*** (-5.36)	-0.052*** (-4.70)	0.233*** (18.45)	-0.011 (-0.90)
ROA	1.006*** (7.82)	0.166** (2.07)	-0.036*** (-2.88)	0.197** (2.36)
Board	0.068 (1.13)	0.103** (2.27)	1.926*** (12.89)	0.062 (1.26)
Indep	0.022 (0.12)	0.348** (2.43)	0.012 (0.19)	0.250 (1.55)
Dual	-0.018 (-1.04)	-0.036*** (-2.65)	-0.069 (-0.35)	-0.026* (-1.78)
SOE	0.229*** (7.92)	0.065*** (3.04)	-0.012 (-0.61)	0.069*** (3.09)
Balance	-0.049*** (-3.00)	-0.004 (-0.29)	0.311*** (9.62)	0.007 (0.55)
GDP	1.496*** (4.45)	1.348*** (4.66)	-0.058*** (-3.11)	1.844*** (5.96)
常数项	-3.285*** (-3.78)	-2.252*** (-2.97)	-2.556** (-2.54)	-3.160*** (-3.91)
年份效应	YES	YES	YES	YES
行业效应	YES	YES	YES	YES
观测值	33891	13671	28982	12209
R-squared	24.56%	20.38%	26.27%	20.41%

5.3.5.2 信息不对称异质性分析

证券分析师能够更系统、全面、深入地追踪和解读上市公司披露的信息,从而缓解信息不对称问题（刘会芹和施先旺，2020；许启发等，2022）。因此，分析师关注度较高的企业，信息不对称程度较低，外部监督压力较高，媒体监督与ESG信息披露的关系应该更加紧密。本节根据当年分析师跟踪人数的中位数把样本分为低信息不对称组和高信息不对称组。表5-31的第（1）列和第（2）列分别报告了分析师关注度的分组回归结果。结果表明，虽然两组的Media回归系数均在10%的水平下显著，但低信息不对称组的回归系数为0.069，高信息不对称组的系数为1.915，且费舍尔组合检验也表明两组在5%水平下存在显著差异。这说明在信息不对称程度较高的企业，媒体监督对ESG信息披露的影响较大。

表5-31 信息不对称异质性分析回归结果

变量	ESG 低信息不对称组	ESG 高信息不对称组
Media	0.069*	1.915*
	(1.68)	(1.79)
Lev	-0.667***	-0.452***
	(-10.16)	(-5.77)
Size	0.292***	0.175***
	(24.20)	(11.16)
Growth	-0.042***	-0.079***
	(-2.94)	(-4.33)
ROA	1.365***	1.078***
	(9.36)	(5.26)
Board	0.059	0.190**
	(0.91)	(2.23)
Indep	0.052	0.287
	(0.24)	(1.09)
Dual	-0.011	-0.040
	(-0.58)	(-1.54)
SOE	0.242***	0.337***
	(7.75)	(9.19)
Balance	-0.048***	-0.021
	(-2.60)	(-1.01)

续表

变量	ESG 低信息不对称组	ESG 高信息不对称组
GDP	1.047*** (2.82)	1.767*** (4.20)
常数项	-3.066*** (-3.17)	-2.517** (-2.28)
年份效应	YES	YES
行份效应	YES	YES
观测值	22819	11072
R-squared	25.89%	21.81%
费舍尔组合检验	p=0.015	

注：费舍尔组合检验抽样为1000次。下表同。

5.3.5.3 高管学术背景异质性分析

基于烙印理论，具有学者背景的高管会对企业业绩、社会责任履责和研发创新等活动产生显著影响（杜勇和周丽，2019；Francis et al.，2015；沈艺峰等，2016；陈春花等，2018）。鉴于此，本节按照具有学术背景的高管所占比例将样本企业划分为具有学术背景的高管占比高组和具有学术背景的高管占比低组，检验媒体监督对ESG信息披露的影响是否会受高管学术背景的影响。表5-32报告了高管学术背景异质性分析回归结果，具有学术背景的高管占比高组Media的回归系数为0.993（在1%水平下显著），具有学术背景的高管占比低组Media的回归系数为0.061（在5%水平下显著），且费舍尔组合检验也表明两组在10%水平下存在显著差异。这说明具有学术背景的高管占比越高的企业，媒体监督对ESG信息披露的影响越大。

表5-32 高管学术背景异质性分析回归结果

变量	ESG 具有学术背景的高管占比高组	ESG 具有学术背景的高管占比低组
Media	0.993*** (2.71)	0.061** (2.07)

续表

变量	ESG 具有学术背景的高管占比高组	ESG 具有学术背景的高管占比低组
Lev	−0.551*** (−6.74)	−0.604*** (−8.01)
Size	0.267*** (18.11)	0.267*** (18.59)
Growth	−0.078*** (−4.69)	−0.027* (−1.71)
ROA	1.343*** (7.70)	1.078*** (6.28)
Board	0.150* (1.81)	0.021 (0.27)
Indep	0.228 (0.90)	−0.129 (−0.51)
Dual	−0.005 (−0.23)	−0.031 (−1.39)
SOE	0.265*** (7.44)	0.230*** (6.09)
Balance	−0.052** (−2.41)	−0.049** (−2.15)
GDP	1.705*** (3.94)	1.276*** (2.88)
常数项	−4.387*** (−4.00)	−2.818** (−2.43)
年份效应	YES	YES
行业效应	YES	YES
观测值	17074	16817
R-squared	25.45%	23.54%
费舍尔组合检验	p=0.090	

5.3.6 研究结论

上市公司作为信息提供者，对企业经营和绩效的了解更全面；而利益相关者作为信息需求者，难以获取关于企业绩效的全面、真实的信息，因此存在信息不对称现象。这种信息不对称有可能会导致上市公司逃避责任、存在机会主义和损害利益相关者权益的行为。新闻媒体在为ESG信息的有效传递提供保障的同时，也抑制了企业"漂绿"动机，监督企业ESG信息披露行为。

（1）在样本范围内，媒体监督的回归系数显著为正，说明媒体监督有利于促进ESG信息披露水平的提高，对我国A股上市公司的ESG信息披露具有促进作用。替换ESG信息披露度量指标、增加控制变量和通过内生性问题检验后，这一结论依然成立。

（2）在样本范围内，积极、正面的媒体报道越多的企业更有可能提高其ESG信息披露水平，说明向外界传递积极信号对企业ESG信息披露的促进作用更大；分析师关注度较低，信息不对称程度越高的企业，媒体监督对ESG信息披露的影响越大；具有学术背景的高管占比高的企业，媒体监督对ESG信息披露的影响比较大。

此外，为了检验企业因素、政府规制和媒体监督对ESG信息披露的交互影响，本节构建了涵盖企业因素、政府规制和媒体监督影响的模型，对影响因素进行综合分析。结果表明，当同时考虑企业因素、政府规制和媒体监督因素时，企业因素（内部治理和外部治理）、政府规制对ESG信息披露的影响仍然显著为正，而媒体监督对ESG信息披露的回归系数虽然为正，但并不显著。本节从公众监督视角，为完善ESG信息披露制度及提出有针对性的政策建议提供了依据和支撑。

6 ESG 信息披露的经济后果研究

通过前文得理论分析与逻辑梳理,本书认为 ESG 信息披露对企业的影响是不可忽视的。从可持续发展的视角来看,融资成本、绿色创新和企业价值这三个视角与企业的长期发展和社会责任密切相关,它们分别代表了经济、环境和社会三个维度,也是可持续发展的三大核心元素(UN. ESCAP,2015)。就经济维度而言,企业需要通过向外部融资渠道披露其在 ESG 方面的表现和成果,以提高其可持续发展表现和市场声誉。这样可以降低信息不对称程度,增强债权人和投资者对企业的信任,更有利于企业获得融资支持,从而降低融资成本。就环境维度而言,ESG 信息披露能够激励企业更加关注环境、社会和治理问题,从而促使企业在绿色创新方面投入更多资源,包括研发环保技术、推动能源转型、优化生产流程等,从而降低能源消耗、减少污染排放,提高可持续发展能力。就社会维度而言,对于利益相关者来说,企业价值是评估企业的重要指标。高水平的 ESG 信息披露有助于提高企业的品牌形象和声誉,增加利益相关者的信任,这有利于企业在市场竞争中取得优势,实现长期价值的提升。企业的 ESG 表现会对其风险水平和价值产生重要影响。良好的 ESG 表现可以降低企业的潜在风险,减少其受到的来自投资者和其他利益相关方的负面影响,提高其信息透明度和公信力,提升企业价值。可见,企业通过提高 ESG 信息披露水平,可以降低融资成本,进而有更多资源投入绿色创新,而绿色创新可以提高企业在环境和社会方面的绩效,进一步提升企业价值。这表明,ESG 信息披露能够降低融资约束,推动绿色创新,进而提高企业价值,对于企业在经济、环境和社会层面的可持续发展具有重要意义。

关于 ESG 信息披露经济后果的已有研究表明:融资成本方面,主流观点认为 ESG 信息披露对企业融资成本有显著的负面影响。值得注意的是,有学者在针对中小企业的研究中发现，环境信息披露会显著提高融资成本（Gjergji et al.，2021）。因此，我们有理由深入研究 ESG 信息披露对融资成本的影响。创新作为发展的第一动力，是企业长期高质量发展的关键因素之一，ESG 理念能够促进企业创新（Zhang et al.，2020）。然而，在责任投资和绿色金融迅速发展的背景下，仅考察企业总体创新能力，而轻视企业绿色创新，不利于我们更精确地刻画和评价企业进行环境治理、履行社会责任及优化公司治理的经济后果。关于企业价值的研究主要得出三类观点：①ESG 信息披露可以通过降低 ESG 相关风险和成本，提高企业价值；②ESG 信息披露会增加企业的披露成本，挤占企业资源，从而降低企业价值；③ESG 相关决策具有间接价值创造效应，因此 ESG 信息披露与企业价值之间呈非线性关系。考虑到学界对于 ESG 信息披露的价值效应的观点存在分歧，有必要进一步证明企业 ESG 信息披露对其价值的影响。

通过上述分析不难看出，已有文献对 ESG 信息披露的经济后果进行了大量的分析，但对企业价值和融资成本的研究结论存在分歧，为了更清晰地厘清 ESG 信息披露的经济后果，本章将通过替换企业价值和融资成本的度量指标及扩充样本数据来验证和延伸前人的研究结论，并聚焦企业 ESG 信息披露是否会倒逼企业提升绿色创新能力。

本章以前文所提出的企业 ESG 信息披露研究框架为基础，通过理论分析与假设推导，评估企业 ESG 信息披露对融资成本、绿色创新和企业价值的影响。不仅丰富了关于 ESG 信息披露经济结果的文献，延伸了融资成本、企业价值和绿色创新的经济后果研究，为上市公司获取资源、提高企业价值提供了 ESG 履责的视角，还为激励企业转型升级，满足企业可持续发展需求提供理论参考和经验借鉴，并为利益相关各方提供决策依据。

6.1 融资成本视角

近年来，ESG 信息披露已成为企业信息披露的重要组成部分，受到广泛关注。企业融资问题是影响企业发展质量和速度、限制其竞争力和可持续性的关键因素，也是制约企业可持续发展的重要因素。政府已出台一系列鼓励或强制上市公司披露ESG信息的政策,以推进"双碳"目标的实现。随着绿色金融体系的建立和社会公众对环境、社会责任和公司治理的关注不断增加,我国ESG信息披露的发展得到了推动。此外,企业也希望通过ESG信息披露获得融资支持,当披露ESG信息带来的收益大于成本时,企业会选择披露ESG信息。因此,深入研究ESG信息披露与融资成本之间的关系,对于企业实现绿色转型和可持续发展具有重要的理论意义和现实意义。

在此背景下,本节以我国A股上市公司为研究对象,探讨企业ESG信息披露对融资成本的影响。在回顾和梳理企业ESG信息披露与融资成本的相关文献的基础上进行理论分析,探讨企业ESG信息披露对融资成本的影响,随后进行实证检验。研究发现:ESG信息披露能够显著降低企业的融资成本,这说明,ESG信息披露水平高的企业融资成本可能较低,经过一系列稳健性检验后这一结论依然成立。进一步研究发现,不同信息不对称程度、具有海外经历的高管占比、具有学术背景的高管占比情况下的ESG信息披露对融资成本的影响存在显著差异。

6.1.1 假设提出

ESG信息披露的目的在于通过鼓励责任投资敦促企业履行GSG责任,以保障利益相关者的权益。ESG信息披露也是企业通过绿色转型,实现可持续发展的必经之路。因此,ESG信息披露与责任投资和绿色金融的迅速发展可以进一步推动企业的可持续发展。ESG理念包括环境治理和环境保护、履行社会责任、提高治理水平三方面的效能,与创新、协调、绿色、开放、共享的新发展理念高度契合。

通过梳理已有文献发现,学界对于ESG信息披露与融资成本的关系存在争议。一种观点认为,通过ESG信息披露降低信息不对称程度,可以有效地减少企业获取资金的成本。基于委托代理理论和信息不对称理论,债权人和股东作为外部利益相关者,面临高度的信息不对称,他们需要通过有限的信息来判断企业可能会发生的财务困境(Leftwich et al., 1981;王翌秋和谢萌,2022)。所以,由于无法获取有用信息而增加的道德危机风险或因难以获取信息而增加的代理成本,会导致投资者要求履行协议或利息溢价(Cheng et al.,

2014；Guidara et al.，2014；Ould，2020；Gerwanski，2020；Raimo et al.，2020）。另一种观点则认为企业的目的是提供商品或服务以获取利润，并不是提供社会福利，投资人只会关注可靠的财务数据（Levitt，1958）。企业承担 ESG 责任并披露相关信息会给企业带来额外的成本，挤占现有资源，所以披露环境信息披露可能会显著提高融资成本（Gjergji et al.，2021）。因此，我们有理由深入研究 ESG 信息披露对融资成本的影响。

根据信息不对称理论和信号传递理论，ESG 信息披露有助于缓解企业与投资者之间的信息不对称问题，其反映的非财务信息可以为投资者提供更全面的信息，以便他们对企业未来的经营状况进行预测，并向投资者展示企业的可持续发展能力（王翌秋和谢萌，2022）。ESG 信息披露可以传递企业的正面信息，包括企业社会责任和可持续发展能力的提高，以及治理机制的完善，进一步增加投资者的信任和投资偏好（张兆国等，2013），从而降低企业的融资成本和提高其市场价值（Dhaliwal et al.，2011）。在我国，政府在金融资源配置方面具有较大影响力，通过承担社会责任，企业可以增强其政治关联，获得政府的支持和优惠贷款，尤其在环保纳入政绩考核和绿色金融政策的推动下，环境表现良好的企业更容易获得银行的优惠贷款，从而降低融资成本（邱牧远和殷红，2019）。

ESG 信息披露对融资成本的影响机制是多方面的：①ESG 信息披露向利益相关者（尤其是投资者和金融机构）展示了企业在环境、社会和治理方面的实践，这有助于提高企业的声誉和信誉，进而降低融资成本。②ESG 信息披露通过公开展示企业在环境、社会和治理方面的表现，有助于增加利益相关者对企业的了解，如企业的风险管理能力、可持续性发展战略以及其对 ESG 问题的重视程度。这有助于缓解投资者面临的信息不对称问题，降低企业的信用风险和财务风险，进而降低企业的融资成本。③随着 ESG 投资日益受到关注，越来越多的投资者将 ESG 纳入了投资管理框架。ESG 信息披露可以增强这些投资者的投资意愿，从而降低融资成本。④ESG 信息披露可以让企业更全面地了解其在 ESG 方面的表现，并发现存在的不足，通过加强 ESG 管理，提高企业的可持续发展水平和竞争力，降低融资成本。综上，企业

ESG信息披露会影响投资者的风险敏感度，ESG信息披露水平的提高可显著降低投资者面临的潜在风险，从而增强企业的融资可行性和降低融资成本。因此，本书提出如下研究假设。

假设H6：ESG信息披露有助于降低企业的融资成本。

6.1.2 研究设计

6.1.2.1 样本选取与数据来源

本节样本选取方法同5.1.3节，不再赘述。经过数据筛选和处理后共得到3669家样本企业，22054个样本数据。ESG信息披露数据来自万得（Wind）数据库，其他模型变量数据来自国泰安（CSMAR）数据库。本书采用STATA软件进行数据统计分析。

6.1.2.2 主要变量定义

被解释变量：融资成本（Cost）。评估权益资本成本的方法比较多元，例如资本资产定价模型（CAPM模型）、剩余收益模型（GLS模型）、PEG模型、MPEG模型及OJ模型等。邱牧远和殷红（2019）用托宾Q值来衡量股权融资成本，发现ESG表现与企业的融资成本有显著的负向关系。然而，考虑到PEG模型具有能够充分捕捉到各风险因素的影响、适用于中国资本市场、准确性高等优势（毛新述等，2012；许启发等，2022），本节选择PEG模型对权益资本成本进行估计，以期对前人的研究进行延伸和补充。计算方法如式（6-1）所示：

$$PEG = \sqrt{\frac{eps_{t+2} - eps_{t+1}}{P_t}} \tag{6-1}$$

其中，eps_{t+2} 和 eps_{t+1} 分别为 t+2 和 t+1 期分析师预测的每股收益均值，P_t 为第 t 期期末的每股价格。

解释变量：ESG信息披露（ESG）。ESG信息披露度量指标同前文一致，选取华证ESG评级数据赋分，并将各季度评分取平均值，以衡量ESG信息披露水平。

控制变量：本节借鉴刘亭立等（2022）和许启发等（2022）的研究，为控制影响资本成本的其他因素，将资产负债率（Lev）、企业规模（Size）、公司成长性（Growth）、账面市值比（BM）、市场风险（Beta）、产权性质（SOE）、资产稳定性（Fixed）、现金流量（Cashflow）、总资产收益率（ROA）、两职合一（Dual）和独立董事比例（Indep）作为控制变量。所有变量的具体定义见表6-1。

表6-1 主要变量定义

变量类型	变量名称	变量代码	变量定义
被解释变量	融资成本	Cost	采用PEG模型估计得到
解释变量	ESG信息披露	ESG	华证ESG评价体系赋分并取年度均值
控制变量	资产负债率	Lev	年末总负债除以年末总资产
	企业规模	Size	总资产的自然对数
	公司成长性	Growth	营业收入增长率
	账面市值比	BM	账面价值/总市值
	市场风险	Beta	当期股票的Beta值
	产权性质	SOE	国有控股企业取值为1，其他为0
	资产稳定性	Fixed	期末长期资产/期末总资产
	现金流量	Cashflow	经营活动产生的现金流量净额/资产总额
	总资产收益率	ROA	净利润/总资产平均余额
	两职合一	Dual	董事长与总经理是同一个人为1，否则为0
	独立董事比例	Indep	独立董事人数除以董事总人数
	年份	Year	年份虚拟变量
	行业	Ind	行业虚拟变量

6.1.2.3 研究方法与模型设计

为了实现上述研究目标，本节的实证包括两个步骤：首先检验ESG信息披露与企业融资成本的关系，然后检验不同信息不对称程度、不同高管海外经历和不同高管学术背景情况下，ESG信息披露对融资成本的影响。

为了实现第一步目标，构建模型（6-2）：

$$\text{Cost}_{i,t} = a_0 + a_1 \text{ESG}_{i,t} + \sum \text{Controls}_{i,t} + \sum \text{Year} + \sum \text{Ind} + \varepsilon_{i,t} \quad (6-2)$$

其中,i 表示个体,t 表示年份,Controls 指代前文所设的一系列控制变量。此外,还加入了年份(Year)和行业(Ind)虚拟变量,以控制年份和行业因素的影响。

6.1.3 实证结果与分析

6.1.3.1 主要变量的描述性统计

表 6-2 列示了主要变量的描述性统计结果。融资成本(Cost)的最小值为 0.024,最大值为 0.237,中位数为 0.103,说明样本企业的权益融资成本存在较大差异。ESG 信息披露(ESG)的均值为 6.622,大于中位数 6.000,标准差为 1.065,说明样本企业的 ESG 信息披露水平普遍较低,有超过 50%的企业没有达到平均水平,且不同样本的 ESG 信息披露存在较大差异。

表 6-2 主要变量的描述性统计结果

变量	样本量	均值	标准差	最小值	中位数	最大值
Cost	22054	0.106	0.040	0.024	0.103	0.237
ESG	22054	6.622	1.065	3.000	6.000	9.000
Lev	22054	0.420	0.202	0.051	0.416	0.886
Size	22054	22.392	1.333	19.810	22.199	26.161
Growth	22054	0.214	0.392	−0.562	0.144	2.607
BM	22054	1.004	1.154	0.089	0.613	6.946
Beta	22054	1.151	0.320	0.246	1.153	2.193
SOE	22054	0.346	0.476	0.000	0.000	1.000
Fixed	22054	0.211	0.160	0.002	0.176	0.695
Cashflow	22054	0.053	0.071	−0.167	0.052	0.243
ROA	22054	0.056	0.057	−0.230	0.051	0.223
Dual	22054	0.282	0.450	0.000	0.000	1.000
Indep	22054	0.375	0.053	0.333	0.333	0.571

6.1.3.2 主回归结果分析

本节采用固定效应模型对模型（6-2）进行估计，并使用了稳健标准误，回归结果如表 6-3 所示。第（1）列报告了未控制年份和行业效应的结果，第（2）列报告了控制年份效应但未控制行业效应的回归结果，第（3）列报告了控制行业和年份效应的回归结果。结果显示，ESG 信息披露（ESG）的回归系数在以上三种情况下均在至少 10% 水平下显著为负，这说明企业 ESG 信息披露与权益融资成本显著负相关，即 ESG 信息披露能够有效降低融资成本，与理论分析一致，验证了假设 H6。且在样本范围内，当控制其他变量不变时，每增加 1 单位的 ESG 信息披露，将平均降低 0.001 单位的 ESG 融资成本。

表 6-3 ESG 信息披露与融资成本

变量	Cost (1)	Cost (2)	Cost (3)
ESG	−0.001* (−1.92)	−0.001*** (−2.94)	−0.001*** (−2.62)
Lev	0.021*** (9.21)	0.023*** (10.08)	0.021*** (9.09)
Size	−0.002*** (−6.20)	0.002*** (4.43)	0.002*** (4.70)
Growth	0.001* (1.81)	0.001 (1.05)	0.001 (0.82)
BM	0.013*** (23.50)	0.007*** (14.38)	0.007*** (13.62)
Beta	−0.000 (−0.50)	0.000 (0.12)	−0.000 (−0.47)
SOE	−0.012*** (−12.95)	−0.014*** (−14.70)	−0.012*** (−12.59)
Fixed	−0.007*** (−2.70)	−0.008*** (−3.25)	−0.005* (−1.86)
Cashflow	−0.039*** (−7.89)	−0.020*** (−4.42)	−0.019*** (−4.15)
ROA	0.067*** (8.95)	0.026*** (3.80)	0.026*** (3.76)

续表

变量	Cost (1)	Cost (2)	Cost (3)
Dual	−0.000 (−0.25)	−0.000 (−0.60)	−0.000 (−0.65)
Indep	0.010 (1.54)	0.017*** (2.87)	0.014** (2.51)
常数项	0.143*** (17.29)	0.044*** (4.85)	0.033*** (3.47)
年份效应	NO	YES	YES
行业效应	NO	NO	YES
观测值	22054	22054	22054
R-squared	13.38%	22.30%	26.00%

注：①*、**、***分别表示在10%、5%、1%水平上显著；②括号中是经过企业层面聚类稳健标准误调整后的t值。本章下表同。

6.1.3.3 路径机制分析

根据信息不对称理论，债权人和股东面临高度的信息不对称问题，他们需要通过有限的信息来评估可能发生的财务困境，融资成本随之增加。通过加强ESG信息披露，可以增强企业的透明度，使投资者和债权人更容易获取企业的环境保护、社会责任和治理等方面的信息。这有助于缓解信息不对称问题，降低道德危机风险和代理成本。通过披露ESG信息，企业能够更好地识别和管理潜在的环境、社会和治理风险。这将有助于降低企业的风险，从而降低投资者和债权人所要求的风险溢价。因此，ESG信息披露有助于缓解信息不对称问题，从而降低企业的融资成本。基于此，本节建立模型（6-3）和模型（6-4），从信息效应角度检验ESG信息披露是否通过降低信息不对称程度影响融资成本及其产生影响的路径机制。

$$Opaque_{i,t} = a_0 + a_1 ESG_{i,t} + \sum Controls_{i,t} + \sum Year + \sum Ind + \varepsilon_{i,t} \tag{6-3}$$

$$Cost_{i,t} = a_0 + a_1 ESG_{i,t} + a_2 Opaque_{i,t} + \sum Controls_{i,t} +$$

$$\sum \text{Year} + \sum \text{Ind} + \varepsilon_{i,t} \tag{6-4}$$

其中，Opaque 是借鉴王翌秋和谢萌（2022）的研究，采用修正 Jones 模型计算的可操纵应计利润。根据中介效应的检验思路，模型（6-3）中 ESG 的系数显著不为零，且模型（6-4）中 Opaque 的系数显著不为零，说明存在中介效应。

表6-4 第（1）列和第（2）列分别报告了模型（6-3）和模型（6-4）的回归结果。第（1）列结果显示，ESG 信息披露的回归系数为-0.004，在1%水平下显著，说明 ESG 信息披露能够显著降低企业的信息不对称程度。第（2）列结果显示，ESG 信息披露的回归系数为-0.001，在5%水平下显著，Opaque 的系数为正，在1%水平下显著。进一步，Bootstrap 检验表明间接效应和直接效应的95%置信区间都不包括0，说明存在部分中介效应。因此，本书验证了 ESG 信息披露的信息效应，说明 ESG 信息披露提高了企业信息透明度，从而降低了融资成本。

表6-4　信息不对称路径的检验结果

变量	Opaque (1)	Cost (2)
ESG	-0.004*** (-3.03)	-0.001** (-2.02)
Opaque	—	0.017*** (5.12)
Lev	0.056*** (5.13)	0.016*** (5.45)
Size	0.004** (2.04)	0.002*** (3.35)
Growth	-0.005** (-2.09)	0.000 (0.21)
BM	-0.012*** (-5.75)	0.008*** (13.47)
Beta	0.012*** (3.41)	0.001 (0.88)

续表

变量	Opaque (1)	Cost (2)
SOE	-0.013*** (-3.38)	-0.012*** (-11.60)
Fixed	-0.141*** (-11.83)	-0.005 (-1.29)
Cashflow	-0.066*** (-3.30)	-0.024*** (-4.07)
ROA	0.065*** (2.69)	0.029*** (3.50)
Dual	-0.002 (-0.47)	-0.000 (-0.00)
Indep	0.038 (1.59)	0.015** (2.10)
常数项	0.148*** (2.95)	0.036*** (3.17)
年份效应	YES	YES
行业效应	YES	YES
观测值	14787	14787
R-squared	17.95%	26.87%

6.1.4 稳健性检验

为检验研究结论的可靠性和稳定性，本节进行了以下稳健性检验。

6.1.4.1 替换融资成本度量指标

借鉴毛新述等（2012）和郭照蕊和黄俊（2021）的研究，本节采用OJ模型构造了权益资本成本的替代变量OJ，并检验了企业ESG信息披露（ESG）对权益资本成本OJ的影响。如表6-5所示，将权益资本成本替换成OJ后，ESG信息披露（ESG）的回归系数依然为负，且在10%水平下显著，进一步支持了本书的结论。

表 6-5 替换融资成本度量指标后的回归结果

变量	Cost (1)
ESG	-0.001*
	(-1.77)
Lev	0.016***
	(6.48)
Size	0.002***
	(3.77)
Growth	0.001
	(1.02)
BM	0.007***
	(11.51)
Beta	-0.003***
	(-2.86)
SOE	-0.013***
	(-12.51)
Fixed	-0.004
	(-1.36)
Cashflow	-0.010*
	(-1.91)
ROA	0.004
	(0.55)
Dual	-0.000
	(-0.27)
Indep	0.016**
	(2.51)
常数项	0.068***
	(6.50)
年份效应	YES
行业效应	YES
观测值	21157
R-squared	23.33%

6.1.4.2 增加控制变量

借鉴刘亭立等（2022）的研究，考虑到影响融资成本的其他因素，本节新增了股权集中度（Top1）和资产周转率（ATO）两个控制变量，重新对模型（6-2）进行回归，表6-6报告了回归结果。结果显示ESG信息披露（ESG）的回归系数在1%水平下显著为负，这表明ESG信息披露可以有效降低企业融资成本，进一步支持了本书的结论。

表6-6 增加控制变量后的回归结果

变量	Cost
	（1）
ESG	-0.001***
	(-2.60)
Lev	0.019***
	(8.08)
Size	0.002***
	(5.09)
Growth	0.000
	(0.43)
BM	0.007***
	(13.71)
Beta	-0.001
	(-0.61)
SOE	-0.012***
	(-12.22)
Fixed	-0.005*
	(-1.65)
Cashflow	-0.020***
	(-4.33)
ROA	0.024***
	(3.43)
Dual	-0.000
	(-0.39)
Indep	0.016***
	(2.76)
Top1	-0.012***
	(-5.13)

— 153 —

续表

变量	Cost
	(1)
ATO	0.003***
	(2.95)
常数项	0.049***
	(3.61)
年份效应	YES
行业效应	YES
观测值	13514
R-squared	25.38%

6.1.4.3 内生性检验

首先，为了缓解内生性问题，考虑到价值效应的滞后性，本节借鉴刘亭立等（2022）的研究，将ESG信息披露滞后2期替代原解释变量，并将所有控制变量也滞后2期，重新对模型（6-2）进行回归，表6-7报告了回归结果。ESG信息披露（ESG）的回归系数在5%水平下显著为负，这表明ESG信息披露可以有效降低企业融资成本，进一步支持了本书结论。

表6-7 解释变量滞后的回归结果

变量	Cost
	(1)
ESG	-0.001**
	(-1.98)
Lev	0.018***
	(6.17)
Size	0.002***
	(3.01)
Growth	0.002***
	(2.61)
BM	0.004***
	(5.68)

续表

变量	Cost
	（1）
Beta	0.000
	（0.02）
SOE	-0.011***
	（-9.57）
Fixed	-0.008**
	（-2.32）
Cashflow	0.004
	（0.64）
ROA	0.023**
	（2.55）
Dual	0.000
	（0.24）
Indep	0.008
	（1.09）
常数项	0.049***
	（3.61）
年份效应	YES
行业效应	YES
观测值	13514
R-squared	25.38%

其次，本节借鉴已有研究，采用两阶段残差介入法缓解内生性问题（胡楠等，2021；Terza，2018；Chen et al.，2013）。在第一阶段，估计了企业ESG信息披露（ESG）的控制变量回归模型（6-5）。

$$\text{ESG}_{i,t} = a_0 + \sum \text{Controls}_{i,t} + \sum \text{Year} + \sum \text{Ind} + \varepsilon_{i,t} \quad (6\text{-}5)$$

第二阶段，我们将模型（6-5）回归的残差值（Residual）作为增量的企业ESG信息披露，代入模型（6-2）重新进行回归估计。

表6-8第（1）列报告了第一阶段的回归结果，第（2）列报告了第二阶段的回归结果。结果显示，增量的企业ESG信息披露（Residual）的回归系

数为-0.007,并在1%水平下显著。换言之,ESG信息披露与融资成本在1%水平下显著负相关。这说明在控制了潜在内生性问题后企业ESG信息披露对融资成本的影响依然成立,进一步支持了本书的结论。

表6-8 两阶段残差介入法检验结果

变量	ESG	Cost
	(1)	(2)
Residual	—	-0.007***
		(-2.95)
Lev	-0.087***	0.227***
	(-15.42)	(12.83)
Size	0.048***	0.010***
	(51.03)	(3.77)
Growth	-0.017***	0.010
	(-8.67)	(1.43)
BM	0.001	0.051***
	(0.49)	(17.48)
Beta	-0.002	0.005
	(-0.75)	(0.60)
SOE	0.052***	-0.108***
	(25.24)	(-17.63)
Fixed	0.005	0.033
	(0.79)	(1.57)
Cashflow	0.032**	-0.252***
	(2.43)	(-6.04)
ROA	0.348***	0.310***
	(19.34)	(4.71)
Dual	-0.003*	-0.001
	(-1.67)	(-0.22)
Indep	-0.000	0.135***
	(-0.02)	(3.22)
常数项	0.736***	-2.868***
	(28.57)	(-42.90)
年份效应	YES	YES
行业效应	YES	YES
观测值	34134	22054

最后，本节采用个体固定效应对模型（6-2）重新进行回归，以缓解内生性问题，表6-9报告了回归结果。结果显示，ESG信息披露（ESG）的回归系数为-0.001，在10%水平下显著。这说明，ESG信息披露有利于降低融资成本，依然支持本书的结论。

表6-9 个体固定效应检验结果

变量	Cost
	（4）
ESG	-0.001*
	（-1.81）
Lev	0.017***
	（5.96）
Size	0.006***
	（7.91）
Growth	-0.000
	（-0.51）
BM	0.006***
	（14.04）
Beta	-0.001
	（-0.87）
SOE	-0.005***
	（-2.64）
Fixed	-0.016***
	（-4.50）
Cashflow	-0.011**
	（-2.56）
ROA	0.007
	（1.10）
Dual	-0.001*
	（-1.65）
Indep	0.013*
	（1.79）
常数项	-0.030**
	（-1.96）
年份效应	YES

续表

变量	Cost
	(4)
行业效应	NO
个体效应	YES
观测值	22054
R-squared	18.91%

6.1.5 进一步研究

6.1.5.1 信息不对称异质性分析

本节讨论在不同的信息不对称程度下，ESG 信息披露对企业融资成本的影响差异。根据前文分析，本节采用分析师关注度作为信息不对称程度的代理变量，研究发现分析师关注度越高，信息不对称程度反而越低。表 6-10 报告了 ESG 信息披露对融资成本的影响在不同信息不对称程度分组中的回归结果，两组中 ESG 信息披露（ESG）的回归系数均在 10% 水平下显著，费舍尔组合检验结果显示两组 ESG 信息披露（ESG）的回归系数在 10% 水平下存在显著差异。这说明，信息不对称程度会对 ESG 信息披露和融资成本之间的关系产生显著影响。

表 6-10 信息不对称异质性分析检验结果

变量	Cost 低信息不对称组	Cost 高信息不对称组
ESG	-0.001* (-1.94)	-0.001* (-1.81)
Lev	0.024*** (8.82)	0.018*** (5.76)
Size	0.001* (1.69)	0.003*** (3.98)
Growth	-0.001 (-0.85)	0.002* (1.77)

续表

变量	Cost 低信息不对称组	Cost 高信息不对称组
BM	0.007*** (12.55)	0.007*** (8.92)
Beta	−0.000 (−0.25)	0.004*** (2.64)
SOE	−0.011*** (−9.69)	−0.013*** (−10.52)
Fixed	0.005 (1.37)	−0.006 (−1.35)
Cashflow	−0.019*** (−3.61)	−0.021*** (−2.89)
ROA	0.041*** (4.84)	−0.003 (−0.29)
Dual	−0.001 (−0.90)	0.001 (0.91)
Indep	0.017** (2.56)	0.012 (1.29)
常数项	0.055*** (4.82)	0.014 (0.91)
年份效应	YES	YES
行业效应	YES	YES
观测值	11877	10177
R-squared	34.84%	22.79%
费舍尔组合检验	p=0.068	

注：费舍尔组合检验抽样为1000次。下表同。

6.1.5.2 高管海外经历异质性分析

海外经历作为人力资本的具体体现，常被视为教育背景好、专业知识技能强的象征（代昀昊和孔东民，2017），研究发现高管具有海外经历会对企业业绩产生积极作用（Filatotchev et al.，2009；Giannetti et al.，2015）。鉴于此，本节按照高管拥有海外留学或工作经历的占比将样本企业划分为拥有海外经历的高管占比高组和拥有海外经历的高管占比低组。表6-11报告了ESG

信息披露对融资成本的影响在两组中的回归结果，拥有海外经历的高管占比低组的 ESG 信息披露（ESG）的回归系数在 1% 水平下显著为负，而拥有海外经历的高管占比高组的 ESG 信息披露（ESG）的回归系数不显著。费舍尔组合检验结果也显示两组 ESG 回归系数在 5% 水平下存在显著差异。这说明，高管海外经历会对 ESG 信息披露和融资成本之间的关系产生显著影响。

表 6-11　高管海外经历异质性分析检验结果

变量	Cost 拥有海外经历的高管占比高组	Cost 拥有海外经历的高管占比低组
ESG	-0.000 (-0.69)	-0.001*** (-2.92)
Lev	0.021*** (6.47)	0.022*** (7.05)
Size	0.000 (0.05)	0.004*** (6.24)
Growth	0.002** (1.98)	-0.001 (-0.93)
BM	0.008*** (12.73)	0.006*** (7.46)
Beta	-0.002 (-1.53)	0.002 (1.39)
SOE	-0.012*** (-8.72)	-0.013*** (-10.27)
Fixed	-0.000 (-0.08)	-0.008** (-2.02)
Cashflow	-0.018*** (-2.93)	-0.021*** (-3.08)
ROA	0.016* (1.89)	0.041*** (3.76)
Dual	-0.001 (-1.14)	0.001 (0.76)
Indep	0.013 (1.64)	0.022*** (2.64)
常数项	0.076*** (6.05)	-0.014 (-0.99)
年份效应	YES	YES

续表

变量	Cost	Cost
	拥有海外经历的高管占比高组	拥有海外经历的高管占比低组
行业效应	YES	YES
观测值	11949	10105
R-squared	26.31%	27.28%
费舍尔组合检验	p=0.042	

6.1.5.3 高管学术背景异质性分析

基于烙印理论，具有学术背景的高管会对企业业绩、社会责任履责和研发创新等活动产生显著影响（杜勇和周丽，2019；Francis et al.，2015；沈艺峰等，2016；陈春花等，2018）。鉴于此，本节按照拥有学术背景的高管所占比例将样本企业划分为拥有学术背景的高管占比高组和拥有学术背景的高管占比低组。表6-12报告了ESG信息披露对融资成本的影响在两组中的回归结果，拥有学术背景的高管占比高组的ESG信息披露（ESG）的回归系数在1%水平下显著为负，而拥有学术背景的高管占比低组的回归系数不显著。费舍尔组合检验显示两组ESG回归系数在5%水平下存在显著差异。这说明，高管有学术背景会对ESG信息披露和融资成本之间的关系产生显著影响。

表6-12 高管学术背景异质性分析检验结果

变量	Cost	Cost
	拥有学术背景的高管占比高组	拥有学术背景的高管占比低组
ESG	−0.001***	−0.000
	(−3.23)	(−0.40)
Lev	0.021***	0.020***
	(6.69)	(6.07)
Size	0.001**	0.003***
	(2.28)	(4.81)
Growth	0.002	−0.000
	(1.61)	(−0.15)

续表

变量	Cost 拥有学术背景的高管占比高组	Cost 拥有学术背景的高管占比低组
BM	0.009*** (12.37)	0.005*** (7.91)
Beta	-0.001 (-0.98)	0.002 (1.28)
SOE	-0.011*** (-9.29)	-0.012*** (-9.44)
Fixed	-0.003 (-0.90)	-0.007* (-1.67)
Cashflow	-0.018*** (-2.94)	-0.022*** (-3.24)
ROA	0.032*** (3.74)	0.017* (1.66)
Dual	-0.000 (-0.52)	-0.001 (-0.69)
Indep	0.004 (0.54)	0.025*** (2.85)
常数项	0.056*** (4.62)	0.008 (0.58)
年份效应	YES	YES
行业效应	YES	YES
观测值	11671	10383
R-squared	27.63%	25.42%
费舍尔组合检验	p=0.019	

6.1.6 研究结论

近年来,ESG 信息披露已成为企业信息披露的重要组成部分,备受关注。企业融资问题是影响企业发展质量和速度、限制其竞争力和可持续性的关键因素。政府出台了一系列鼓励或强制上市公司披露 ESG 信息的政策,以推进"双碳"目标的实现。随着绿色金融体系的建立和社会公众对环境保护、社会责任和公司治理的关注不断增加,我国 ESG 信息披露的发展也得到了推动。此外,企业也希望通过 ESG 信息披露获得融资支持,当披露 ESG 信息带来的收益大于成本时，企业会选择披露 ESG 信息。因此，深入研究 ESG 信息披露与融资成本之间的关系，对于企业实现绿色转型和可持续发展具有重要意义。通过梳理文献发现，学界关于两者关系的观点仍存在分歧。鉴于此，本节以我国 A 股上市公司为切入点，探索企业 ESG 信息披露与融资成本之间的关系。在对企业 ESG 信息披露与融资成本的相关文献进行回顾和梳理的基础上，进行理论分析，探讨企业 ESG 信息披露对融资成本的影响，随后进行实证检验。

（1）在样本范围内，ESG 信息披露（ESG）的回归系数显著为负，这说明企业 ESG 信息披露与融资成本显著负相关，且在样本范围内，当控制其他变量不变时，每增加 1 单位的 ESG 信息披露，将平均降低 0.001 单位的融资成本。本节通过替换融资成本指标、增加控制变量、内生性检验来检验研究结果的可靠性和稳定性，结论依然成立。

（2）在样本范围内，信息不对称程度会对 ESG 信息披露和融资成本之间的关系产生显著影响；拥有海外经历的高管占比低的企业 ESG 信息披露对融资成本的负向影响更显著；拥有学术背景的高管占比高的企业 ESG 信息披露对融资成本的负向影响更显著。

根据本节的结论可知，ESG 信息披露可以有效降低企业的融资成本，促进企业可持续发展。本节的结论从 ESG 履责的角度为企业获取资源和实现可持续发展提供了新的视角，并在优化公司治理时强调关注高管背景的重要性。此外，本节还为提出有针对性的 ESG 信息披露政策建议提供了依据和支撑。

6.2 绿色创新视角

近年来，由于自然灾害频发、全球气候变暖、能源紧缺等问题日益严重，给生态环境造成了巨大的压力，这引起了社会各界的空前关注。由于企业面临的环境风险、社会责任风险与公司治理风险的加剧，利益相关者意识到了相关问题的紧迫性，ESG 也成了财务信息以外对企业进行评价的重要框架。

作为世界第二大经济体和最具活力的经济实体之一，中国在世界经济中占据重要地位。同时，中国企业是推动国家经济增长的关键力量。在 2030 年前要实现"碳达峰"、在 2060 年前要实现"碳中和",这是中国生态环境治理的重要目标,也彰显了中国作为最大发展中国家的责任担当。这标志着中国对气候变化问题的积极应对,并为未来实现经济可持续增长、产业变革和升级提供了强有力的支撑。构建绿色低碳循环发展经济体系,发展绿色金融,是党的十九大报告指出的推进绿色发展的路径之一。党的二十大报告提出了加速发展方式的绿色转型和深入推进环境防治的目标,这与 ESG 理念高度一致,这要求中国企业以不同形式和程度向低碳商业模式转型。在这个过程中,上市公司更要起到表率作用,布局绿色低碳产业,契合企业转型升级需求。

可见,企业面临的环境保护和环境治理压力越来越大。绿色创新作为绿色发展的重要组成部分,可以有效降低企业对环境的影响(OECD,2009),并能缓解企业面临的能源制约,从而实现企业的可持续发展(Xu et al.,2021;Wang and Li,2020)。企业实施 ESG 战略,并披露相关信息符合企业绿色发展的要求,进行 ESG 信息披露是否会倒逼企业进行绿色创新?ESG 信息披露与企业绿色创新之间存在怎样的关系?这些问题的解决对于促进上市公司履行 ESG 责任以及实现可持续发展具有重要的理论意义和现实意义。

在这样的背景下,本节以我国 A 股上市公司为切入点,研究企业 ESG 信息披露与绿色创新之间的关系,在对企业 ESG 信息披露与企业绿色创新相关文献进行回顾和梳理的基础上,进行理论分析,探讨企业 ESG 信息披露对企业绿色创新的影响,并进行了实证检验。

6.2.1 假设提出

企业绿色创新有外在激励和内源动力两大驱动因素(乔菲等,2022;杨东和柴慧敏,2015)。外在激励来自政府政策(王分棉等,2021;赵一心和侯和宏,2022)、顾客(Cleff and Renings,1999;Guoyou et al.,2013)、媒体(阳镇等,2023)和投资者(韩国文和甘雨田,2023)等利益相关者的关注。内源动力源于企业文化(苏涛,2014)、公司治理因素(毛志宏和魏延鹏,2023;余伟和郭小艺,2022;严若森和陈娟,2022;席龙胜和赵辉,2022;卢建词和姜广省,2022)等。

传统的管理理论聚焦于提高财务绩效和股东权益最大化。利益相关者理论则强调降低外部效应和社会价值最大化，因此，管理层不仅应该考虑股东的需求，还要关注其他利益相关者（Freeman，2010）。已有研究表明，企业践行ESG发展有利于提高企业声誉、吸引投资者、提高员工满意度以及促进技术创新。外部市场的认可能够激励企业采取更多的环保和社会责任措施，推动企业在绿色创新方面进行投入和实践。同时，ESG信息披露能够有效缓解信息不对称问题，更好地满足投资者和其他利益相关者的信息需求，从而降低融资成本。企业在获得更多资金来源的同时，可以将更多的资源投入绿色创新项目中，进一步推动绿色创新的实施。企业ESG表现可以通过融资约束、员工创新效率和风险承担水平等作用机制有效促进企业创新（方先明和胡丁，2023）。本节将从可持续发展的视角出发，聚焦企业ESG信息披露与企业绿色创新的关系，以期丰富已有文献。综合以上分析，在信息不对称的前提下，企业通过ESG信息披露向政府、投资者、顾客、公众等利益相关者传递积极信号，可以与之建立良好的关系，激励企业关注绿色创新的实施，降低环境风险，提高资源利用效率，满足利益相关者对企业可持续发展的期望。换言之，ESG信息披露能够倒逼企业进行绿色创新。因此，本书提出如下研究假设。

假设H7：ESG信息披露与企业绿色创新之间存在显著正相关关系。

6.2.2 研究设计

6.2.2.1 样本选取与数据来源

本节样本选取方法同5.1.3节，不再赘述。经过以上数据筛选和处理后共得到4404家样本企业，12325个样本数据。ESG信息披露数据来自万得（Wind）数据库，绿色专利数据来源于中国研究数据服务平台（CNRDS）财经新闻库，其他模型变量数据来自国泰安（CSMAR）数据库。本书采用STATA软件进行数据统计分析。

6.2.2.2 主要变量定义

被解释变量：绿色创新（GI）。为了检验ESG信息披露对企业绿色创新的影响，本书借鉴已有研究，采用企业的绿色发明专利和绿色非发明专利的总和取自然对数来度量企业的绿色创新（余伟和郭小艺，2022；刘柏等，

2023）。

解释变量：ESG信息披露（ESG）。ESG信息披露度量指标同前文一致，选取华证ESG评级数据赋分，并将各季度评分取平均值以衡量ESG信息披露水平。

控制变量：本节借鉴已有研究，为控制影响绿色创新的其他因素，将资产负债率（Lev）、企业规模（Size）、公司成长性（Growth）、总资产收益率（ROA）、账面市值比（BM）、现金总资产比（Cash）、研发支出（R&D）、机构投资者控股比例（INST）、两职合一（Dual）、独立董事比例（Indep）、企业年龄（FirmAge）、托宾Q值（TobinQ）和研发人员占比（RDpr）作为控制变量（乔菲等，2022；余伟和郭小艺，2022；刘柏等，2023）。所有变量的具体定义见表6-13。

表6-13 主要变量定义

变量类型	变量名称	变量代码	变量定义
被解释变量	绿色创新	GI	ln（当期申请的绿色专利数量）
解释变量	ESG信息披露	ESG	华证ESG评价体系赋分并取年度均值
控制变量	资产负债率	Lev	年末总负债/年末总资产
	企业规模	Size	总资产的自然对数
	公司成长性	Growth	营业收入增长率
	总资产收益率	ROA	净利润/总资产平均余额
	账面市值比	BM	账面价值/总市值
	现金总资产比	Cash	当期的现金净流量/年末资产总额
	研发支出	R&D	研发支出/当期营业收入
	机构投资者持股比例	INST	机构投资者持股总数/流通股本
	两职合一	Dual	董事长与总经理是同一个人为1，否则为0
	独立董事比例	Indep	独立董事/董事人数
	企业年龄	FirmAge	ln（当年年份−公司成立年份+1）

续表

变量类型	变量名称	变量代码	变量定义
控制变量	托宾Q值	TobinQ	（流通股市值+非流通股股份数×每股净资产+负债账面值）/总资产
	研发人员占比	RDpr	研发人员数量/员工总人数
	年份	Year	年份虚拟变量
	行业	Ind	行业虚拟变量

6.2.2.3 研究方法与模型设计

为了实现上述研究目标，本节的实证包括两个步骤：首先检验ESG信息披露与企业绿色创新的关系，然后检验审计意见、重污染行业和产权性质的异质性影响。

为了实现第一步目标，构建模型（6-6）：

$$GI_{i,t} = a_0 + a_1 ESG_{i,t} + \sum Controls_{i,t} + \sum Year + \sum Ind + \varepsilon_{i,t} \qquad (6-6)$$

其中，i表示个体，t表示年份，Controls指代前文所设的一系列控制变量。此外，还加入了年份（Year）和行业（Ind）虚拟变量，以控制年份和行业因素的影响。

6.2.3 实证结果与分析

6.2.3.1 主要变量的描述性统计

表6-14列示了主要变量的描述性统计结果。因变量绿色创新（GI）的最小值为0.000，最大值为43.000，均值为2.499，中位数为0.000，说明样本企业的绿色创新水平普遍较低，超过50%的企业未达到平均水平，且样本企业的绿色创新存在较大差异。ESG信息披露（ESG）的均值为6.383，中位数为6.000，标准差为1.088，说明样本企业的ESG信息披露水平普遍较低，超过50%的企业未达到平均水平，且不同样本的ESG信息披露存在较大差异。

表6-14 主要变量描述性统计结果

变量	样本量	均值	标准差	最小值	中位数	最大值
GI	12325	2.499	6.963	0.000	0.000	43.000
ESG	12325	6.383	1.088	3.000	6.000	9.000
Lev	12325	0.397	0.192	0.051	0.386	0.886
Size	12325	22.150	1.230	19.810	21.994	26.161
Growth	12325	0.185	0.395	−0.562	0.117	2.607
ROA	12325	0.044	0.067	−0.230	0.043	0.223
BM	12325	0.877	0.978	0.089	0.565	6.946
Cash	12325	0.152	0.114	0.008	0.121	0.669
R&D	12325	0.048	0.045	0.000	0.037	0.247
INST	12325	0.353	0.236	0.000	0.348	0.879
Dual	12325	0.317	0.465	0.000	0.000	1.000
Indep	12325	0.378	0.054	0.333	0.364	0.571
FirmAge	12325	2.899	0.295	1.609	2.944	3.497
TobinQ	12325	2.135	1.327	0.862	1.721	8.819
RDpr	12325	0.161	0.134	0.003	0.128	0.696

6.2.3.2 主回归结果分析

本节采用固定效应模型对模型（6-6）进行估计，并使用了稳健标准误，回归结果如表6-15所示。第（1）列报告了未控制年份和行业效应的结果，第（2）列报告了控制行业和年份效应的回归结果。结果显示，ESG信息披露（ESG）的回归系数分别为0.149和0.159，无论是否控制年份或行业效应，均在1%水平下显著为正。这说明企业ESG信息披露与企业绿色创新显著正相关，即ESG信息披露有利于促进企业绿色创新，与理论分析一致，验证了假设H7。

6 ESG 信息披露的经济后果研究

表 6-15 ESG 信息披露与绿色创新的回归结果

变量	GI (1)	GI (2)
ESG	0.149***	0.159***
	(3.19)	(3.35)
Lev	0.861**	0.621
	(2.03)	(1.45)
Size	1.181***	1.400***
	(7.98)	(8.86)
Growth	-0.114	-0.216**
	(-1.36)	(-2.41)
ROA	1.147*	0.587
	(1.65)	(0.85)
BM	0.100	-0.058
	(0.99)	(-0.49)
Cash	0.004	0.380
	(0.01)	(0.84)
R&D	4.468***	2.129
	(3.26)	(1.50)
INST	-0.220	-0.269
	(-0.73)	(-0.89)
Dual	0.139	0.142
	(1.16)	(1.19)
Indep	0.303	0.496
	(0.27)	(0.45)
FirmAge	-1.219***	-1.033***
	(-3.64)	(-2.78)
TobinQ	0.032	0.150***
	(0.91)	(3.62)
RDpr	3.142***	2.823***
	(5.48)	(4.68)
常数项	-22.484***	-29.749***
	(-6.90)	(-8.32)
年份效应	NO	YES
行业效应	NO	YES
观测值	12325	12325
R-squared	10.77%	17.64%

6.2.4 稳健性检验

6.2.4.1 替换绿色创新度量指标

基准回归是从数量视角选取绿色专利申请数量衡量企业的绿色创新，本节借鉴刘柏等（2023）的研究，从质量视角出发选取申请的绿色专利被引用数来衡量企业的绿色创新。表6-16第（1）列和第（2）列分别报告了未控制年份效应和行业效应、控制了年份效应和行业效应的回归结果。结果显示，ESG信息披露（ESG）的回归系数分别为0.775和0.778，均在5%水平下显著。这说明ESG信息披露有助于提高企业的绿色创新水平，进一步支持了本书的结论。

表6-16 替换绿色创新度量指标后的检验结果

变量	GI	GI
	（1）	（2）
ESG	0.775**	0.778**
	(2.52)	(2.48)
Lev	-3.116	-3.169
	(-0.92)	(-0.96)
Size	10.411***	11.791***
	(8.94)	(9.50)
Growth	-1.437**	-2.537***
	(-2.22)	(-3.58)
ROA	-2.467	-5.986
	(-0.66)	(-1.55)
BM	1.399*	0.796
	(1.82)	(0.91)
Cash	-4.192	-4.737
	(-1.01)	(-1.15)
R&D	53.714***	24.407**
	(4.80)	(2.09)
INST	2.817	3.094
	(1.29)	(1.40)
Dual	1.095	0.813
	(1.49)	(1.10)

续表

变量	GI (1)	GI (2)
Indep	−4.202 (−0.47)	−2.635 (−0.30)
FirmAge	5.031** (2.13)	0.355 (0.12)
TobinQ	0.129 (0.45)	1.336*** (4.12)
RDpr	17.526*** (4.36)	9.369** (2.28)
常数项	−244.197*** (−9.25)	−267.533*** (−9.44)
年份效应	NO	YES
行业效应	NO	YES
观测值	6868	6868
R-squared	17.19%	23.88%

6.2.4.2 替换ESG信息披露的度量指标

借鉴晓芳等（2021）的研究，本节选取WindESG综合评分作为ESG信息披露度量的替换指标。表6-17第（1）列和第（2）列分别报告了没有控制年份效应和行业效应、控制了年份效应和行业效应的回归结果。结果显示，无论是否控制年份效应和行业效应，ESG信息披露替换成WindESG综合得分后，ESG的回归系数分别为0.362和0.602，且均在1%水平下显著，进一步支持了本书的结论。

表6-17 替换ESG信息披露度量指标后的回归结果

变量	GI (1)	GI (2)
ESG	0.362*** (2.64)	0.602*** (4.31)

续表

变量	GI (1)	GI (2)
Lev	2.311***	1.474**
	(3.47)	(2.24)
Size	1.600***	1.940***
	(8.15)	(9.36)
Growth	-0.162	-0.283**
	(-1.21)	(-1.98)
ROA	1.955**	0.608
	(2.18)	(0.67)
BM	-0.281	-0.438**
	(-1.54)	(-2.19)
Cash	0.633	1.417
	(0.74)	(1.63)
R&D	3.950*	0.140
	(1.72)	(0.06)
INST	-0.263	-0.362
	(-0.59)	(-0.82)
Dual	0.178	0.265
	(0.91)	(1.38)
Indep	-0.291	0.122
	(-0.18)	(0.08)
FirmAge	-2.109***	-1.421***
	(-4.73)	(-3.11)
TobinQ	-0.178**	0.122*
	(-2.54)	(1.67)
RDpr	4.861***	4.401***
	(4.96)	(4.25)
常数项	-30.326***	-42.679***
	(-7.10)	(-9.05)
年份效应	NO	YES
行业效应	NO	YES
观测值	5902	5902
R-squared	11.23%	19.75%

6.2.4.3 增加控制变量

本节借鉴已有研究，考虑到影响企业绿色创新的其他因素，新增了管理层持股（Mshare）和人均 GDP（GDP）两个控制变量（刘柏等，2023；乔菲等，2022），重新对模型（6-6）进行回归。表 6-18 第（1）列和第（2）列分别报告了没有控制年份效应和行业效应、控制了年份效应和行业效应的回归结果。结果显示，无论是否控制年份效应和行业效应，在增加 Mshare 和 GDP 两个控制变量后，ESG 的回归系数分别为 0.115 和 0.121，且均在 1% 水平下显著，进一步支持了本书的结论。

表 6-18 增加控制变量后的回归结果

变量	GI (1)	GI (2)
ESG	0.115*** (3.78)	0.121*** (3.87)
Lev	0.741*** (2.86)	0.539** (2.08)
Size	0.681*** (7.41)	0.801*** (8.39)
Growth	−0.154*** (−2.88)	−0.206*** (−3.67)
ROA	−0.232 (−0.51)	−0.513 (−1.11)
BM	0.091 (1.57)	0.021 (0.31)
Cash	0.290 (1.23)	0.462* (1.91)
R&D	3.291*** (3.84)	1.865** (2.12)
INST	−0.232 (−1.29)	−0.253 (−1.42)
Dual	−0.071 (−1.01)	−0.067 (−0.96)
Indep	0.628 (0.99)	0.780 (1.24)
FirmAge	−0.910*** (−4.42)	−0.560*** (−2.67)

续表

变量	GI (1)	GI (2)
TobinQ	0.013 (0.67)	0.054** (2.35)
RDpr	0.737** (2.05)	0.618 (1.60)
Mshare	0.321 (1.34)	0.186 (0.78)
GDP	-0.564 (-0.31)	0.915 (0.44)
常数项	-11.243** (-2.28)	-19.685*** (-3.53)
年份效应	NO	YES
行业效应	NO	YES
观测值	11860	11860
R-squared	11.23%	19.75%

6.2.4.4 内生性检验

首先，估计个体固定效应缓解遗漏变量的问题。借鉴王琳璘等（2022）的研究，由于模型中可能存在不随时间变化的、预测不了的遗漏变量，本节加入企业个体固定效应，以双向固定效应模型取代基准回归中的年份加行业的固定效应模型。此外，本节借鉴李志斌等（2022）的研究，进一步控制年份×行业，对样本进行高维固定效应回归。表6-19的第（1）列和第（2）列分别报告了增加个体固定效应和年份效应×行业效应的回归结果。结果显示，ESG的回归系数分别为0.074（5%水平下显著）和0.247（1%水平下显著），进一步支持了本书的结论。

表 6-19 个体固定效应与高维固定效应的回归结果

变量	GI (1)	GI (2)
ESG	0.074**	0.247***
	(2.26)	(4.20)
Lev	0.281	1.334***
	(0.97)	(3.04)
Size	0.170	1.079***
	(1.45)	(7.74)
Growth	−0.093*	−0.338***
	(−1.78)	(−3.35)
ROA	−0.292	0.987
	(−0.58)	(1.41)
BM	0.081	−0.219
	(1.14)	(−1.53)
Cash	0.125	0.601
	(0.49)	(1.27)
R&D	2.199**	1.924
	(2.24)	(1.14)
INST	−0.318*	−0.110
	(−1.67)	(−0.36)
Dual	−0.092	0.128
	(−1.17)	(1.02)
Indep	0.628	1.247
	(0.89)	(1.05)
FirmAge	−0.596	−0.485*
	(−0.58)	(−1.94)
TobinQ	0.035	0.007
	(1.42)	(0.16)
RDpr	−0.625	2.100***
	(−1.33)	(2.87)
常数项	−1.654	1.334***
	(−0.42)	(3.04)
年份效应	YES	YES
行业效应	YES	YES
个体效应	YES	NO
年份效应×行业效应	NO	YES
观测值	12325	12284

其次，本节通过使用滞后解释变量，减少双向因果关系的影响。基准回归结果表明，ESG 信息披露水平与企业绿色创新水平显著正相关，但这种关系可能受到内生性的反向因果关系的影响。为减少这一影响，本节将滞后 1 期、滞后 2 期及滞后 3 期的 ESG 信息披露作为解释变量，并同时将控制变量滞后，表 6-20 的第（1）列、第（2）列和第（3）列分别报告了相应的回归结果。结果显示，ESG 的回归系数分别为 0.248、0.193 和 0.169，且分别在 1%、5% 及 10% 水平下显著，进一步支持了本书的结论。

表 6-20 解释变量滞后的回归结果

变量	GI (1)	GI (2)	GI (3)
ESG_{t-1}	0.248*** (3.45)	—	—
ESG_{t-2}	—	0.193** (2.25)	—
ESG_{t-3}	—	—	0.169* (1.82)
Lev	1.406*** (2.74)	1.441** (2.47)	1.283* (1.85)
Size	1.113*** (7.25)	1.195*** (6.99)	1.233*** (6.13)
Growth	−0.211 (−1.46)	−0.282** (−2.02)	−0.040 (−0.23)
ROA	2.229** (2.52)	4.234*** (3.37)	4.754*** (3.18)
BM	−0.239 (−1.35)	−0.274 (−1.09)	−0.091 (−0.29)
Cash	0.755 (1.40)	1.056* (1.80)	1.069 (1.48)
R&D	2.829 (1.43)	3.174 (1.45)	3.301 (1.36)
INST	0.081 (0.23)	−0.078 (−0.19)	−0.360 (−0.76)

续表

变量	GI (1)	GI (2)	GI (3)
Dual	0.207 (1.39)	0.284* (1.68)	0.195 (1.01)
Indep	0.900 (0.70)	0.944 (0.72)	0.945 (0.64)
FirmAge	-0.395 (-1.40)	-0.350 (-1.14)	-0.289 (-0.85)
TobinQ	-0.039 (-0.77)	-0.012 (-0.21)	0.031 (0.51)
RDpr	2.246*** (2.66)	1.912** (2.01)	2.230** (2.09)
常数项	-24.910*** (-7.17)	-26.560*** (-6.98)	-27.542*** (-6.21)
年份效应	YES	YES	YES
行业效应	YES	YES	YES
观测值	8814	6079	3686
R-squared	19.77%	20.08%	20.81%

最后，本节借鉴已有研究，采用两阶段残差介入法缓解内生性问题（胡楠等，2021；Terza，2018；Chen et al.，2013）。在第一阶段，估计了企业ESG信息披露（ESG）的控制变量回归模型（6-7）：

$$ESG_{i,t} = a_0 + \sum Controls_{i,t} + \sum Year + \sum Ind + \varepsilon_{i,t} \quad (6-7)$$

第二阶段，我们将模型（6-7）回归的残差值（Residual）作为增量的企业ESG信息披露，代入模型（6-6）重新进行回归估计。

表6-21的第（1）列报告了第一阶段的回归结果，第（2）列报告了第二阶段的回归结果。结果显示，增量的企业ESG信息披露（Residual）的回归系数为0.242，且在1%水平下显著。换言之，ESG信息披露与企业绿色创新在1%水平下显著正相关。这说明企业ESG信息披露对企业绿色创新的影响在控制了潜在内生性问题后依然成立，进一步支持了本书的结论。

表 6-21 两阶段残差介入法回归结果

变量	ESG (1)	GI (2)
Residual	—	0.242*** (7.05)
Lev	-0.064*** (-6.01)	1.211*** (4.80)
Size	0.049*** (27.50)	1.154*** (15.70)
Growth	-0.031*** (-8.59)	-0.398*** (-4.90)
ROA	0.354*** (13.23)	1.407*** (2.83)
BM	-0.001 (-0.27)	-0.224*** (-2.84)
Cash	0.054*** (4.15)	0.704** (2.38)
R&D	0.095** (2.08)	2.070** (2.18)
INST	0.054*** (7.57)	-0.033 (-0.19)
Dual	-0.010*** (-3.43)	0.108 (1.45)
Indep	0.019 (0.77)	1.290* (1.90)
FirmAge	0.019*** (3.91)	-0.467*** (-3.48)
TobinQ	-0.000 (-0.18)	0.003 (0.10)
RDpr	0.023 (1.57)	2.127*** (5.39)
常数项	0.601*** (11.59)	-25.160*** (-15.20)
年份效应	YES	YES
行业效应	YES	YES
观测值	12325	12325

6.2.5 进一步研究
6.2.5.1 产权异质性分析

产权性质可能会影响企业获得资源的渠道和方式（王琳璘等，2022），从而影响ESG信息披露与绿色创新的关系。因此，本节按照是否属于国有企业将样本企业分为国有企业组和非国有企业组，进行分组回归。表6-22的第（1）列和第（2）列分别报告了国有企业组和非国有企业组的回归结果。结果显示，国有企业组和非国有组的ESG回归系数分别为0.226和0.256，均在1%水平下显著，费舍尔组合检验结果说明两组的ESG系数在1%水平下存在显著差异。这说明，国有企业和非国有企业ESG信息披露对企业绿色创新的影响存在显著差异。

表6-22 产权性质异质性分析回归结果

变量	GI	GI
	国有企业组	非国有企业组
ESG	0.226***	0.256***
	(2.93)	(6.27)
Lev	-2.236***	2.239***
	(-3.64)	(8.26)
Size	1.775***	0.828***
	(11.17)	(10.43)
Growth	-0.565***	-0.298***
	(-3.22)	(-3.14)
ROA	-4.272***	1.930***
	(-2.77)	(3.65)
BM	-0.387***	0.038
	(-3.51)	(0.27)
Cash	-0.434	0.883***
	(-0.52)	(2.90)
R&D	-1.517	2.073**
	(-0.58)	(1.99)
INST	-1.421***	0.340*
	(-2.84)	(1.77)
Dual	0.043	0.111
	(0.16)	(1.43)

续表

变量	GI 国有企业组	GI 非国有企业组
Indep	1.605 (0.98)	1.032 (1.45)
FirmAge	-0.743* (-1.89)	-0.441*** (-3.33)
TobinQ	0.133* (1.93)	-0.029 (-0.98)
RDpr	1.193 (1.24)	2.247*** (5.09)
常数项	-37.966*** (-11.18)	-19.626*** (-10.55)
年份效应	YES	YES
行业效应	YES	YES
观测值	3163	9162
R-squared	24.87%	17.65%
费舍尔组合检验	p=0.010	

6.2.5.2 信息不对称异质性分析

本节讨论在不同的信息不对称程度下，ESG信息披露对企业绿色创新的影响差异。根据前文分析，本节采用分析师关注度作为信息不对称程度的代理变量，分析师关注度越高，信息不对称程度越低。表6-23报告了ESG信息披露对绿色创新的影响在不同信息不对称程度分组中的回归结果。结果显示，两组中ESG的回归系数都至少在10%水平下显著为正，费舍尔组合检验结果显示两组ESG的回归系数在5%水平下存在显著差异。这说明，信息不对称程度会对ESG信息披露和绿色创新之间的关系产生显著影响。

表6-23 信息不对称异质性分析回归结果

变量	GI 信息不对称程度低组	GI 信息不对称程度高组
ESG	0.140***	0.094*
	(3.59)	(1.83)
Lev	0.632**	0.985***
	(1.96)	(2.74)
Size	0.935***	0.358***
	(8.38)	(3.45)
Growth	-0.221***	-0.246***
	(-2.91)	(-2.71)
ROA	-0.908	1.249**
	(-1.58)	(2.13)
BM	-0.040	0.148
	(-0.43)	(1.49)
Cash	0.499	0.353
	(1.57)	(0.84)
R&D	1.926*	3.351**
	(1.73)	(2.26)
INST	-0.378	0.277
	(-1.63)	(1.00)
Dual	0.041	-0.260**
	(0.46)	(-2.19)
Indep	0.302	1.875**
	(0.37)	(2.16)
FirmAge	-0.540**	-0.786***
	(-2.19)	(-2.92)
TobinQ	0.031	-0.006
	(1.10)	(-0.15)
RDpr	1.285***	0.426
	(2.74)	(0.71)
常数项	-20.250***	-7.569***
	(-8.05)	(-3.38)
年份效应	YES	YES
行业效应	YES	YES
观测值	8187	4138
R-squared	20.06%	14.25%
费舍尔组合检验	p=0.042	

6.2.5.3 董事性别多样性异质性分析

根据高层梯队理论，董事会成员的人口特征会影响企业的决策过程和绩效（吕靓欣等，2022；余伟和郭小艺，2022），女性董事特有的价值观能为决策提供不同的视角。本节将选取女性董事占比作为分组标准，将样本企业分为董事性别多样性高组和董事性别多样性低组，并分别进行回归。表6-24的第（1）列和第（2）列分别报告了董事性别多样性高组和董事性别多样性低组的回归结果，两组的ESG回归系数都在5%水平下显著为正，费舍尔组合检验结果显示两组ESG的回归系数在5%水平下存在显著差异。这说明，董事性别多样性会对ESG信息披露和绿色创新之间的关系产生显著影响。

表6-24 董事性别多样性异质性分析回归结果

变量	GI 董事性别多样性高组	GI 董事性别多样性低组
ESG	0.097**	0.127**
	(2.48)	(2.44)
Lev	0.763**	0.509
	(2.32)	(1.27)
Size	0.755***	0.946***
	(6.00)	(7.05)
Growth	−0.249***	−0.158*
	(−4.01)	(−1.68)
ROA	0.183	−0.925
	(0.36)	(−1.09)
BM	−0.051	−0.014
	(−0.50)	(−0.15)
Cash	−0.023	0.561
	(−0.08)	(1.34)
R&D	1.267	1.709
	(1.12)	(1.25)
INST	−0.243	−0.102
	(−1.09)	(−0.37)
Dual	−0.044	−0.030
	(−0.42)	(−0.32)

续表

变量	GI	GI
	董事性别多样性高组	董事性别多样性低组
Indep	0.537	0.899
	(0.63)	(0.79)
FirmAge	-0.572**	-0.639**
	(-2.49)	(-1.96)
TobinQ	0.038	0.075**
	(1.19)	(2.22)
RDpr	1.333***	0.970
	(2.79)	(1.53)
常数项	-16.051***	-20.396***
	(-5.54)	(-6.94)
年份效应	YES	YES
行业效应	YES	YES
观测值	6522	5803
R-squared	16.58%	19.38%
费舍尔组合检验	p=0.015	

6.2.6 研究结论

中国提出的新发展理念与ESG理念高度契合，要求中国企业以不同形式和程度向低碳商业模式转型。企业实施ESG战略，并披露相关信息符合企业绿色发展的要求，且与ESG理念高度契合。鉴于此，本节以我国A股上市公司为切入点，在回顾和梳理企业ESG信息披露与绿色创新的文献的基础上进行理论分析，探讨企业ESG信息披露对绿色创新的影响，并进行实证检验。

（1）在样本范围内，企业ESG信息披露与企业绿色创新显著正相关，即ESG信息披露有利于促进企业绿色创新，且在样本范围内，当控制其他变量不变时，每增加1单位的ESG信息披露，将平均提高0.159单位的企业绿色创新。本节通过替换绿色创新度量指标、替换ESG信息披露度量指标、增加控制变量和内生性检验来验证研究结果的可靠性和稳定性，结论依然成立。

（2）在样本范围内，国有企业和非国有企业ESG信息披露对绿色创新的影响有显著差异；在不同信息不对称程度下，ESG 信息披露对绿色创新的影响有显著差异；董事性别多样性程度不同，ESG 信息披露对绿色创新的影响存在显著差异。

根据本节的结论可知，ESG 信息披露能够给利益相关者带来更多正面信号，促使企业实施绿色创新，从而推动企业持续发展。同时，产权性质、信息不对称程度和董事会多样性程度不同，企业 ESG 信息披露对绿色创新的促进作用存在显著差异。因此，本节的结论从 ESG 履责的角度为企业促进绿色创新和实现可持续发展提供了新的思路，同时也为产权性质、信息不对称程度和董事会多样性程度不同的企业提供了决策参考，并为提出有针对性的 ESG 信息披露政策建议提供了理论依据和实践支撑。

6.3 企业价值视角

ESG 理念是一种考虑企业环境、社会和治理表现的投资决策理念，是对责任投资理念的拓展和完善。ESG 不仅高度契合"五位一体"总体布局和新发展理念，而且为企业提供了一个系统性、可量化的框架，以支持其可持续发展。为提升上市公司的 ESG 意识和鼓励其披露相关的信息，政府出台了一系列鼓励上市公司披露 ESG 信息的政策。与此同时，投资者和社会公众对企业 ESG 表现的关注和监督，也鼓励企业提升 ESG 表现并进行信息披露。然而，现实情况是，政策和利益相关者的引导、监督作用固然重要，但由于履行 ESG 责任并披露 ESG 信息会给企业带来额外的成本，挤占企业资源，会阻碍企业进行 ESG 信息披露。因此，企业提升 ESG 表现并披露相关信息的内生动力是让企业在提升 ESG 信息披露水平中获得的利益高于由于披露 ESG 信息带来的额外成本，同时，企业有可能获得更强的可持续发展能力。这需要我们对 ESG 信息披露的价值效应进行分析。

ESG 信息披露作为达成"双碳"目标、完善绿色金融体系的重要支撑，既能推动企业高质量发展，又能满足利益相关者的预期和需求。那么在中国，ESG 信息披露能否同时实现社会价值和市场价值？换言之，ESG 信息披露是否有助于提升企业价值？相关问题的解决对于促进上市公司履行 ESG 责任和实现可持续发展具有重要的理论意义和现实意义。

在这样的背景下，本节以我国 A 股上市公司为切入点，探索企业 ESG 信息披露与企业价值之间的关系。在回顾与梳理企业 ESG 信息披露和企业价值相关文献的基础上，进行理论分析，探究企业 ESG 信息披露的企业价值，并进行实证检验。

6.3.1 假设提出

由前文分析可知，企业 ESG 战略与可持续发展紧密相连。一个企业履行 ESG 责任的目的在于获得长期的利润（Yoon et al., 2018），并与投资人、政府、公众等利益相关者建立积极的关系，从而实现企业的可持续发展。越来越多的证据显示，ESG 信息披露有助于提升企业信誉，从而提高企业绩效和企业价值（Fatemi et al., 2018; Aboud and Diab, 2018; Yu et al., 2018）。Zhang 等（2020）也认为 ESG 信息披露对企业价值有正面影响，进一步分析发现，仅环境和社会方面的信息披露对企业价值产生了影响，并且绿色创新具有替代作用。有学者认为良好的社会责任表现可以通过降低成本和非系统性风险来提高企业价值（Oikonomou et al., 2012; McWilliams and Siegel, 2001）。这一观点被 Broadstock 等（2020）证实，研究表明 ESG 表现在面对危机时可以降低财务风险。类似的，Minutolo 等（2019）发现，按照销售额划分公司的规模，ESG 信息披露对规模大的企业的托宾 Q 值影响最大，而对规模较小的企业的托宾 Q 值和资产回报率的影响截然相反。另一方面，ESG 信息披露会产生支出，挤占资源，从而降低企业绩效和企业价值。这两种截然相反的影响，也有可能相互抵消（Brooks and Oikonomou, 2018）。也有学者认为，企业在面临负面事件时市场价值会下跌，但市场对正面公告没有显著反应（Gunther, 2019）。

根据信息不对称理论，债权人和股东面临高度的信息不对称，只能通过有限的信息来评估企业可能发生的财务困境，融资成本会随之增加。加强 ESG 信息披露，可以降低投资者因缺乏信息而产生的道德风险和代理成本，使投资者更准确地了解企业的经营状况和风险水平，从而降低投资者要求的履行协议或利息溢价。基于信号传递理论，企业通过 ESG 信息披露能够传递承担ESG责任的重要信号，缓解管理层和投资人之间的信息不对称问题，减少企业ESG风险，降低违规成本和企业与利益相关者的交易成本，提升利益相关者参与企业价值创造的效率（Freeman，2010）。基于信号传递理论，首先，ESG信息披露作为一种信号，可以提高企业的信息透明度和市场信誉，提高投资者对企业的信心，使其更愿意长期持有企业股票，这有助于提高企业的市场估值，从而提高企业价值；其次，投资者倾向于投资具有良好ESG表现的企业，认为这些企业在环境、社会和治理方面的表现降低了潜在的风险，从而提高了企业价值；最后，通过ESG信息披露，企业能够更全面、准确地展示其在环境、社会和治理方面的表现，提高信息透明度和公信力，增强消费者、客户以及其他利益相关方对企业的信心和信任。良好的ESG表现也有助于企业树立良好的企业形象和品牌声誉，获得消费者和客户的青睐，提高企业在市场中的竞争力和地位，进一步提升企业价值。

基于以上分析，企业ESG信息披露可以吸引更多投资者和利益相关者的关注，有利于改善企业与利益相关各方的关系，以寻求长期效益和可持续发展。因此，本书提出如下研究假设。

假设H8：ESG信息披露可以有效促进企业价值的提升。

6.3.2 研究设计

6.3.2.1 样本选取与数据来源

本节样本选取方法同5.1.3节，不再赘述。经过数据筛选和处理后共得到4406家样本企业，34356个样本数据。ESG信息披露数据来自万得（Wind）数据库，其他模型变量数据来自国泰安（CSMAR）数据库。本书采用STATA软件进行数据统计分析。

6.3.2.2 主要变量定义

被解释变量：企业价值（FirmValue）。由于ESG信息披露通过降低企业与投资人和债权人之间信息不对称程度来影响企业价值，本书借鉴白雄等（2022）的研究，将企业总市值与总负债之和的自然对数定义为企业价值。

解释变量：ESG信息披露（ESG）。ESG信息披露度量指标与前文一致，选取华证ESG评级数据赋分，并将各季度评分取平均值，以衡量ESG信息披露水平。

控制变量：本节借鉴已有研究，为控制影响企业价值的其他因素，将资产负债率（Lev）、资产稳定性（Fixed）、企业年龄（FirmAge）、现金总资产比（Cash）、股权集中度（Top1）、独立董事比例（Indep）作为控制变量（王琳璘，2022；白雄等，2022；林有志和张雅芬，2007）。所有变量的具体定义见表6-25。

表6-25 主要变量定义

变量类型	变量名称	变量代码	变量定义
被解释变量	企业价值	FirmValue	ln（总市值+总负债）
解释变量	ESG信息披露	ESG	华证ESG评价体系赋分并取年度均值
控制变量	资产负债率	Lev	年末总负债/年末总资产
	资产稳定性	Fixed	期末长期资产/期末总资产
	企业年龄	FirmAge	ln（当年年份-公司成立年份+1）
	现金总资产比	Cash	当期的现金净流量/年末资产总额
	股权集中度	Top1	第一大股东持股数量/总股数
	独立董事比例	Indep	独立董事人数/董事人数
	年份	Year	年份虚拟变量
	行业	Ind	行业虚拟变量

6.3.2.3 研究方法与模型设计

为了实现上述研究目标，本节的实证包括两个步骤：首先检验ESG信息披露与企业价值的关系；然后检验审计意见、污染属性和产权性质的异质性影响。

为了实现第一步目标，构建模型（6-8）：

$$\text{FirmValue}_{i,t} = a_0 + a_1 \text{ESG}_{i,t} + \sum \text{Controls}_{i,t} + \sum \text{Year} + \sum \text{Ind} + \varepsilon_{i,t} \quad (6\text{-}8)$$

其中，i表示个体，t表示年份，Controls指代前文所设的一系列控制变量。此外，还加入了年份（Year）和行业（Ind）虚拟变量，以控制年份和行业因素的影响。

6.3.3 实证结果与分析

6.3.3.1 主要变量的描述性统计

表 6-26 列示了主要变量的描述性统计结果。因变量企业价值（FirmValue）的均值为 22.970，最小值为 20.837，最大值为 27.849，中位数为 22.786，说明样本企业的企业价值普遍较低，超过 50% 的企业没有达到平均水平，且样本企业之间存在较大差异。自变量 ESG 信息披露（ESG）的均值为 6.482，中位数 6.000，标准差为 1.083，说明样本企业的 ESG 信息披露水平普遍较低，超过 50% 的样本企业没有达到平均水平，且不同样本的 ESG 信息披露存在较大差异。

表 6-26 主要变量描述性统计结果

变量	样本量	均值	标准差	最小值	中位数	最大值
FirmValue	34356	22.970	1.234	20.837	22.786	27.849
ESG	34356	6.482	1.083	3.000	6.000	9.000
Lev	34356	0.420	0.207	0.051	0.413	0.886
Fixed	34356	0.210	0.160	0.002	0.176	0.695
FirmAge	34356	2.858	0.355	1.609	2.890	3.497
Cash	34356	0.168	0.133	0.008	0.129	0.669
Top1	34356	0.345	0.149	0.086	0.324	0.746
Indep	34356	0.375	0.053	0.333	0.357	0.571

6.3.3.2 主回归结果分析

本节采用固定效应模型对模型（6-8）进行估计，并使用了稳健标准误，回归结果如表 6-27 所示。第（1）列报告了未控制年份和行业效应的结果，第（2）列报告了控制年份和行业效应的回归结果。结果显示，ESG 信息披露（ESG）的回归系数分别为 0.082 和 0.076，无论是否控制年份和行业效应，均在 1% 水平下显著为正，这说明企业 ESG 信息披露与企业价值显著正相关，即 ESG 信息披露有利于企业价值的提高,与理论分析一致,验证了假设 H8;且在样本范围内,当控制其他变量不变时,每增加 1 单位的 ESG 信息披露,将平均提高 0.076 单位的企业价值。

表 6-27 ESG 信息披露与企业价值的回归结果

变量	FirmValue (1)	FirmValue (2)
ESG	0.082*** (15.37)	0.076*** (15.10)
Lev	1.643*** (29.13)	1.727*** (34.11)
Fixed	−0.505*** (−6.19)	−0.443*** (−6.66)
FirmAge	1.526*** (46.75)	0.491*** (10.18)
Cash	−0.276*** (−5.22)	−0.221*** (−4.66)
Top1	−0.026 (−0.23)	−0.026 (−0.26)
Indep	0.023 (0.18)	−0.115 (−0.95)
常数项	17.401*** (129.33)	20.091*** (106.76)
年份效应	NO	YES
行业效应	NO	YES
观测值	34356	34356
R-squared	50.01%	58.72%

6.3.4 稳健性检验

6.3.4.1 替换企业价值度量指标

借鉴林有志和张雅芬(2007)、王琳和李亚伟(2022)的研究,通过企业绩效衡量企业价值,本节选取总资产报酬率(ROA)和净资产回报率(ROE)分别作为替换企业价值的度量指标,检验研究结果的稳定性。此外,本节还借鉴朱雅琴和姚海鑫（2010）的研究，用每股收益（EPS）作为另一个替代指标来度量企业价值。表 6-28 的第（1）列、第（2）列和第（3）列分别报告了将企业价值度量指标替换为总资产报酬率（ROA）、净资产回报率（ROE）和每股收益（EPS）的回归结果。结果显示，ESG 的回归系数分别为 0.006、0.015 和 0.046，且均在 1% 水平下显著。这说明，ESG 信息披露与企业价值显著正相关，进一步支持了本书的结论。

表 6-28　替换企业价值度量指标后的回归结果

变量	ROA (1)	ROE (2)	EPS (3)
ESG	0.006*** (12.12)	0.015*** (14.82)	0.046*** (11.35)
Lev	-0.120*** (-34.88)	-0.157*** (-19.39)	-0.642*** (-20.02)
Fixed	-0.056*** (-12.81)	-0.093*** (-10.20)	-0.581*** (-14.38)
FirmAge	-0.008*** (-4.25)	-0.008** (-2.49)	-0.187*** (-7.42)
Cash	0.050*** (12.74)	0.068*** (9.44)	0.533*** (15.39)
Top1	0.061*** (13.94)	0.118*** (14.93)	0.513*** (11.22)
Indep	-0.014 (-1.50)	-0.038** (-2.11)	-0.047 (-0.60)
常数项	0.067*** (5.99)	0.043** (2.04)	0.046*** (11.35)
年份效应	YES	YES	YES
行业效应	YES	YES	YES
观测值	34355	34355	33697
R-squared	23.00%	12.82%	13.17%

6.3.4.2 替换 ESG 信息披露的度量指标

借鉴晓芳等（2021）的研究，本节选取 WindESG 综合评分作为度量 ESG

信息披露的替换指标。表6-29第（1）列和第（2）列分别报告了没有控制年份和行业效应、控制了年份和行业效应的回归结果。结果显示，无论是否控制年份和行业效应，ESG信息披露替换成WindESG综合得分后，ESG的回归系数（分别为0.159和0.143）均在1%水平下显著为正，进一步支持了本书的结论。

表6-29 替换ESG信息披露度量指标后的检验结果

变量	FirmValue (1)	FirmValue (2)
ESG	0.159*** (16.63)	0.143*** (15.45)
Lev	1.701*** (23.56)	1.553*** (24.65)
Fixed	-0.342*** (-3.81)	-0.379*** (-4.81)
FirmAge	1.933*** (37.61)	0.579*** (10.77)
Cash	0.204*** (3.09)	0.106* (1.73)
Top1	-0.052 (-0.41)	0.140 (1.24)
Indep	0.012 (0.10)	-0.034 (-0.30)
常数项	15.599*** (91.51)	19.762*** (72.00)
年份效应	NO	YES
行业效应	NO	YES
观测值	13973	13973
R-squared	16.67%	35.81%

6.3.4.3 增加控制变量

借鉴王琳璘等（2022）的研究，考虑到影响企业价值的其他因素，本节新增了企业规模（Size）和兼任情况（Dual）两个控制变量，重新对模型

(6-8) 进行回归。表6-30第（1）列和第（2）列分别报告了没有控制年份和行业效应、控制了年份和行业效应的回归结果。结果显示，无论是否控制年份和行业效应，在增加Size和Dual两个控制变量后，ESG的回归系数（分别为0.008和0.008）均在1%水平下显著为正，进一步支持了本书的结论。

表6-30 增加控制变量后的检验结果

变量	FirmValue (1)	FirmValue (2)
ESG	0.008*** (2.99)	0.008*** (2.95)
Lev	0.430*** (19.28)	0.481*** (21.89)
Fixed	0.038 (1.51)	0.037 (1.46)
FirmAge	0.115*** (9.54)	0.119*** (9.04)
Cash	−0.097*** (−3.39)	−0.090*** (−3.42)
Top1	−0.302*** (−10.71)	−0.233*** (−8.31)
Indep	0.230*** (3.79)	0.192*** (3.41)
Size	0.863*** (169.89)	0.859*** (160.00)
Dual	−0.015** (−2.17)	−0.017*** (−2.68)
常数项	3.327*** (31.53)	3.494*** (26.91)
年份效应	NO	YES
行业效应	NO	YES
观测值	33697	33697
R-squared	90.18%	92.07%

6.3.4.4 内生性检验

首先，借鉴王琳璘等（2022）的研究，由于模型中可能存在不随时间变化的、预测不了的遗漏变量，本节加入企业个体固定效应，以双向固定效应模型取代基准回归中的年份加行业的固定效应模型。此外，借鉴李志斌等（2022）的研究，本节进一步控制年份效应×行业效应，对样本进行高维固定效应回归。表6-31的第（1）列和第（2）列分别报告了增加了个体固定效应和年份效应×行业效应的回归结果。回归结果显示，ESG的回归系数分别为0.054和0.318，且均在1%水平下显著，进一步支持了本书的结论。

表6-31　个体固定效应与高维固定效应的回归结果

变量	FirmValue (1)	FirmValue (2)
ESG	0.054***	0.318***
	(10.24)	(25.74)
Lev	1.503***	2.653***
	(27.10)	(37.10)
Fixed	−0.555***	−0.135
	(−7.66)	(−1.31)
FirmAge	0.642***	0.084*
	(6.92)	(1.89)
Cash	−0.207***	−0.119
	(−4.13)	(−1.24)
Top1	−0.235**	0.626***
	(−1.99)	(6.78)
Indep	−0.142	0.209
	(−1.12)	(0.89)
常数项	20.294***	2.653***
	(67.44)	(37.10)
年份效应	YES	YES
行业效应	YES	YES
个体效应	YES	NO
年份效应×行业效应	NO	YES
观测值	33697	33643
R-squared	26.26%	32.82%

其次,将 ESG 信息披露指标和控制变量滞后处理,以缓解反向因果问题。基准回归结果表明,ESG 信息披露水平越高,企业价值越高,但这一结果可能存在反向因果问题。为了解决这个问题,本节将 ESG 信息披露指标滞后 1 期、滞后 2 期、滞后 3 期、滞后 4 期和滞后 8 期,并对控制变量进行相应的滞后处理。表 6-32 的第 (1) 列至第 (5) 列报告了相应的回归结果,结果显示,ESG 的回归系数分别为 0.315、0.309、0.305、0.298 和 0.287,且均在 1%水平下显著,进一步支持了本书的结论。

表 6-32 解释变量滞后的检验结果

变量	FirmValue (1)	FirmValue (2)	FirmValue (3)	FirmValue (4)	FirmValue (5)
ESG_{t-1}	0.315*** (23.89)	—	—	—	—
ESG_{t-2}	—	0.309*** (22.00)	—	—	—
ESG_{t-3}	—	—	0.305*** (19.84)	—	—
ESG_{t-4}	—	—	—	0.298*** (17.78)	—
ESG_{t-8}	—	—	—	—	0.287*** (11.49)
Lev	2.619*** (34.17)	2.491*** (30.56)	2.302*** (26.81)	2.163*** (23.47)	1.888*** (13.89)
Fixed	-0.154 (-1.42)	-0.159 (-1.42)	-0.142 (-1.21)	-0.098 (-0.80)	-0.107 (-0.63)
FirmAge	-0.005 (-0.12)	-0.064 (-1.34)	-0.100** (-2.04)	-0.134*** (-2.63)	-0.206*** (-3.18)
Cash	-0.037 (-0.37)	0.031 (0.30)	0.148 (1.35)	0.163 (1.41)	0.264 (1.60)
Top1	0.713*** (7.39)	0.814*** (8.06)	0.906*** (8.48)	0.920*** (8.09)	0.931*** (5.90)
Indep	0.295 (1.19)	0.370 (1.42)	0.388 (1.40)	0.487* (1.65)	0.987** (2.27)
常数项	19.629*** (111.86)	19.898*** (108.76)	20.133*** (104.00)	20.356*** (99.18)	20.664*** (70.58)

续表

变量	FirmValue (1)	FirmValue (2)	FirmValue (3)	FirmValue (4)	FirmValue (5)
年份效应	YES	YES	YES	YES	YES
行业效应	YES	YES	YES	YES	YES
观测值	28383	24549	21212	18027	8404
R-squared	48.86%	46.65%	43.31%	40.68%	33.17%

最后，本节还使用倾向得分匹配法（PSM）缓解样本自选择问题。借鉴余明桂等（2013）的研究采用倾向得分匹配法（PSM）筛选"对照组"样本，具体方法是：先生成ESG信息披露的虚拟变量形式，并基于资产负债率（Lev）、资产稳定性（Fixed）、企业年龄（FirmAge）、现金总资产比（Cash）、股权集中度（Top1）、独立董事比例（Indep）等公司特征变量，通过Logit模型对样本企业进行打分；然后采用一对一的最近邻匹配法进行样本匹配（caliper值为0.05）；最后对得到的样本采用模型（6-8）进行回归。表6-33为企业ESG信息披露的Logit模型估计结果。结果表明，当显著水平为0.01时，资产稳定性高、企业年龄小、现金总资产比大、股权集中度高、董事会独立性低的企业，ESG信息披露水平更高，且常数项系数通过检验。当显著水平为0.5时，我们有95%的把握认为资产负债率与企业ESG信息披露负相关。

表6-33 ESG信息披露的Logit模型估计结果

变量	系数及显著性	z值	p值
Lev	-0.200**	-2.18	0.029
Fixed	0.350***	3.13	0.002
FirmAge	-0.442***	-8.01	0.000
Cash	2.886***	15.33	0.000
Top1	2.302***	17.93	0.000
Indep	-1.627***	-5.17	0.000
常数项	2.797***	12.99	0.000

采用一对一最近邻匹配法匹配后的 ATT 值在 1%的水平下显著（t 值为 13.01），说明处理了样本自选择问题以后，差异依然显著。表 6-34 为对匹配后的样本进行回归的结果，ESG 信息披露的回归系数在 1%水平下显著为正。这表明，企业 ESG 信息披露在 1%的显著水平下与企业价值成正向变动关系，进一步支持了本书的结论。

表 6-34　基于倾向得分匹配法的内生性检验回归结果

变量	FirmValue
	（1）
ESG	8.8e+09***
	（14.1626）
Lev	4.1e+10***
	（11.6858）
Fixed	3.7e+09
	（0.6890）
FirmAge	−3.2e+09
	（−1.3413）
Cash	2.0e+10***
	（2.7868）
Top1	1.5e+10***
	（2.8837）
Indep	−1.4e+10
	（−1.1820）
常数项	−4.6e+10***
	（−3.4961）
年份效应	YES
行业效应	YES
观测值	4880
R-squared	16.43%

6.3.5 进一步研究

6.3.5.1 审计意见异质性分析

作为外部监督的重要手段之一，审计意见会影响投资者等利益相关者对企业价值的评估。本节对审计意见异质性进行分析，将样本企业按照是否被出具标准审计意见分为两组，进行分组回归。表6-35的第（1）列和第（2）列分别报告了被出具标准审计意见组和被出具非标准审计意见组的分组回归结果。结果显示，被出具标准审计意见组和被出具非标准审计意见组的ESG的回归系数分别为0.313和0.226，均在1%水平下显著，费舍尔组合检验结果说明两组的ESG系数在1%水平下存在显著差异。这说明，被出具标准审计意见的样本企业的ESG信息披露对企业价值的影响相对更大。

表6-35 审计意见异质性分析回归结果

变量	FirmValue 标准审计意见组	FirmValue 非标准审计意见组
ESG	0.313***	0.226***
	(57.15)	(8.94)
Lev	2.750***	1.372***
	(89.95)	(10.65)
Fixed	-0.135***	0.010
	(-3.15)	(0.039)
FirmAge	0.080***	0.159
	(4.65)	(1.47)
Cash	-0.057	-1.109***
	(-1.27)	(-4.73)
Top1	0.584***	1.311***
	(16.06)	(5.46)
Indep	0.201**	-0.169
	(1.99)	(-0.32)
常数项	18.877***	20.255***
	(188.20)	(37.76)
年份效应	YES	YES
行业效应	YES	YES
观测值	32737	960
R-squared	48.81%	44.00%
费舍尔组合检验	p=0.000	

注：费舍尔组合检验抽样为1000次。下表同。

6.3.5.2 污染属性异质性分析

由于重污染企业被强制要求披露环境相关信息,企业污染属性可能会影响企业价值的估计,因此,本节按照是否属于重污染行业进行分组,将样本企业分为重污染行业组和非重污染行业组,进行分组回归。表6-36的第(1)列和第(2)列分别报告了重污染行业组和非重污染行业组的分组回归结果。结果显示,重污染行业组和非重污染行业组的ESG的回归系数分别为0.250和0.340,均在1%水平下显著,费舍尔组合检验结果说明两组ESG的系数在1%水平下存在显著差异。这说明,非重污染行业的企业ESG信息披露对企业价值的影响比重污染行业的企业更大。

表6-36 污染属性异质性分析回归结果

变量	FirmValue 重污染行业组	FirmValue 非重污染行业组
ESG	0.250*** (25.61)	0.340*** (54.46)
Lev	2.447*** (41.02)	2.687*** (77.55)
Fixed	0.649*** (8.86)	−0.498*** (−9.52)
FirmAge	0.046 (1.33)	0.083*** (4.29)
Cash	−0.112 (−1.04)	−0.093* (−1.91)
Top1	1.018*** (14.44)	0.464*** (11.19)
Indep	0.160 (0.82)	0.227** (1.97)
常数项	20.191*** (122.76)	18.865*** (176.64)
年份效应	YES	YES
行业效应	YES	YES
观测值	9092	24605
R-squared	50.57%	47.71%
费舍尔组合检验	p=0.003	

6.3.5.3 产权异质性分析

产权性质可能会影响 ESG 信息披露的价值效应。首先，产权性质可能会影响企业 ESG 信息披露的动机，不同产权性质的企业披露 ESG 信息的动机和形式会有差异（王琳璘等，2022）；其次，产权性质可能会影响利益相关者对 ESG 信息披露的期望值；最后，产权性质可能会影响企业获得资源的渠道和方式。因此，本节按照是否属于国有企业将样本企业分为国有企业组和非国有企业组，再进行回归。表 6-37 的第（1）列和第（2）列分别报告了国有企业组和非国有企业组的分组回归结果。结果显示，国有企业组和非国有企业组 ESG 的回归系数分别为 0.324 和 0.261，均在 1%水平下显著，费舍尔组合检验结果说明两组 ESG 的系数在 1%水平下存在显著差异。这说明，国有企业 ESG 信息披露对企业价值的影响比非国有企业更大。

表 6-37 产权性质异质性分析回归结果

变量	FirmValue 国有企业组	FirmValue 非国有企业组
ESG	0.324*** (37.39)	0.261*** (38.99)
Lev	2.556*** (50.96)	2.453*** (63.93)
Fixed	−0.383*** (−5.57)	−0.136** (−2.53)
FirmAge	−0.173*** (−4.51)	0.097*** (5.48)
Cash	0.101 (1.04)	−0.159*** (−3.26)
Top1	0.983*** (15.40)	0.065 (1.52)
Indep	1.848*** (10.45)	−0.745*** (−6.83)
常数项	18.959*** (117.00)	19.537*** (157.39)
年份效应	YES	YES
行业效应	YES	YES

续表

变量	FirmValue	FirmValue
	国有企业组	非国有企业组
观测值	11531	22166
R-squared	49.64%	42.14%
费舍尔组合检验	p=0.000	

6.3.6 研究结论

ESG 与中国新发展理念和"五位一体"总体布局紧密契合，有助于推动中国经济的可持续发展。为提升上市公司的 ESG 意识和鼓励其披露相关的信息，政府出台了一系列鼓励上市公司披露 ESG 信息的政策。与此同时，投资者和社会公众对企业 ESG 表现的关注和监督，也鼓励企业提升 ESG 表现并进行信息披露。然而，政策和利益相关者的引导和监督作用固然重要，但由于企业履行 ESG 责任会让企业投入额外的资源，从而阻碍企业进行 ESG 信息披露。因此，企业提升 ESG 表现并披露相关信息的内生动力是让企业在提升 ESG 信息披露水平中获得的利益高于由于 ESG 信息披露带来的额外成本，同时，企业有可能获得更强的可持续发展能力。鉴于此，本节以我国 A 股上市公司为切入点，探索企业 ESG 信息披露与企业价值之间的关系。在回顾和梳理企业 ESG 信息披露与企业价值相关文献的基础上，展开理论分析并提出研究假设，随后进行实证检验，研究得出如下结论。

（1）在样本范围内，企业 ESG 信息披露与企业价值显著正相关，即 ESG 信息披露有利于企业价值的提高，且在样本范围内，当控制其他变量不变时，每增加 1 单位的 ESG 信息披露，将平均提升 0.076 单位的企业价值。本节通过替换企业价值度量指标、替换 ESG 信息披露度量指标、增加控制变量和进行内生性检验来验证研究结果的可靠性和稳定性，结论依然成立。

（2）在样本范围内，被出具标准审计意见的样本企业 ESG 信息披露对企业价值的影响比被出具非标准审计意见的企业更大；非重污染行业的企业 ESG 信息披露对企业价值的影响比重污染行业的企业更大；国有企业 ESG 信息披露对企业价值的影响比非国有企业更大。

基于该部分研究结论可知，ESG 信息披露能够有效提升企业价值和推动企业可持续发展。同时，在审计意见、污染属性和产权性质不同的企业，ESG 信息披露对企业价值的促进作用有显著差异。本章的结论从 ESG 履责的角度为企业提升自身价值和实现可持续发展提供了新的视角，并从审计意见、污染属性和产权性质角度为不同的企业提供了决策依据，同时为提出有针对性的 ESG 信息披露政策建议提供了依据和支撑。

7 结论与展望

7.1 主要研究结论

近年来，ESG 信息披露作为推进企业履行社会责任和实现可持续发展的重要手段备受瞩目，已成为金融市场投资者和利益相关者评估企业价值的重要因素之一。在此背景下，本书通过认真梳理已有 ESG 信息披露研究，在文献评述的基础上对相关概念进行界定，并基于委托代理理论、信息不对称理论、信号传递理论、利益相关者理论、组织合法性理论及可持续发展理论，结合规范分析和实证分析的方法，从企业因素、政府规制和媒体监督的角度分析 ESG 信息披露的影响因素，并从融资成本、绿色创新和企业价值视角分析 ESG 信息披露的经济后果，为企业在日益严峻的全球环境挑战下实现经济、环境和社会的协同发展提供了理论和经验证据。本书的主要研究结论概括如下。

第一，在样本范围内，管理层持股、股权集中度以及"四大"会计师事务所审计与 ESG 披露水平之间呈现显著的正相关关系，而且在控制其他变量不变时，每增加 1 单位的管理层持股，将平均提高 0.294 单位的 ESG 信息披露水平；每增加 1 单位的股权集中度，将平均提高 0.411 单位的 ESG 信息披露水平；每增加 1 单位的"四大"会计师事务所审计，将平均提高 0.166 单位的 ESG 信息披露水平。通过替换 ESG 信息披露度量指标、替换公司治理度量指标、增加控制变量及内生性检验等，结果依然成立。此外，在样本范围内，管理层持股、股权集中度、是否由"四大"会计师事务所审计对东部地区和中西部地区企业 ESG 信息披露的影响存在显著差异；管理层持股、股权集中度和是否由"四大"会计师事务所审计对国有企业和非国有企业 ESG 信息披露的影响存在显著差异；管理层持股对重污染行业和非重污染行业的

ESG 信息披露的影响存在显著差异。

第二，在样本范围内，《关于构建绿色金融体系的指导意见》的出台对我国 A 股上市公司的 ESG 信息披露具有促进作用，尤其对属于重污染行业的企业 ESG 信息披露有显著促进作用。经过平衡趋势分析、安慰剂检验、倾向得分匹配法的稳健性检验后，结果依然成立。此外，在样本范围内，国有企业 ESG 信息披露受到政策的影响可能更大；政策对被出具标准审计意见的企业 ESG 信息披露有显著正向影响；政策对东部地区和中西部地区企业 ESG 信息披露的影响存在显著差异；香港联交所在 2015 年 12 月发布的《环境、社会及管治报告指引》对企业 ESG 信息披露具有显著促进作用。

第三，在样本范围内，媒体监督的回归系数显著为正，说明媒体监督对我国 A 股上市公司的 ESG 信息披露具有促进作用。在更换 ESG 信息披露度量指标、增加控制变量和进行内生性问题检验后，这一结论依然成立。此外，在样本范围内，积极、正面的媒体报道越多的企业更有可能提高 ESG 信息披露的水平，而负面媒体报道较多的企业，其 ESG 披露水平更有可能偏低；信息不对称程度越高的企业，媒体监督对 ESG 信息披露的影响越大；具有学术背景的高管占比高的企业，媒体监督对 ESG 信息披露的影响更大。

第四，在样本范围内，企业 ESG 信息披露与融资成本显著负相关，当控制其他变量不变时，每增加 1 单位的 ESG 信息披露，将平均降低 0.001 单位的 ESG 融资成本。通过更换融资成本指标、增加控制变量、进行内生性检验来检验研究结果的可靠性和稳定性，结论依然成立。此外，在样本范围内，信息不对称程度会对 ESG 信息披露和融资成本之间的关系产生显著影响；拥有海外经历的高管占比低的企业 ESG 信息披露对融资成本的负向影响更显著；拥有学术背景的高管占比高的企业 ESG 信息披露对融资成本的负向影响更显著。

第五，在样本范围内，企业 ESG 信息披露与企业绿色创新显著正相关，即 ESG 信息披露有利于促进企业绿色创新，且当控制其他变量不变时，每增加 1 单位的 ESG 信息披露，将平均提高 0.159 单位的企业绿色创新。通过替换绿色创新度量指标、替换 ESG 信息披露度量指标、增加控制变量和进行内生性检验来验证研究结果的可靠性和稳定性，结论依然成立。此外，在样本范围内，国有企业和非国有企业 ESG 信息披露对绿色创新的影响有显著差异；在不同信息不对称程度下，ESG 信息披露和绿色创新之间的关系有显著差异；董事性别多样性程度不同，ESG 信息披露对绿色创新的影响存在显著差异。

第六，在样本范围内，企业 ESG 信息披露与企业价值显著正相关，即 ESG 信息披露有利于企业价值的提高，且当控制其他变量不变时，每增加 1 单位的 ESG 信息披露，将平均提升 0.076 单位的企业价值。通过替换企业价值度量指标、替换 ESG 信息披露度量指标、增加控制变量和进行内生性检验来检验研究结果的可靠性和稳定性，结论依然成立。此外，在样本范围内，被出具标准审计意见的样本企业 ESG 信息披露对企业价值的影响比被出具非标准审计意见的企业更大；非重污染行业的企业 ESG 信息披露对企业价值的影响比重污染行业的企业更大；国有企业 ESG 信息披露对企业价值的影响比非国有企业更大。

7.2 启示与政策建议

基于主要研究结论，本书总结了以下启示与政策建议。

第一，通过研究企业因素对 ESG 信息披露的影响，发现管理层持股、股权集中度以及"四大"会计师事务所审计能促使企业提高 ESG 披露水平，更好地满足利益相关者的信息需求，有助于企业与利益相关者建立良好的关系，促进企业可持续发展。因此，在优化企业公司治理时，可以考虑：①创设 ESG 绩效奖励。为了进一步激励管理层关注和提高 ESG 表现，公司可以将 ESG 目标与管理层的绩效奖励（如股票期权、奖金等）挂钩。具体的，公司应设定具体、可衡量、可达成、相关性强、时限明确的 ESG 目标，并将这些目标纳入与绩效奖励挂钩的用于衡量管理层绩效的关键指标中，还需进行定期的评估和调整，确保奖励计划有效激励管理层改善 ESG 绩效。②ESG 股东投票。鼓励股东更加活跃地参与公司治理，特别是在 ESG 问题上，可以通过开展 ESG 相关的股东投票。这将使得股权集中度更高的股东有更大的动力来监督管理层的 ESG 行为。③加强第三方 ESG 审计。除了考虑规模和专业性，企业也应考虑审计机构的 ESG 专业知识和经验。这可能需要发展新的审计标准和能力,以确保他们能有效地评估和推动公司的 ESG 表现。④建立 ESG 信息披露平台。为了进一步降低 ESG 信息的不对称程度,公司可以开发或使用现有的在线平台,定期更新和公开他们的 ESG 表现和策略。这不仅可以提高信息透明度,还可以使得利益相关者更好地理解公司的 ESG 行为。

第二,通过研究政府规制对 ESG 信息披露的影响,发现相关政策文件的出台对我国 A 股上市公司的 ESG 信息披露具有促进作用,尤其对属于重污染行业企业的 ESG 信息披露水平有显著促进作用。这说明,绿色金融体系的构建有效地引导和督促企业履行 ESG 责任并披露相关信息,这为政府及监管部门出台后续的相关政策提供了理论参考。同时,通过异质性分析我们发现,产权性质、地区和外部治理因素都会对政策效果产生影响。值得注意的是,国有企业作为国民经济的主导力量,政策敏感度更高,而收到标准审计意见的企业和中西部企业,政策效果也更好。因此,政府监管部门应在建立健全我国的 ESG 信息披露制度时考虑:①制定定制化的 ESG 披露指南。中国证监会或其他相关监管机构可以参考国内外主流的 ESG 信息披露规范,结合中国上市公司的实际情况,制定一份具有中国特色的 ESG 信息披露指南。这个指南应该详细解释 ESG 信息的范畴,以及如何进行有效的 ESG 信息披露。②采用渐进式的披露策略。监管机构可以考虑实施渐进式的 ESG 信息披露政策。这个政策可以从鼓励自愿披露开始,然后逐步过渡到半强制性披露(即"不遵循就解释"),在满足利益相关者信息需求的同时,为企业则提供一定适应的空间。③实施试点项目。在实施新的 ESG 信息披露政策时,监管机构可以首先选择试点地区或企业进行测试。这些试点公司可以是国有企业或者位于东部发达地区的企业,它们往往有更强的资源和能力来适应新的披露要求。④加强第三方审计。监管机构应鼓励并要求上市公司接受专业第三方的 ESG 信息审计。这可以确保披露的 ESG 信息的质量和可信度。⑤加强培训和教育。监管机构可以提供针对 ESG 信息披露的培训和教育服务,帮助上市公司了解和掌握 ESG 信息披露的最佳实践。

第三,媒体监督对我国 A 股上市公司的 ESG 信息披露具有促进作用。进一步研究发现，积极、正面的媒体报道更能有效地促进企业提高 ESG 信息披露的水平，这说明，企业更倾向于向投资者和其他利益相关者传递积极信号。此外，信息不对称程度越高、高管具有学术背景的企业越有可能提高 ESG 信息披露水平，这是外部压力结合监督的结果。因此，媒体监督作为重要的外部监督力量，在促进企业 ESG 信息披露的过程中扮演着重要角色，在建立健全媒体监督制度时应该考虑：①利用数字技术提高媒体监督效率。政府和监管部门可以鼓励和支持媒体利用信息技术（如大数据、人工智能和区块链等）来降低监督成本，提高监督效率。这些技术可以帮助媒体机构更快地获取和处理信息，从而更准确、更全面地监督企业的 ESG 行为。②提升媒体工作者的素质和能力。为了提高媒体监督的效果，政府和行业协会可以提供专门的培训和教育，帮助媒体工作者更好地理解和评估企业的 ESG 信息。同时，政府可以设立奖励机制，鼓励媒体对企业的 ESG 行为进行深入、全面的报道。③政府和监管部门可以鼓励企业主动与媒体互动。企业应该更积极地与媒体互动，主动公开和解释其 ESG 行为。这不仅可以帮助企业建立更好的公众形象，也可以降低媒体误解和负面报道的可能性。

第四，ESG 信息披露可以有效降低企业的融资成本，促进企业可持续发展。同时，信息不对称程度和高管背景不同的企业，ESG 信息披露对融资成本的影响存在显著差异。融资成本是影响企业可持续发展的重要因素，本书的结论为企业获取资源，实现可持续发展提供了 ESG 履责的视角。在建立健全 ESG 信息披露制度时可以考虑：①鼓励金融机构和机构投资者进行 ESG 投资，这将优化资源配置，并可以通过提供税收优惠或者其他形式的激励引导企业进一步改善 ESG 履责情况。②鼓励企业降低信息不对称程度，这可能需要企业提高其信息披露的频率和质量，同时也需要政府或行业组织设定一定的信息披露标准。③在优化公司治理结构时，应考虑增加具有不同背景的高管的占比，以提高公司治理的多元化水平和包容性。

第五，ESG 信息披露可以向利益相关者传递更加积极的信号，有效倒逼企业进行绿色创新，从而促进企业的可持续发展。同时，产权性质、信息不对称程度和董事会多样性程度不同的企业，ESG 信息披露对企业绿色创新的促进作用有显著差异。本书为企业促进绿色创新，实现可持续发展提供了 ESG 履责的视角。在推行 ESG 信息披露的相关政策法规的过程中可以考虑：①制定定制化的 ESG 信息披露标准。考虑到不同产权性质的企业可能存在不同的 ESG 关注点，可以设立定制化的 ESG 信息披露标准。这意味着，对于不同类型的企业，可能需要制定不同的 ESG 信息披露要求。这种定制化的方法可以更有效地反映出各类企业的 ESG 履责情况。②建立 ESG 信息披露平台。为了缓解信息不对称问题，可以建立一个统一的、公开的 ESG 信息披露平台，企业可以在此平台上公布 ESG 信息。这样，公众和投资者都可以在同一平台上获得所有企业的 ESG 信息，从而提高信息的透明度和可比性。③建立董事会多样性评估制度。在优化公司治理框架的过程中，可以引入董事会多样性评估制度，以鼓励董事会的多样化。这种评估制度可以基于董事会成员的性别、年龄、教育背景、工作经验等多个维度，给予企业相应的评分。企业可以根据这个评分来优化其董事会的结构。

第六，ESG 信息披露可以有效提高企业价值，促进企业可持续发展。同时，审计意见、污染属性和产权性质不同的企业，ESG 信息披露对企业价值提升的促进作用有显著差异。因此，本书为企业提高自身价值，实现可持续发展提供了 ESG 履责的视角。在建立健全 ESG 信息披露制度时可以考虑：①强化第三方鉴证机构的作用。在建立和完善 ESG 信息披露制度时，需要强化第三方鉴证机构的监督作用，以确保信息的质量和准确性。②分行业制定 ESG 披露标准。对于环境污染属性不同的企业，应考虑分行业确定 ESG 信息披露的具体形式和内容，以适应不同行业的特殊情况。③完善 ESG 信息披露标准。当前，重污染企业的环境信息披露是强制性的，但是 ESG 信息的披露标准还需要进一步明确和补充。

7.3 研究局限与未来展望

本书对我国企业 ESG 信息披露的影响因素与经济后果进行了深入探讨，并为 ESG 信息披露理论的发展和 ESG 信息披露制度的完善提供了理论基础和实证依据，但仍然存在一些不足之处值得未来进一步探讨和改进。

第一，由于我国 ESG 信息披露起步较晚，尚未建立健全的 ESG 披露制度，披露 ESG 报告的企业占上市公司总数的比例较小，本书未能直接构建基于 ESG 报告的 ESG 信息披露度量指标。值得期待的是，我国上市企业发布 ESG 报告的数量正在逐年递增，未来的研究可以通过构建基于 ESG 报告的企业 ESG 信息披露度量指标，检验 ESG 信息披露的影响因素和经济后果，并与本书进行比较研究。

第二，根据 ESG 制度背景分析得知，2022 年中国证监会发布了《上市公司投资者关系管理工作指引》，要求在与投资者沟通的内容中增加上市公司的环境、社会和治理（ESG）信息。同年，国资委发布了《提高央企控股上市公司质量工作方案》，要求推动中央企业控股上市公司的 ESG 专项报告。这些针对上市企业 ESG 信息披露出台的政策，无疑会对 ESG 信息披露产生影响，但由于研究样本数据的滞后性，对相关政策效果的研究数据缺失。未来的研究可以检验这些政策的出台对企业 ESG 信息披露的"净效应"。

第三，本书借鉴已有文献，选取华证 ESG 评级来衡量企业 ESG 信息披露。随着我国上市企业发布 ESG 报告的数量迅速增加，未来的研究可以考虑采用文本分析的方法，从 ESG 报告的定性信息中捕捉企业履行 ESG 责任的实际情况。

参考文献

[1] 白景坤, 罗晨婧, 顾飞. 制度合法性压力与企业 ESG "漂绿" [J/OL]. 系统工程理论与实践（电子版）：1-36 [2025-02-19].

[2] 白雄, 朱一凡, 韩锦绵. ESG 表现、机构投资者偏好与企业价值 [J]. 统计与信息论坛, 2022（10）：117-128.

[3] 操群, 许骞. 金融"环境、社会和治理"（ESG）体系构建研究 [J]. 金融监管研究, 2019（4）：95-111.

[4] 车笑竹, 苏勇. 企业违规对社会责任报告及其价值效应的影响 [J]. 经济管理, 2018（10）：58-74.

[5] 陈春花, 朱丽, 宋继文. 学者价值何在？高管学术资本对创新绩效的影响研究 [J]. 经济管理, 2018（10）：92-105.

[6] 陈小林, 王玉涛, 陈运森. 事务所规模、审计行业专长与知情交易概率 [J]. 会计研究, 2013（2）：69-77+95.

[7] 陈亚光, 储婕. 公司治理结构对信息透明度影响的实证研究 [J]. 经济纵横, 2015（5）：21-25.

[8] 褚晓琳, 张立中. 股权激励对公司绩效影响的博弈分析 [J]. 统计与决策, 2011（9）：186-188.

[9] 醋卫华, 李培功. 媒体监督公司治理的实证研究 [J]. 南开管理评论, 2012（1）：33-42.

[10] 代昀昊, 孔东民. 高管海外经历是否能提升企业投资效率 [J]. 世界经济, 2017（1）：168-192.

[11] 翟华云. 预算软约束下外部融资需求对企业社会责任披露的影响 [J]. 中国人口·资源与环境, 2010（9）：107-113.

[12] 董丽, 吴琪扬, 谢霞, 等. 企业社会责任信息披露与市场地位相关

性研究——来自食品饮料与医药行业的证据［J］. 统计与信息论坛, 2009 (11): 60-65.

［13］杜剑. 企业与政府部门关于企业社会责任信息披露的博弈分析［J］. 统计与决策, 2011 (24): 173-174.

［14］杜勇, 周丽. 高管学术背景与企业金融化［J］. 西南大学学报 (社会科学版), 2019 (6): 63-74.

［15］方先明, 胡丁. 企业 ESG 表现与创新——来自 A 股上市公司的证据［J］. 经济研究, 2023 (2): 91-106.

［16］方行明, 魏静, 郭丽丽. 可持续发展理论的反思与重构［J］. 经济学家, 2017 (3): 24-31.

［17］冯欣, 姜文来, 刘洋. 农业水价利益相关者定量排序研究［J］. 中国农业资源与区划, 2019 (3): 173-180+187.

［18］高杰英, 褚冬晓, 廉永辉, 等. ESG 表现能改善企业投资效率吗?［J］. 证券市场导报, 2021 (11): 24-34+72.

［19］郭檬楠, 吴秋生, 郭金花. 国家审计、社会监督与国有企业创新［J］. 审计研究, 2021 (2): 25-34.

［20］郭照蕊, 黄俊. 高铁时空压缩效应与公司权益资本成本——来自 A 股上市公司的经验证据［J］. 金融研究, 2021 (7): 190-206.

［21］韩国文, 甘雨田. 投资者关注能否促进企业绿色创新绩效提升——融资约束的中介效应与环境规制的调节作用［J/OL］. 科技进步与对策 (电子版): 1-10 [2023-04-07].

［22］韩忠雪, 李笑笑. 产业政策、媒体监督与企业 ESG 表现［J］. 哈尔滨商业大学学报 (社会科学版), 2024 (3): 45-63.

［23］何枫, 刘荣, 陈丽莉. 履行环境责任是否会提高企业经济效益?——基于利益相关者视角［J］. 北京理工大学学报 (社会科学版), 2020 (6): 32-42.

［24］贺云龙, 肖铭玥. 政治关联、媒体报道与企业社会责任信息披露——来自沪深 A 股数据的实证分析［J］. 哈尔滨商业大学学报 (社会科学

版），2020（2）：93-102.

[25] 胡楠，薛付婧，王昊楠．管理者短视主义影响企业长期投资吗？——基于文本分析和机器学习［J］．管理世界，2021（5）：139-156.

[26] 黄辉．媒体负面报道、市场反应与企业绩效［J］．中国软科学，2013（8）：104-116.

[27] 黄珺，汪玉荷，韩菲菲，等．ESG信息披露：内涵辨析、评价方法与作用机制［J/OL］．外国经济与管理（电子版）：1-17［2023-05-25］.

[28] 黄世忠．ESG视角下价值创造的三大变革［J］．财务研究，2021（6）：3-14.

[29] 贾敬全，卜华，姚圣．基于演化博弈的环境信息披露监管研究［J］．华东经济管理，2014（5）：145-148.

[30] 贾晓慧，符正平．组织文化、高管价值观和社会性管制对企业社会绩效的影响：一个实证研究［J］．南方经济，2010（5）：46-59.

[31] 寇小萱．制造企业社会责任与企业绩效的关系——基于利益相关者的视角［J］．中国流通经济，2012（10）：68-72.

[32] 冷建飞，高云．融资约束下企业社会责任信息披露质量与创新持续性——中小板企业数据分析［J］．科技进步与对策，2019（11）：77-84.

[33] 黎文靖．股东和管理层的权力博弈与会计信息质量——来自中国证券市场的经验证据［J］．暨南学报（哲学社会科学版），2009（6）：114-123+210.

[34] 李百兴，王博，卿小权．企业社会责任履行、媒体监督与财务绩效研究——基于A股重污染行业的经验数据［J］．会计研究，2018（7）：64-71.

[35] 李瑾．我国A股市场ESG风险溢价与额外收益研究［J］．证券市场导报，2021（6）：24-33.

[36] 李经路．股权集中度对研发强度的影响：数理分析与数据检验——对2007—2014年A股上市公司的观察［J］．暨南学报（哲学社会科学版），2017（6）：22-38.

[37] 李井林, 阳镇, 陈劲, 等. ESG促进企业绩效的机制研究——基于企业创新的视角 [J]. 科学学与科学技术管理, 2021 (9): 71-89.

[38] 李明毅, 惠晓峰. 上市公司信息披露与资本成本: 来自中国证券市场的经验证据 [J]. 管理学报, 2008 (1): 88-95+127.

[39] 李晓蹊, 胡杨璘, 史伟. 我国ESG报告顶层制度设计初探 [J]. 证券市场导报, 2022 (4): 35-44.

[40] 李增福, 冯柳华. 企业ESG表现与商业信用获取 [J]. 财经研究, 2022 (12): 151-165.

[41] 李正. 企业社会责任与企业价值的相关性研究——来自沪市上市公司的经验证据 [J]. 中国工业经济, 2006 (2): 77-83.

[42] 李志斌, 邵雨萌, 李宗泽, 等. ESG信息披露、媒体监督与企业融资约束 [J]. 科学决策, 2022 (7): 1-26.

[43] 梁红玉, 姚益龙, 宁吉安. 媒体监督、公司治理与代理成本 [J]. 财经研究, 2012 (7): 90-100.

[44] 林有志, 张雅芬. 信息透明度与企业经营绩效的关系 [J]. 会计研究, 2007 (9): 26-34+95.

[45] 刘柏, 卢家锐, 琚涛. 形式主义还是实质主义: ESG评级软监管下的绿色创新研究 [J/OL]. 南开管理评论 (电子版): 1-24 [2023-04-07].

[46] 刘会芹, 施先旺. 年报可读性对分析师盈余预测的影响 [J]. 证券市场导报, 2020 (3): 30-39.

[47] 刘俊海. 论公司ESG信息披露的制度设计: 保护消费者等利益相关者的新视角 [J/OL]. 法律适用 (电子版): 1-14 [2023-05-25].

[48] 刘亭立, 王妍, 石倩倩. 高质量的信息披露是否有助于降低企业信贷融资成本?——基于会计信息可比性的研究 [J]. 投资研究, 2022 (6): 59-75.

[49] 卢建词, 姜广省. CEO绿色经历能否促进企业绿色创新? [J]. 经济管理, 2022 (2): 106-121.

[50] 卢娟, 李斌, 李贺. 环境信息披露会促进企业出口吗 [J]. 国际

贸易问题, 2020 (8): 100-114.

[51] 卢宁文, 戴昌钧. 管理层股权激励与会计信息质量——基于利益博弈的分析 [J]. 江西社会科学, 2008 (10): 198-203.

[52] 卢文彬, 官峰, 张佩佩, 等. 媒体曝光度、信息披露环境与权益资本成本 [J]. 会计研究, 2014 (12): 66-71+96.

[53] 卢馨, 李建明. 中国上市公司环境信息披露的现状研究——以2007年和2008年沪市A股制造业上市公司为例 [J]. 审计与经济研究, 2010 (3): 62-69.

[54] 吕靓欣, 王世权, 李小青. 高管团队断层与企业风险承担——CEO-TMT权力差距的调节作用 [J]. 软科学, 2022 (7): 83-89.

[55] 马连福, 赵颖. 上市公司社会责任信息披露影响因素研究 [J]. 证券市场导报, 2007 (3): 4-9.

[56] 毛新述, 叶康涛, 张頔. 上市公司权益资本成本的测度与评价——基于我国证券市场的经验检验 [J]. 会计研究, 2012 (11): 12-22+94.

[57] 毛志宏, 魏延鹏. 国有资本参股对民营企业绿色创新能力的影响研究 [J]. 软科学, 2023 (2): 44-50.

[58] 孟晓俊, 肖作平, 曲佳莉. 企业社会责任信息披露与资本成本的互动关系——基于信息不对称视角的一个分析框架 [J]. 会计研究, 2010 (9): 25-29+96.

[59] 米旭明. 工业用地制度改革与产业结构调整——兼论新发展阶段土地要素市场化改革的理论逻辑 [J]. 经济学动态, 2022 (11): 107-125.

[60] 牛文元. 可持续发展理论的内涵认知——纪念联合国里约环发大会20周年 [J]. 中国人口·资源与环境, 2012 (5): 9-14.

[61] 潘海英, 朱忆丹, 新夫. ESG表现与企业金融化——内外监管双"管"齐下的调节效应 [J]. 南京审计大学学报, 2022 (2): 60-69.

[62] 钱明, 徐光华, 沈弋, 等. 民营企业自愿性社会责任信息披露与融资约束之动态关系研究 [J]. 管理评论, 2017 (12): 163-174.

[63] 乔菲, 文雯, 冯晓晴. "国家队"持股能促进企业绿色创新吗——

重污染行业的异质性分析 [J]. 科技进步与对策, 2022 (22): 92-102.

[64] 邱牧远, 殷红. 生态文明建设背景下企业 ESG 表现与融资成本 [J]. 数量经济技术经济研究, 2019 (3): 108-123.

[65] 沈洪涛, 冯杰. 舆论监督、政府监管与企业环境信息披露 [J]. 会计研究, 2012 (2): 72-78+97.

[66] 沈坤荣, 金刚. 中国地方政府环境治理的政策效应——基于"河长制"演进的研究 [J]. 中国社会科学, 2018 (5): 92-115+206.

[67] 沈艺峰, 王夫乐, 陈维. "学院派"的力量：来自具有学术背景独立董事的经验证据 [J]. 经济管理, 2016 (5): 176-186.

[68] 盛明泉, 余璐, 王文兵. ESG 披露与股价崩盘风险 [J]. 贵州财经大学学报, 2023 (2): 32-41.

[69] 宋晓华, 蒋潇, 韩晶晶, 等. 企业碳信息披露的价值效应研究——基于公共压力的调节作用 [J]. 会计研究, 2019 (12): 78-84.

[70] 苏涛. 企业文化在发展变迁中创新的"绿色"飞跃 [J]. 湖北社会科学, 2014 (10): 55-57.

[71] 孙冬, 杨硕, 赵雨萱, 等. ESG 表现、财务状况与系统性风险相关性研究——以沪深 A 股电力上市公司为例 [J]. 中国环境管理, 2019 (2): 37-43.

[72] 孙美, 池祥麟, 永田胜也. 社会责任投资的发展趋势和策略研究 [J]. 四川大学学报 (哲学社会科学版), 2017 (6): 141-152.

[73] 陶文杰, 金占明. 企业社会责任信息披露、媒体关注度与企业财务绩效关系研究 [J]. 管理学报, 2012 (8): 1225-1232.

[74] 陶莹, 董大勇. 媒体关注与企业社会责任信息披露关系研究 [J]. 证券市场导报, 2013 (11): 20-26+33.

[75] 田祖海. 社会责任投资理论述评 [J]. 经济学动态, 2007 (12): 88-92.

[76] 汪建成, 杨梅, 李晓晔. 外部压力促进了企业绿色创新吗？——政府监管与媒体监督的双元影响 [J]. 产经评论, 2021 (4): 66-81.

[77] 王斌，梁欣欣.财务状况与信息披露质量——来自深交所的经验证据［J］.会计研究，2008（2）：31-38+95.

[78] 王波，杨茂佳.ESG表现对企业价值的影响机制研究——来自我国A股上市公司的经验证据［J］.软科学，2022（6）：78-84.

[79] 王丹，李玉萍.基于全球价值链和利益相关者理论的跨国公司环境绩效审计评价指标体系的构建［J］.科技管理研究，2015（5）：79-83.

[80] 王分棉，贺佳，孙宛霖.命令型环境规制、ISO14001认证与企业绿色创新——基于《环境空气质量标准（2012）》的准自然实验［J］.中国软科学，2021（9）：105-118.

[81] 王海军，陈波，何玉.ESG责任履行提高了企业估值吗？——来自MSCI评级的准自然试验［J/OL］.经济学报（电子版）：1-29［2023-04-07］.

[82] 王红帅，董战峰.联合国可持续发展目标的评估与落实研究最新进展——目标关系的视角［J］.中国环境管理，2020（6）：88-94.

[83] 王琳，李亚伟.强化社会责任信息披露能提升企业价值么？——基于违约风险和同群效应的实证研究［J］.投资研究，2022（5）：105-119.

[84] 王琳璘，廉永辉，董捷.ESG表现对企业价值的影响机制研究［J］.证券市场导报，2022（5）：23-34.

[85] 王倩.公用企业核心利益相关者及其关系的调整［J］.新疆社会科学，2012（6）：21-26.

[86] 王涛，罗开帆，于超.制度复杂性下的企业ESG实践：研究综述与展望［J/OL］.外国经济与管理（电子版）：1-19［2025-02-19］.

[87] 王晓祺，宁金辉.强制社会责任披露能否驱动企业绿色转型？——基于我国上市公司绿色专利数据的证据［J］.审计与经济研究，2020（4）：69-77.

[88] 王翌秋，谢萌.ESG信息披露对企业融资成本的影响——基于中国A股上市公司的经验证据［J］.南开经济研究，2022（11）：75-94.

[89] 邬娟.欧美国家企业社会责任信息披露分析——对中国的经验

借鉴[J]. 经济体制改革, 2012 (4): 151-155.

[90] 席龙胜, 王岩. 企业ESG信息披露与股价崩盘风险[J]. 经济问题, 2022 (8): 57-64.

[91] 席龙胜, 赵辉. 高管双元环保认知、绿色创新与企业可持续发展绩效[J]. 经济管理, 2022 (3): 139-158.

[92] 席龙胜, 赵辉. 企业ESG表现影响盈余持续性的作用机理和数据检验[J]. 管理评论, 2022 (9): 313-326.

[93] 鲜祖德, 巴运红, 成金璟. 联合国2030年可持续发展目标指标及其政策关联研究[J]. 统计研究, 2021 (1): 4-14.

[94] 晓芳, 兰凤云, 施雯, 等. 上市公司的ESG评级会影响审计收费吗?——基于ESG评级事件的准自然实验[J]. 审计研究, 2021 (3): 41-50.

[95] 徐雪高, 王志斌. 境外企业ESG信息披露的主要做法及启示[J]. 宏观经济管理, 2022 (2): 83-90.

[96] 许启发, 甘霖, 蒋翠侠. 信息披露可读性影响权益资本成本吗?——来自MD&A文本挖掘的证据[J]. 证券市场导报, 2022 (10): 2-13.

[97] 严若森, 陈娟. 高管政治关联对企业绿色创新的影响研究: 基于政府—企业—社会互动视角[J]. 人文杂志, 2022 (7): 105-116.

[98] 颜恩点, 曾庆生. 新闻媒体的信息和监督功能: 基于上市公司会计盈余价值相关性的研究[J]. 外国经济与管理, 2018 (7): 99-112.

[99] 阳镇, 陈劲, 凌鸿程. 媒体关注、环境政策不确定性与企业绿色技术创新——来自中国A股上市公司的经验证据[J/OL]. 管理工程学报(电子版): 1-15 [2023-04-07].

[100] 杨东, 柴慧敏. 企业绿色技术创新的驱动因素及其绩效影响研究综述[J]. 中国人口·资源与环境, 2015 (S2): 132-136.

[101] 杨国超, 张李娜. 产业政策何以更有效?——基于海量媒体报道数据与研发操纵现象的证据[J]. 经济学(季刊), 2021 (6): 2173-2194.

[102] 杨熠, 李余晓璐, 沈洪涛. 绿色金融政策、公司治理与企业环境

信息披露——以 502 家重污染行业上市公司为例 [J]. 财贸研究, 2011 (5): 131-139.

[103] 杨玉龙, 吴文, 高永靖, 等. 新闻媒体、资讯特征与资本市场信息效率 [J]. 财经研究, 2018 (6): 109-125.

[104] 姚海鑫, 冷军. 内部控制、外部监管与上市公司会计信息披露质量——基于博弈论的分析 [J]. 东北大学学报 (社会科学版), 2016 (3): 247-254.

[105] 伊凌雪, 蒋艺翅, 姚树洁. 企业 ESG 实践的价值创造效应研究——基于外部压力视角的检验 [J]. 南方经济, 2022 (10): 93-110.

[106] 尹开国, 汪莹莹, 刘小芹. 产权性质、管理层持股与社会责任信息披露——来自中国上市公司的经验证据 [J]. 经济与管理研究, 2014 (9): 114-120.

[107] 游家兴, 吴静. 沉默的螺旋: 媒体情绪与资产误定价 [J]. 经济研究, 2012 (7): 141-152.

[108] 于连超, 张卫国, 毕茜, 等. 环境政策不确定性与企业环境信息披露——来自地方环保官员变更的证据 [J]. 上海财经大学学报, 2020 (2): 35-50.

[109] 于忠泊, 田高良, 张咏梅. 媒体关注、制度环境与盈余信息市场反应——对市场压力假设的再检验 [J]. 会计研究, 2012 (9): 40-51+96-97.

[110] 余明桂, 李文贵, 潘红波. 管理者过度自信与企业风险承担 [J]. 金融研究, 2013 (1): 149-163.

[111] 余伟, 郭小艺. 董事会性别多样性对企业绿色创新的影响研究 [J/OL]. 软科学 (电子版): 1-10 [2023-04-07].

[112] 原东良, 周建. 新闻媒体情绪与企业创新投资 [J]. 财经论丛, 2021 (10): 58-69.

[113] 张承鹫, 吴华强, 才国伟, 等. 股票价格波动的信息渠道影响研究——基于媒体报道和分析师预测的视角 [J]. 南方经济, 2021

(11): 122-136.

[114] 张慧, 黄群慧. 制度压力、主导型 CEO 与上市公司 ESG 责任履行 [J]. 山西财经大学学报, 2022 (9): 74-86.

[115] 张秀敏, 杨连星, 汪瑾. 企业环境信息披露促进了研发创新吗? [J]. 商业研究, 2016 (6): 37-43.

[116] 张兆国, 靳小翠, 李庚秦. 企业社会责任与财务绩效之间交互跨期影响实证研究 [J]. 会计研究, 2013 (8): 32-39+96.

[117] 张正勇, 吉利, 毛洪涛. 公司社会责任信息披露与经济动机研究——来自中国上市公司社会责任报告的经验证据 [J]. 证券市场导报, 2012 (7): 16-23.

[118] 张正勇, 吉利, 毛洪涛. 上市公司社会责任报告自愿披露的动机——以所有权性质为背景的经验分析 [J]. 证券市场导报, 2014 (7): 21-27.

[119] 赵一心, 侯和宏, 缪小林. 政府环境补贴、制度激励与企业绿色创新——基于倾向得分匹配法的实证分析 [J]. 地方财政研究, 2022 (1): 49-62.

[120] 郑志刚, 丁冬, 汪昌云. 媒体的负面报道、经理人声誉与企业业绩改善——来自我国上市公司的证据 [J]. 金融研究, 2011 (12): 163-176.

[121] 周方召, 潘婉颖, 付辉. 上市公司 ESG 责任表现与机构投资者持股偏好——来自中国 A 股上市公司的经验证据 [J]. 科学决策, 2020 (11): 15-41.

[122] 朱丹, 李静柔, 高波. 审计意见能预测公司盈利的持续性吗? [J]. 南京审计大学学报, 2019 (6): 19-28.

[123] 朱炜, 孙雨兴, 汤倩. 实质性披露还是选择性披露: 企业环境表现对环境信息披露质量的影响 [J]. 会计研究, 2019 (3): 10-17.

[124] 朱雅琴, 姚海鑫. 独立董事、审计委员会与信息透明度——来自深圳证券交易所 A 股上市公司的经验证据 [J]. 东北大学学报 (社会科学版), 2011 (2): 128-133.

·参考文献·

[125] Aboody D, Kasznik R. CEO Stock Option Awards and the Timing of Corporate Voluntary Disclosures [J]. Journal of Accounting and Economics, 2000, 29 (1): 73-100.

[126] Aboud A, Diab A. The Impact of Social, Environmental and Corporate Governance Disclosures on Firm Value: Evidence from Egypt [J]. Journal of Accounting in Emerging Economies, 2018, 8 (4): 442-458.

[127] Adams R B, Ferreira D. Women in the Boardroom and Their Impact on Governance and Performance [J]. Journal of Financial Economics, 2009, 94 (2): 291-309.

[128] Agle B R, Mitchell R K, Sonnenfeld J A. Who Matters to Ceos? An Investigation of Stakeholder Attributes and Salience, Corpate Performance, and Ceo Values [J]. Academy of Management Journal, 1999, 42 (5): 507-525.

[129] Akerlof G A. The Market for "Lemons": Quality Uncertainty and the Market Mechanism [J]. The Quarterly Journal of Economics, 1970, 84 (3): 488-500.

[130] Alareeni B A, Hamdan A. ESG Impact on Performance of US S&P 500-listed Firms [J]. Corporate Governance: The International Journal of Business in Society, 2020, 20 (7): 1409-1428.

[131] Albitar K, Hussainey K, Kolade N, et al. ESG Disclosure and Firm Performance Before and After IR: The Moderating Role of Governance Mechanisms [J]. International Journal of Accounting & Information Management, 2020, 28 (3): 429-444.

[132] Allegrini M, Greco G. Corporate Boards, Audit Committees and Voluntary Disclosure: Evidence from Italian Listed Companies [J]. Journal of Management & Governance, 2013, 17 (1): 187-216.

[133] Alsayegh M F, Rahman R A, Homayoun S. Corporate Economic, Environmental, and Social Sustainability Performance Transformation through ESG Disclosure [J]. Sustainability, 2020, 12 (9): 3910.

[134] Aluchna M, Roszkowska-Menkes M, Kamiński B, et al. Do Institutional Investors Eencourage Firm to Social Disclosure? The Stakeholder Salience Perspective [J]. Journal of Business Research, 2022, 142 (C): 674-682.

[135] Amir E, Lev B. Value-relevance of Nonfinancial Information: The Wireless Communications Industry [J]. Journal of Accounting and Economics, 1996, 22 (1-3): 3-30.

[136] Aouadi A, Marsat S. Do ESG Controversies Matter for Firm Value? Evidence from International Data [J]. Journal of Business Ethics, 2018, 151 (4): 1027-1047.

[137] Aureli S, Gigli S, Medei R, et al. The Value Relevance of Environmental, Social, and Governance Disclosure: Evidence from Dow Jones Sustainability World Index Listed Companies [J]. Corporate Social Responsibility and Environmental Management, 2020, 27 (1): 43-52.

[138] Baldini M, Maso L D, Liberatore G, et al. Role of Country-and Firm-level Determinants in Environmental, Social, and Governance Disclosure [J]. Journal of Business Ethics, 2018, 150 (1): 79-98.

[139] Barth M E, McNichols M F. Estimation and Market Valuation of Environmental Liabilities Relating to Superfund Sites [J]. Journal of Accounting Research, 1994, 32 (S): 177-209.

[140] Bear S, Rahman N, Post C. The Impact of Board Diversity and Gender Composition on Corporate Social Responsibility and Firm Reputation [J]. Journal of Business Ethics, 2010, 97 (2): 207-221.

[141] Bing T, Li M. Does CSR Signal the Firm Value? Evidence from China [J]. Sustainability, 2019, 11 (15): 4255.

[142] Brammer S, Brooks C, Pavelin S. Corporate Social Performance and Stock Returns: UK Evidence from Disaggregate Measures [J]. Financial Management, 2006, 35 (3): 97-116.

[143] Broadstock D C, Chan K, Cheng L T W, et al. The Role of ESG

Performance during Times of Financial Crisis: Evidence from COVID-19 in China [J]. Finance Research Letters, 2021, 38 (C): 101716.

[144] Broadstock D C, Matousek R, Meyer M, et al. Does Corporate Social Responsibility Impact Firms' Innovation Capacity? The Indirect Link between Environmental & Social Governance Implementation and Innovation Performance [J]. Journal of Business Research, 2020, 119: 99-110.

[145] Brogi M, Lagasio V. Environmental, Social, and Governance and Company Profitability: Are Financial Intermediaries Different? [J]. Corporate Social Responsibility and Environmental Management, 2019, 26 (3): 576-587.

[146] Brooks C, Oikonomou I. The Effects of Environmental, Social and Governance Disclosures and Performance on Firm Value: A Review of The Literature in Accounting and Finance [J]. The British Accounting Review, 2018, 50 (1): 1-15.

[147] Brown S, Hillegeist S A. How Disclosure Quality Affects the Level of Information Asymmetry [J]. Review of Accounting Studies, 2007, 12 (2): 443-477.

[148] Busco C, Consolandi C, Eccles R G, et al. A Preliminary Analysis of SASB Reporting: Disclosure Topics, Financial Relevance, and The Financial Intensity of ESG Materiality [J]. Journal of Applied Corporate Finance, 2020, 32 (2): 117-125.

[149] Cahan S F, Chen C, Chen L, et al. Corporate Social Responsibility and Media Coverage [J]. Journal of Banking & Finance, 2015, 59 (C): 409-422.

[150] Camilleri M A. Measuring the Corporate Managers's Attitudes towards ISO's Social Responsibility Standard [J]. Total Quality Management & Business Excellence, 2019, 30 (13-14): 1549-1561.

[151] Camilleri M A. Theoretical Insights on Integrated Reporting: The Inclusion of Non-Financial Capitals in Corporate Disclosures [J]. Corporate Com-

munications: An International Journal, 2018, 23 (4): 567-581.

［152］Campbell D. Intra-and Intersectoral Effects in Environmental Disclosures: Evidence for Legitimacy Theory? [J]. Business Strategy and The Environment, 2003, 12 (6): 357-371.

［153］Capelle B G, Petit A. Every Little Helps? ESG News and Stock Market Reaction [J]. Journal of Business Ethics, 2019, 157 (2): 543-565.

［154］Carnevale C, Mazzuca M, Venturini S. Corporate Social Reporting in European Banks: The Effects on A Firm's Market Value [J]. Corporate Social Responsibility and Environmental Management, 2012, 19 (3): 159-177.

［155］Carnini P S, Ciaburri M, Magnanelli B S, et al. Does ESG Disclosure Influence Firm Performance? [J]. Sustainability, 2022, 14 (13): 7595.

［156］Chen J, Hong H, Jiang W, et al. Outsourcing Mutual Fund Management: Firm Boundaries, Incentives, and Performance [J]. The Journal of Finance, 2013, 68 (2): 523-558.

［157］Chen Y C, Hung M, Wang Y. The Effect of Mandatory CSR Disclosure on Firm Profitability and Social Externalities: Evidence from China [J]. Journal of Accounting and Economics, 2018, 65 (1): 169-190.

［158］Cheng B, Ioannou I, Serafeim G. Corporate Social Responsibility and Access to Finance [J]. Strategic Management Journal, 2014, 35 (1): 1-23.

［159］Cheng S. Board Size and The Variability of Corporate Performance [J]. Journal of Financial Economics, 2008, 87 (1): 157-176.

［160］Ching H Y, Gerab F. Sustainability Reports in Brazil through the Lens of Signaling, Legitimacy and Stakeholder Theories [J]. Social Responsibility Journal, 2017, 13 (1): 95-110.

［161］Cho C H, Freedman M, Patten D M. Corporate Disclosure of Environmental Capital Expenditures [J]. Accounting, Auditing & Accountability Journal, 2012, 25 (3): 486-507.

［162］Clarkson P M, Li Y, Richardson G D, et al. Revisiting the Relation Between Environmental Performance and Environmental Disclosure: An Empirical Analysis [J]. Accounting, Organizations and Society, 2008, 33 (4/5): 303-327.

[163] Clarkson P M, Overell M B, Chapple L. Environmental Reporting and Its Relation to Corporate Environmental Performance [J]. Abacus, 2011, 47 (1): 27-60.

[164] Clarkson P, Li Y, Richardson G, et al. Causes and Consequences of Voluntary Assurance of CSR Reports [J]. Accounting, Auditing & Accountability Journal, 2019, 32 (8): 2451-2474.

[165] Cleff T, Rennings K. Determinants of Environmental Product and Process Innovation [J]. European Environment, 1999, 9 (5): 191-201.

[166] Coluccia D, Fontana S, Solimene S. Does Institutional Context Affect CSR Disclosure? A Study on Eurostoxx 50 [J]. Sustainability, 2018, 10 (8): 2823.

[167] Connelly B L, Ketchen D J, Slater S F. Toward a "Theoretical Toolbox" for Sustainability Research in Marketing [J]. Journal of the Academy of Marketing Science, 2011, 39 (1): 86-100.

[168] Crespi F, Migliavacca M. The Determinants of ESG Rating in the Financial Industry: The Same Old Story or a Different Tale? [J]. Sustainability, 2020, 12 (16): 1-20.

[169] Cucari N, Esposito De Falco S, et al. Diversity of Board of Directors and Environmental Social Governance: Evidence from Italian Listed Companies [J]. Corporate Social Responsibility and Environmental Management, 2018, 25 (3): 250-266.

[170] Dam L, Scholtens B. Does Ownership Type Matter for Corporate Social Responsibility? [J]. Corporate Governance: An International Review, 2012, 20 (3): 233-252.

[171] Deegan C. Introduction: The Legitimising Effect of Social and Environ-

mental Disclosures – A Theoretical Foundation [J]. Accounting, Auditing & Accountability Journal, 2002, 15 (3): 282-311.

[172] Dhaliwal D S, Li O Z, Tsang A, et al. Voluntary Nonfinancial Disclosure and the Cost of Equity Capital: The Initiation of Corporate Social Responsibility Reporting [J]. Accounting Review, 2011, 86, 59-100.

[173] Diamond D W. Optimal Release of Information by Firms [J]. The Journal of Finance, 1985, 40 (4): 1071-1094.

[174] Dierkens N. Information Asymmetry and Equity Issues [J]. Journal of Financial and Quantitative Analysis, 1991, 26 (2): 181-199.

[175] Drempetic S, Klein C, Zwergel B. The Influence of Firm Size on The ESG Score: Corporate Sustainability Ratings under Review [J]. Journal of Business Ethics, 2020, 167 (2): 333-360.

[176] Duque G E, Aguilera C J. Environmental, Social and Governance (ESG) Scores and Financial Performance of Multilatinas: Moderating Effects of Geographic International Diversification and Financial Slack [J]. Journal of Business Ethics, 2021, 168 (2): 315-334.

[177] Dyck A, Volchkova N, Zingales L. The Corporate Governance Role of the Media: Evidence from Russia [J]. The Journal of Finance, 2008, 63 (3): 1093-1135.

[178] Eccles R G, Ioannou I, Serafeim G. The Impact of Corporate Sustainability on Organizational Processes and Performance [J]. Management Science, 2014, 60 (11): 2835-2857.

[179] Eccles R G, Krzus M P. The Integrated Reporting Movement: Meaning, Momentum, Motives, and Materiality [M]. Hoboken: John Wiley & Sons, 2014.

[180] Eliwa Y, Aboud A, Saleh A. ESG Practices and the Cost of Debt: Evidence from EU Countries [J]. Critical Perspectives on Accounting, 2021, 79: 102097.

[181] Eng L L, Mak Y T. Corporate Governance and Voluntary Disclosure [J]. Journal of Accounting and Public Policy, 2003, 22 (4): 325-345.

[182] Fama E F, Jensen M C. Separation of Ownership and Control [J]. The Journal of Law and Economics, 1983, 26 (2): 301-325.

[183] Fasan M, Mio C. Fostering Stakeholder Engagement: The Role of Materiality Disclosure in Integrated Reporting [J]. Business Strategy and the Environment, 2017, 26 (3): 288-305.

[184] Fatemi A, Fooladi I, Tehranian H. Valuation Effects of Corporate Social Responsibility [J]. Journal of Banking & Finance, 2015, 59 (C): 182-192.

[185] Fatemi A, Glaum M, Kaiser S. ESG Performance and Firm Value: The Moderating Role of Disclosure [J]. Global Finance Journal, 2018, 38 (C): 45-64.

[186] Filatotchev I, Liu X, Buck T, et al. The Export Orientation and Export Performance of High-Technology Smes in Emerging Markets: The Effects of Knowledge Transfer by Returnee Entrepreneurs [J]. Journal of International Business Studies, 2009, 40 (6): 1005-1021.

[187] Fishman M J, Hagerty K M. Disclosure Decisions by Firms and the Competition for Price Efficiency [J]. The Journal of Finance, 1989, 44 (3): 633-646.

[188] Francis B, Hasan I, Park J C, et al. Gender Differences in Financial Reporting Decision Making: Evidence from Accounting Conservatism [J]. Contemporary Accounting Research, 2015, 32 (3): 1285-1318.

[189] Francis J R, Khurana I K, Pereira R. Disclosure Incentives and Effects on Cost of Capital Around the World [J]. The Accounting Review, 2005, 80 (4): 1125-1162.

[190] Freeman R E. Strategic Management: A Stakeholder Approach [M]. New York: Cambridge University Press, 2010.

[191] Friede G, Busch T, Bassen A. ESG and Financial Performance: Aggregated Evidence from More than 2000 Empirical Studies [J]. Journal of Sustainable Finance & Investment, 2015, 5 (4): 210-233.

[192] Galema R, Plantinga A, Scholtens B. The Stocks at Stake: Return and Risk in Socially Responsible Investment [J]. Journal of Banking & Finance, 2008, 32 (12): 2646-2654.

[193] Gangi F, Angelo E D, Daniele L M, et al. The Impact of Corporate Governance on Social and Environmental Engagement: What Effect on Firm Performance in the Food Industry? [J]. British Food Journal, 2021, 123 (2): 610-626.

[194] Garcia A S, Mendes D S W, Orsato R J. Sensitive Industries Produce Better ESG Performance: Evidence from Emerging Markets [J]. Journal of Cleaner Production, 2017, 150 (7): 135-147.

[195] Gerwanski J. Does It Pay off? Integrated Reporting and Cost of Debt: European Evidence [J]. Corporate Social Responsibility and Environmental Management, 2020, 27 (5): 2299-2319.

[196] Ghazali N A M. Ownership Structure and Corporate Social Responsibility Disclosure: Some Malaysian Evidence [J]. Corporate Governance: The International Journal of Business in Society, 2007, 7 (3): 251-266.

[197] Giannarakis G. Corporate Governance and Financial Characteristic Effects on the Extent of Corporate Social Responsibility Disclosure [J]. Social Responsibility Journal, 2014, 10 (4): 569-590.

[198] Giannetti M, Liao G, Yu X. The Brain Gain of Corporate Boards: Evidence from China [J]. The Journal of Finance, 2015, 70 (4): 1629-1682.

[199] Gjergji R, Vena L, Sciascia S, et al. The Effects of Environmental, Social and Governance Disclosure on the Cost of Capital in Small and Medium Enterprises: The Role of Family Business Status [J]. Business Strategy and The Environment, 2021, 30 (1): 683-693.

[200] Gordon J N. The Rise of Independent Directors in the United States, 1950-2005: Of Shareholder Value and Stock Market Prices [J]. Stanford Law Review, 2006, 59 (6): 1465.

[201] Grewal J, Hauptmann C, Serafeim G. Material Sustainability Information and Stock Price Informativeness [J]. Journal of Business Ethics, 2021, 171 (3): 513-544.

[202] Guidara A, Khlif H, Jarboui A. Voluntary and Timely Disclosure and the Cost of Debt: South African Evidence [J]. Meditari Accountancy Research, 2014, 22 (2): 149-164.

[203] Guoyou Q, Saixing Z, Chiming T, et al. Stakeholders' Influences on Corporate Green Innovation Strategy: A Case Study of Manufacturing Firms in China [J]. Corporate Social Responsibility and Environmental Management, 2013, 20 (1): 1-14.

[204] Hahn R, KüHnen M. Determinants of Sustainability Reporting: A Review of Results, Trends, Theory, and Opportunities in an Expanding Field of Research [J]. Journal of Cleaner Production, 2013, 59 (15): 5-21.

[205] Hammami A, Hendijani Z M. Audit Quality, Media Coverage, Environmental, Social, and Governance Disclosure and Firm Investment Efficiency: Evidence from Canada [J]. International Journal of Accounting & Information Management, 2020, 28 (1): 45-72.

[206] Hamrouni A, Uyar A, Boussaada R. Are Corporate Social Responsibility Disclosures Relevant for Lenders? Empirical Evidence from France [J]. Management Decision, 2020, 58 (2): 267-279.

[207] Ho V H, Park S K. ESG Disclosure in Comparative Perspective: Optimizing Private Ordering in Public Reporting [J]. University of Pennsylvania Journal of International Law, 2019, 41 (2): 249-328.

[208] Hopwood A G. Accounting and the Environment [J]. Accounting, Organizations and Society, 2009, 34 (3-4): 433-439.

[209] HorváThová E. Does Environmental Performance Affect Financial Performance? A Meta-Analysis [J]. Ecological Economics, 2010, 70 (1): 52-59.

[210] Htay S N N, Rashid H M A, Adnan M A, et al. Impact of Corporate Governance on Social and Environmental Information Disclosure of Malaysian Listed Banks: Panel Data Analysis [J]. Asian Journal of Finance & Accounting, 2012, 4 (1): 1-24.

[211] Husted B W, Sousa F D J M. Board Structure and Environmental, Social, and Governance Disclosure in Latin America [J]. Journal of Business Research, 2019, 102 (C): 220-227.

[212] Hyytinen A, Pajarinen M. External Finance, Firm Growth and the Benefits of Information Disclosure: Evidence from Finland [J]. European Journal of Law and Economics, 2005, 19 (1): 69-93.

[213] In S Y, Rook D, Monk A. Integrating Alternative Data (Also Known as ESG Data) in Investment Decision Making [J]. Global Economic Review, 2019, 48 (3): 237-260.

[214] Iyengar R J, Zampelli E M. Self-Selection, Endogeneity, and the Relationship between CEO Duality and Firm Performance [J]. Strategic Management Journal, 2009, 30 (10): 1092-1112.

[215] Jensen J C, Berg N. Determinants of Traditional Sustainability Reporting Versus Integrated Reporting. An Institutionalist Approach [J]. Business Strategy and the Environment, 2012, 21 (5): 299-316.

[216] Jensen M C, Meckling W H. Agency Costs and the Theory of the Firm [J]. Journal of Financial Economics, 1976, 3 (4): 305-360.

[217] Jensen M C. The Modern Industrial Revolution, Exit, and the Failure of Internal Control Systems [J]. The Journal of Finance, 1993, 48 (3): 831-880.

[218] John D, Jeffrey P. Organizational Legitimacy: Social Values and Organizational Behavior [J]. The Pacific Sociological Review, 1975, 18 (1):

122-136.

[219] Khan A, Muttakin M B, Siddiqui J. Corporate Governance and Corporate Social Responsibility Disclosures: Evidence from an Emerging Economy [J]. Journal of Business Ethics, 2013, 114 (2): 207-223.

[220] Kinder P D, Domini A L. Social Screening: Paradigms Old and New [J]. The Journal of Investing, 1997, 6: 12-19.

[221] Kumar N C A, Smith C, Badis L, et al. ESG Factors and Risk-Adjusted Performance: A New Quantitative Model [J]. Journal of Sustainable Finance & Investment, 2016, 6 (4): 292-300.

[222] Kuo L, Yeh C C, Yu H C. Disclosure of Corporate Social Responsibility and Environmental Management: Evidence from China [J]. Corporate Social Responsibility and Environmental Management, 2012, 19 (5): 273-287.

[223] La P R, Lopez D S F, Shleifer A, et al. Investor Protection and Corporate Valuation [J]. The Journal of Finance, 2002, 57 (3): 1147-1170.

[224] Landi G, Sciarelli M. Towards A More Ethical Market: The Impact of ESG Rating on Corporate Financial Performance [J]. Social Responsibility Journal, 2018, 15 (1): 11-27.

[225] Lavin J F, Montecinos P A A. ESG Reporting: Empirical Analysis of the Influence of Board Heterogeneity from an Emerging Market [J]. Sustainability, 2021, 13 (6): 3090.

[226] Lee K H, Cin B C, Lee E Y. Environmental Responsibility and Firm Performance: The Application of an Environmental, Social and Governance Model [J]. Business Strategy and the Environment, 2016, 25 (1): 40-53.

[227] Lee M T, Raschke R L, Krishen A S. Signaling Green! Firm ESG Signals in an Interconnected Environment that Promote Brand Valuation [J]. Journal of Business Research, 2022, 138 (C): 1-11.

[228] Leftwich R W, Watts R L, Zimmerman J L. Voluntary Corporate Disclosure: The Case of Interim Reporting [J]. Journal of Accounting Research,

1981, 19: 50-77.

[229] Levitt T. The Dangers of Social Responsibility [J]. Harvard Business Review, 1958, 36 (5), 41-50.

[230] Li Y, Gong M, Zhang X Y, et al. The Impact of Environmental, Social, and Governance Disclosure on Firm Value: The Role of CEO Power [J]. The British Accounting Review, 2018, 50 (1): 60-75.

[231] Limkriangkrai M, Koh S K, Durand R B. Environmental, Social, and Governance (ESG) Profiles, Stock Returns, and Financial Policy: Australian Evidence [J]. International Review of Finance, 2017, 17 (3): 461-471.

[232] Lin H, Zeng S X, Ma H Y, et al. Can Political Capital Drive Corporate Green Innovation? Lessons from China [J]. Journal of Cleaner Production, 2014, 64 (2): 63-72.

[233] Lindblom C K. The Implications of Organizational Legitimacy for Corporate Social Performance and Disclosure [C]. Critical Perspectives on Accounting Conference, New York, 1994.

[234] Louche C, Lydenberg S. Socially Responsible Investment: Differences between Europe and the United States [C]. Proceedings of the International Association for Business and Society, 2006.

[235] Lucia D C, Pazienza P, Bartlett M. Does Good ESG Lead to Better Financial Performances by Firms? Machine Learning and Logistic Regression Models of Public Enterprises in Europe [J]. Sustainability, 2020, 12 (13): 5317.

[236] Madison N, Schiehll E. The Effect of Financial Materiality on ESG Performance Assessment [J]. Sustainability, 2021, 13 (7): 3652.

[237] Mahoney L S, Thorne L, Cecil L, et al. A Research Note on Standalone Corporate Social Responsibility Reports: Signaling or Greenwashing? [J]. Critical Perspectives on Accounting, 2013, 24 (4-5): 350-359.

[238] Mcwilliams A, Siegel D. Corporate Social Responsibility: A Theory of the Firm Perspective [J]. Academy of Management Review, 2001, 26

(1): 117-127.

[239] Meir S. Socially Responsible Indexes: Composition, Performance and Tracking-Error [J]. Journal of Portfolio Management, 2006, 32 (3): 100-109.

[240] Merton R C. A Simple Model of Capital Market Equilibrium with Incomplete Information [J]. Journal of Finance, 1987, 42 (3): 483-510.

[241] Michelon G, Pilonato S, Ricceri F. CSR Reporting Practices and the Quality of Disclosure: An Empirical Analysis [J]. Critical Perspectives on Accounting, 2015, 33 (1): 59-78.

[242] Milne M J, Gray R. W (H) Ither Ecology? The Triple Bottom Line, the Global Reporting Initiative, and Corporate Sustainability Reporting [J]. Journal of Business Ethics, 2013, 118 (1): 13-29.

[243] Minutolo M C, Kristjanpoller W D, Stakeley J. Exploring Environmental, Social, and Governance Disclosure Effects on the S&P 500 Financial Performance [J]. Business Strategy and the Environment, 2019, 28 (6): 1083-1095.

[244] Mitchell R K, Agle B R, Wood D J. Toward A Theory of Stakeholder Identification and Salience: Defining the Principle of Who and What Really Counts [J]. Academy of Management Review, 1997, 22 (4): 853-886.

[245] Mohammad W M W, Wasiuzzaman S. Environmental, Social and Governance (ESG) Disclosure, Competitive Advantage and Performance of Firms in Malaysia [J]. Cleaner Environmental Systems, 2021, 2 (4): 100015.

[246] Montecalvo M, Farneti F, Villiers C D. The Potential of Integrated Reporting to Enhance Sustainability Reporting in the Public Sector [J]. Public Money & Management, 2018, 38 (5): 365-374.

[247] Myers S C, Majluf N S. Corporate Financing and Investment Decisions When Firms Have Information that Investors Do Not Have [J]. Journal of Financial Economics, 1984, 13 (2): 187-221.

[248] Nagar V, Nanda D, Wysocki P. Discretionary Disclosure and Stock-Based Incentives [J]. Journal of Accounting and Economics, 2003, 34 (1-3):

283-309.

[249] Ng A C, Rezaee Z. Business Sustainability Performance and Cost of Equity Capital [J]. Journal of Corporate Finance, 2015, 34: 128-149.

[250] O'Donovan G. Environmental Disclosures in the Annual Report: Extending the Applicability and Predictive Power of Legitimacy Theory [J]. Accounting, Auditing and Accountability Journal, 2002, 15 (3): 344-371.

[251] Oikonomou I, Brooks C, Pavelin S. The Impact of Corporate Social Performance on Financial Risk and Utility: A Longitudinal Analysis [J]. Financial Management, 2012, 41 (2): 483-515.

[252] Organisation For Economic Co-Operation and Development (OECD). Patent Intensity over the Business Cycle. OECD Science, Technology and Industry Scoreboard 2009 [R]. 2009.

[253] Ould D E N. Environmental, Social, and Governance Disclosure, Ownership Structure and Cost of Capital: Evidence from the UAE [J]. Sustainability, 2020, 12 (18): 7706.

[254] Patten D M. The Relation between Environmental Performance and Environmental Disclosure: A Research Note [J]. Accounting, Organizations and Society, 2002, 27 (8): 763-773.

[255] Peng K, Xu T T, Ning G F. Impact of Corporate Governance on Environmental Information Disclosure-Evidence from China [M]. Switzerland: Trans Tech Publications Ltd, 2014.

[256] Perrini F, Tencati A. Sustainability and Stakeholder Management: The Need for New Corporate Performance Evaluation and Reporting Systems [J]. Business Strategy and the Environment, 2006, 15 (5): 296-308.

[257] Raimo N, Nuccio E D, Giakoumelou A, et al. Non-Financial Information and Cost of Equity Capital: An Empirical Analysis in the Food and Beverage Industry [J]. British Food Journal, 2020, 123 (1): 49-65.

[258] Rechner P L, Dalton D R. CEO Duality and Organizational Perform-

ance: A Longitudinal Analysis [J]. Strategic Management Journal, 1991, 12 (2): 155-160.

[259] Schaltegger S, Hörisch J. In Search of the Dominant Rationale in Sustainability Management: Legitimacy-Or Profit-Seeking? [J]. Journal of Business Ethics, 2017, 145 (2): 259-276.

[260] Schiehll E, Terra P R S, Victor F G. Determinants of Voluntary Executive Stock Option Disclosure in Brazil [J]. Journal of Management & Governance, 2013, 17 (2): 331-361.

[261] Scott W R. Institutions and Organizations [M]. London: Sage, 2001.

[262] Sharma P, Panday P, Dangwal R C. Determinants of Environmental, Social and Corporate Governance (ESG) Disclosure: A Study of Indian Companies [J]. International Journal of Disclosure and Governance, 2020, 17 (4): 208-217.

[263] Shoaf V, Jermakowicz E K, Epstein B J. Toward Sustainability and Integrated Reporting [J]. Review of Business, 2018, 38 (1): 1-15.

[264] Siew R Y J, Balatbat M C A, Carmichael D G. The Impact of ESG Disclosures and Institutional Ownership on Market Information Asymmetry [J]. Asia-Pacific Journal of Accounting & Economics, 2016, 23 (4): 432-448.

[265] Sparkes R, Cowton C J. The Maturing of Socially Responsible Investment: A Review of the Developing Link with Corporate Social Responsibility [J]. Journal of Business Ethics, 2004, 52 (1): 45 - 57.

[266] Spence M. Job Market Signaling [J]. The Quarterly Journal of Economics, 1973, 87 (3): 355-374.

[267] Stacchezzini R, Melloni G, Lai A. Sustainability Management and Reporting: The Role of Integrated Reporting for Communicating Corporate Sustainability Management [J]. Journal of Cleaner Production, 2016, 136 (C): 102-110.

[268] Stubbs W, Higgins C. Stakeholders' Perspectives on the Role of Regulatory Reform in Integrated Reporting [J]. Journal of Business Ethics, 2018, 147

(3): 489-508.

[269] Suchman M C. Managing Legitimacy: Strategic and Institutional Approaches [J]. Academy of Management Review, 1995, 20 (3): 571-610.

[270] Taj S A. Application of Signaling Theory in Management Research: Addressing Major Gaps in Theory [J]. European Management Journal, 2016, 34 (4): 338-348.

[271] Tamimi N, Sebastianelli R. Transparency among S&P 500 Companies: An Analysis of ESG Disclosure Scores [J]. Management Decision, 2017, 55 (8): 1660-1680.

[272] Terza J V. Two-Stage Residual Inclusion Estimation in Health Services Research and Health Economics [J]. Health Services Research, 2018, 53 (3): 1890-1899.

[273] Terzani S, Turzo T. Religious Social Norms and Corporate Sustainability: The Effect of Religiosity on Environmental, Social, and Governance Disclosure [J]. Corporate Social Responsibility and Environmental Management, 2021, 28 (1): 485-496.

[274] Tian H, Tian G. Corporate Sustainability and Trade Credit Financing: Evidence from Environmental, Social, and Governance Ratings [J]. Corporate Social Responsibility and Environmental Management, 2022, 29 (5): 1896-1908.

[275] Toppinen A, Virtanen A, Mayer A, et al. Standardizing Social Responsibility Via ISO 26000: Empirical Insights from the Forest Industry [J]. Sustainable Development, 2015, 23 (3): 153-166.

[276] Tunio R A, Jamali R H, Mirani A A, et al. The Relationship Between Corporate Social Responsibility Disclosures and Financial Performance: A Mediating Role of Employee Productivity [J]. Environmental Science and Pollution Research, 2021, 28 (9): 10661-10677.

[277] UN. ESCAP. Integrating the Three Dimensions of Sustainable Development: A Framework and Tools [R]. 2015.

[278] Uyar A, Karaman A S, Kilic M. Is Corporate Social Responsibility Reporting a Tool of Signaling or Greenwashing? Evidence From the Worldwide Logistics Sector [J]. Journal of Cleaner Production, 2020, 253 (20): 119997.

[279] Verga M P, Barros V, Miranda Sarmento J. Does ESG Affect the Stability of Dividend Policies in Europe? [J]. Sustainability, 2020, 12 (21): 8804.

[280] Vura-Yavaş Ç. Economic Policy Uncertainty, Stakeholder Engagement, and Environmental, Social, and Governance Practices: The Moderating Effect of Competition [J]. Corporate Social Responsibility and Environmental Management, 2021, 28 (1): 82-102.

[281] Weiss E B. The Plantetary Trust: Conservation and Intergenerational Equity [J]. Ecology LQ, 1983, 11: 495.

[282] Wong J B, Zhang Q. Stock Market Reactions to Adverse ESG Disclosure Via Media Channels [J]. The British Accounting Review, 2022, 54 (1): 101045.

[283] Xie J, Nozawa W, Yagi M, et al. Do Environmental, Social, and Governance Activities Improve Corporate Financial Performance? [J]. Business Strategy and the Environment, 2019, 28 (2): 286-300.

[284] Xu J, Liu F, Shang Y. R&D Investment, ESG Performance and Green Innovation Performance: Evidence from China [J]. Kybernetes, 2021, 50 (3): 737-756.

[285] Yekini K, Jallow K. Corporate Community Involvement Disclosures in Annual Report: A Measure of Corporate Community Development or A Signal of CSR Observance? [J]. Sustainability Accounting, Management and Policy Journal, 2012, 3 (1): 7-32.

[286] Yoon B, Lee J H, Byun R. Does ESG Performance Enhance Firm Value? Evidence from Korea [J]. Sustainability, 2018, 10 (10): 3635.

[287] Yu E P, Guo C Q, Luu B V. Environmental, Social and Governance Transparency and Firm Value [J]. Business Strategy and The Environment,

2018, 27 (7): 987-1004.

[288] Zeng S X, Xu X D, Yin H T, et al. Factors that Drive Chinese Listed Companies in Voluntary Disclosure of Environmental Information [J]. Journal of Business Ethics, 2012, 109 (3): 309-321.

[289] Zhang F, Qin X, Liu L. The Interaction Effect between ESG and Green Innovation and Its Impact on Firm Value from the Perspective of Information Disclosure [J]. Sustainability, 2020, 12 (5): 1866.

[290] Zhang Q, Loh L, Wu W. How do Environmental, Social and Governance Initiatives Affect Innovative Performance for Corporate Sustainability? [J]. Sustainability, 2020, 12 (8): 3380.

[291] Zhao C, Guo Y, Yuan J, et al. ESG and Corporate Financial Performance: Empirical Evidence from China's Listed Power Generation Companies [J]. Sustainability, 2018, 10 (8): 2607.

[292] Zumente I, Bistrova J. ESG Importance for Long-term Shareholder Value Creation: Literature vs. Practice [J]. Journal of Open Innovation: Technology, Market, and Complexity, 2021, 7 (2): 127.